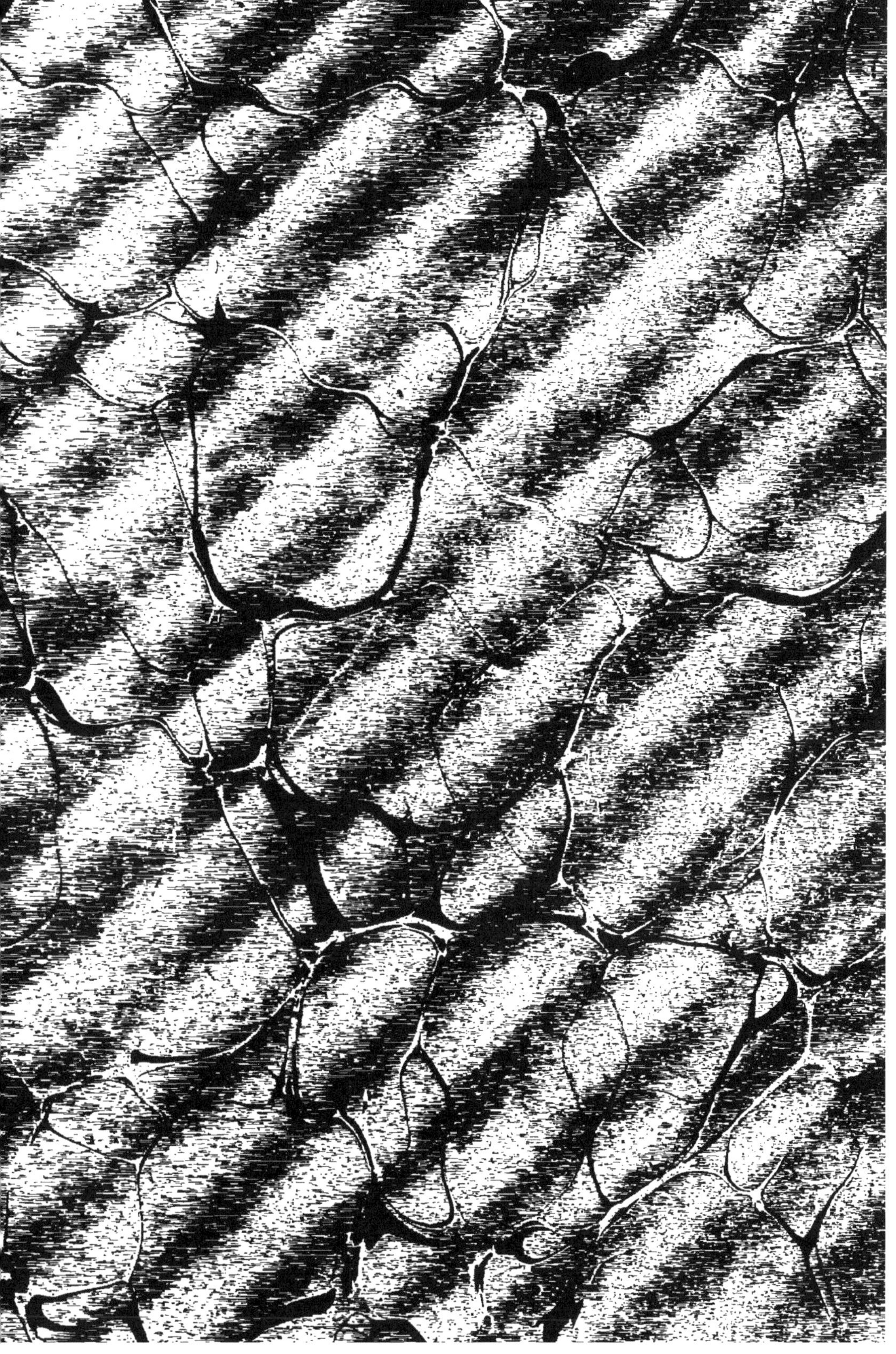

UNIVERSITÉ DE NANCY. — FACULTÉ DE DROIT

LES
COMPAGNIES A CHARTE

ET LA

POLITIQUE COLONIALE

SOUS LE MINISTÈRE DE COLBERT.

THÈSE POUR LE DOCTORAT

PRÉSENTÉE ET SOUTENUE DEVANT LA FACULTÉ DE DROIT DE NANCY

Le lundi 19 novembre 1906, à 4 heures

PAR

L. CORDIER

CAPITAINE AU 26ᵉ RÉGIMENT D'INFANTERIE

Président : M. BEAUCHET.

Suffragants : { MM. CHRÉTIEN ; CARRÉ DE MALBERG, } *professeurs.*

PARIS

LIBRAIRIE NOUVELLE DE DROIT ET DE JURISPRUDENCE

ARTHUR ROUSSEAU

ÉDITEUR

14, RUE SOUFFLOT ET RUE TOULLIER, 13

1906

THÈSE

POUR LE DOCTORAT

FACULTE DE DROIT DE NANCY

Doyen : M. BLONDEL, ✳, I ⚜.
Doyen honoraire : M. JALABERT, ✳, I, ⚜.
Doyen honoraire et professeur honoraire : M. LEDERLIN, ✳, I ⚜.
Professeur honoraire : M. LIÉGEOIS, ✳, I ⚜.

MM. BLONDEL, ✳, I ⚜, Professeur de *Code civil*, doyen.

BINET, I ⚜, Professeur de *Code civil* et Chargé du *Cours d'enregistrement*.

GARNIER, I ⚜, Professeur d'*Economie politique* et Chargé du *Cours de Législation financière*.

MAY, I ⚜, Professeur de *Droit romain*, Chargé d'un *Cours* à la Faculté de Droit de Paris.

GARDEIL, I ⚜, Professeur de *Droit criminel*.

BÉAUCHET, I ⚜, Professeur de *Procédure civile*, Chargé du *Cours de Procédure civile* (Voies d'exécution), et Chargé du *Cours de Législation et Economie coloniales*.

BOURCART, ✳, I ⚜, Professeur de *Droit commercial* et Chargé du *Cours de Législation et Economie industrielles*.

GAVET, I ⚜, Professeur d'*Histoire du Droit*, Chargé du *Cours d'histoire du droit public* et du *Cours de droit naturel*.

CHRÉTIEN, I ⚜, Professeur de *Droit international public et privé* et Chargé du *Cours de Droit international public* (Doctorat).

CARRÉ DE MALBERG, I ⚜, Professeur de *Droit public et constitutionnel* et Chargé du *Cours de Droit administratif* (Doctorat).

GÉNY, I ⚜, Professeur de *Code civil* et Chargé du *Cours de Droit civil approfondi*.

MICHON, A ⚜, Professeur de *Droit romain*, et Chargé du *Cours d'Histoire des Doctrines économiques*.

N..., Agrégé et chargé d'un *Cours de Droit administratif*.

N..., Agrégé et chargé d'un *Cours d'économie politique*.

SIMONET, Chargé d'un *Cours d'éléments de Droit civil* (Capacité).

MELIN, A. ⚜, Docteur en droit, Chargé du *Cours de science sociale*.

N..., Chargé d'un *Cours de Droit public et administratif* (Capacité).

RENARD, Docteur en Droit, chargé de *Conférences*.

ROVEL, I ⚜, Docteur en Droit, Secrétaire.

BERTRAND, Commis au Secrétariat.

La Faculté n'entend ni approuver ni désapprouver les opinions particulières du candidat.

LES
COMPAGNIES A CHARTE

ET LA

POLITIQUE COLONIALE

SOUS LE MINISTÈRE DE COLBERT

THÈSE POUR LE DOCTORAT

PRÉSENTÉE ET SOUTENUE DEVANT LA FACULTÉ DE DROIT DE NANCY

Le lundi 19 novembre 1906, à 4 heures

PAR

L. CORDIER

CAPITAINE AU 26ᶜ RÉGIMENT D'INFANTERIE

Président : M. BEAUCHET.
Suffragants : { MM. CHRÉTIEN, CARRÉ DE MALBERG, } *professeurs.*

PARIS

LIBRAIRIE NOUVELLE DE DROIT ET DE JURISPRUDENCE

ARTHUR ROUSSEAU

ÉDITEUR

14, RUE SOUFFLOT ET RUE TOULLIER, 13

1906

BIBLIOGRAPHIE

I. — Documents et mémoires.

Collection des actes royaux.

Mélanges Colbert. — 416 volumes.

Moreau de Saint-Méry. — Lois et constitutions des îles françaises de l'Amérique sous-le-vent. Paris, 1784, 6 vol.

Pierre Clément. — Lettres, instructions et mémoires de Colbert. Paris, Didier, 1865, 10 vol.

Forbonnais. — Recherches sur les finances de la France de 1611 à 1683. Paris, 1753, 2 vol.

Depping. — Correspondance administrative. Paris, 1855, 4 vol.

De Boislisle. — Correspondance des contrôleurs généraux des finances avec les intendants des provinces. 3 vol.

Isambert. — Anciennes lois françaises.

Edits et ordonnances concernant le Canada. Québec, 1854.

Grande Encyclopédie, article « Compagnie ».

Encyclopédie méthodique, Dictionnaire du commerce, article « Compagnie ».

Baron de la Hontan. — Un outre-mer au xviiᵉ siècle, voyages au Canada du Baron de la Hontan, publiés par François de Nyon. Paris, Plon, 1 vol.

Le Père de Charlevoix. — Histoire et description générale de la Nouvelle-France, Paris, 1744, 3 vol.

Le Père du Tertre. — Histoire générale des Antilles. Paris, 1671.

Souchu de Rennefort. — Histoire des Indes orientales. Paris, 1668, 1 vol. — Relation du premier voyage de la Compagnie des Indes orientales à Madagascar. Paris, 1667, 1 vol.

Dufresnes de Francheville. — Histoire de la Compagnie des Indes. Paris, 1746, 3 vol.

Charpentier. — Discours d'un fidèle sujet. Paris, 1664, 1 vol. — Relation de l'établissement de la Compagnie française pour le commerce des Indes. Paris, 1666. 1 vol.

Thévenot. — Voyages. Amsterdam, 1727, 5 vol.

Bernier. — Voyages. Paris, 1830, 2 vol.

Tavernier d'Aubonne. -- Recueil de plusieurs relations de voyages. Paris, 1679. 1 vol.

De la Boullaye le Gouz. — Voyages et observations. Paris, 1653 1 vol.

II. — Droit et économie politique.

Gide. — Principes d'économie politique. Paris, Larose, 1896, 1 vol.

Cauwès. — Cours d'économie politique. Paris, Larose, 1893, 4 vol.

Leroy-Beaulieu. — Traité théorique et pratique d'économie politique. Paris, Guillaumin, 1896, 4 vol.

— De la colonisation chez les peuples modernes. Paris, Guillaumin, 1902, 2 vol.

Deschamps. — Histoire de la question coloniale. Paris, 1891.

Girault. — Principes de colonisation et de législation coloniale. Paris, Larose, 1904, 2 vol.

Pigeonneau. — Histoire du commerce en France. Paris, 1889. 2 vol.

— Politique coloniale de Colbert (*Annales de l'Ecole libre des sciences politiques*), 1886, t. 1er.

Lareau. — Histoire du droit canadien. Montréal, 1888, 2 vol.

Bonnassieux. — Les grandes compagnies de commerce. Paris, Plon, 1902, 1 vol.

Ingram. — Histoire de l'économie politique. Paris, Larose, 1893, 1 vol.

III. — Histoire et Monographies.

Voltaire. — Siècle de Louis XIV.

Lavisse et **Rambaud.** — Histoire générale, t. V et VI.

Dussieux. — Le Canada sous la domination française. Paris, 1886, 1 vol.

Henri Martin. — Trois grands ministres. Paris, Société d'édition et de librairie, 1898, 1 vol.

Neymarck. — Colbert et son temps. Paris, Dentu, 1875, 2 vol.

Pierre Clément. — Histoire de Colbert et de son administration. Paris, Didier, 1874. 2 vol.

— Gouvernement de Louis XIV, Paris, Didier, 1875, 1 vol.

— La police sous Louis XIV. Paris, Didier, 1876, 1 vol.

Sulte. — Histoire des Canadiens français. Montréal, 1884, 4 vol.

Rameau. — Une colonie féodale. Paris, Didier, 1877, 1 vol.

Pauliat. — Louis XIV et la Compagnie des Indes orientales en 1664. Paris, Calman-Lévy, 1886. 1 vol.

— Madagascar sous Louis XIV. Paris, Calman-Lévy, 1886, 1 vol.

Castonnet des Fosses. — L'Inde française avant Dupleix. Paris, Challamel, 1887, 1 vol.

Garneau. — Histoire du Canada. Québec, 1844, 4 vol.

Dessales. — Histoire des Antilles. Paris, 1847.

Vandal. — L'odyssée d'un ambassadeur, voyages du marquis de Nointel. Paris, Plon, 1900, 1 vol.

Saint-Yves. — Quelques documents sur les Antilles et la Guyane au xviie siècle. Paris, Imprimerie nationale, 1900.

— Les campagnes de Jean d'Estrées dans la mer des Antilles. Paris, Imprimerie nationale, 1900.

Du Fresne de Beaucourt. — Colbert d'après sa correspondance, Paris, Palmé, 1869, 1 vol.

Tardieu. — Sénégambie et Guinée. Paris, Didot, 1869.

Regnault. — Les Antilles. Paris, Didot, 1849.

Lorin. — Le comte de Frontenac. Paris, 1895.

Tricoche. — Les milices françaises et anglaises au Canada. Paris, Lavauzelle, 1900, 1 vol.

IV. — **Thèses.**

Masson. — Histoire du commerce français dans le Levant au xviie siècle. Paris, Hachette, 1896.

Benoist du Rey. — Recherches sur la politique coloniale de Colbert. Paris, Pedone, 1902.

De Mazan. — Les doctrines économiques de Colbert. Paris, Rousseau, 1900.

Gomien. — La politique douanière de Colbert. Paris, Rousseau, 1903.

LES COMPAGNIES A CHARTE

ET LA POLITIQUE COLONIALE

SOUS LE MINISTÈRE DE COLBERT

PREMIÈRE PARTIE

LA POLITIQUE COLONIALE AVANT 1664

CHAPITRE PREMIER

PUISSANCE COLONIALE DES NATIONS EUROPÉENNES
AU MILIEU DU XVIIe SIÈCLE.

Caractères généraux de l'expansion coloniale au xviie siècle. — Etablissements et politique des Portugais aux Indes. — Les Espagnols en Amérique. — Les Hollandais aux Indes et la Compagnie hollandaise des Indes Orientales. — Les Anglais dans l'Amérique du Nord, leur Compagnie des Indes. — Caractères particuliers de l'émigration anglaise. — L'Acte de Navigation.

L'expansion coloniale, timide à ses débuts chez quelques nations, ou trop hardie chez d'autres, ne devint en Europe un mouvement général et ne sembla fixer claire-

avec exactitude les causes directes qui, aux XVIe et XVIIe siècles, déterminèrent ce grand mouvement colonial et agitèrent l'Europe presque entière : ce ne fut certes pas l'exubérance de la population, ni l'excès de la production économique : « Ç'a été, à vrai dire, d'après M. P. Leroy-Beaulieu, comme par hasard, sans plan préconçu, sans besoin pressenti » (1).

Le gouvernement de la monarchie se rendit vite compte de l'intérêt vital que présentaient ces questions nouvelles ; la France, loin de rester en arrière, occupa bientôt une des premières places ; mais avant d'arriver à l'étude de l'œuvre de Colbert et de sa politique coloniale, nous voulons d'abord exposer aussi rapidement qu'il nous sera possible, la situation des nations en concurrence vers le milieu du XVIIe siècle, et les procédés de colonisation qu'elles employèrent. Nous pourrons ainsi nous rendre mieux compte des nombreuses et réelles difficultés qu'eut à surmonter notre ministre et mieux apprécier toute la valeur de son travail et l'étendue des résultats obtenus pour notre pays, par sa patience, par sa volonté, par son énergie.

Le Portugal et l'Espagne, la Hollande, la France et l'Angleterre : telles étaient à l'époque que nous allons étudier les puissances européennes qui se trouvaient en compétition (2). Venise qui avait été une puissance maritime redoutable était en décadence complète et défendait avec peine contre les Turcs ses possessions de l'Archipel ; la Ligue hanséatique qui avait joué un rôle important aux

----

(1) M. P. Leroy-Beaulieu, *De la colonisation chez les peuples modernes*, t. I, p. 3.

(2) Remarquons, que depuis cette époque, aucune autre puissance européenne n'a pu se créer un réel empire colonial.

avec exactitude les causes directes qui, aux xvie et xviie siècles, déterminèrent ce grand mouvement colonial et agitèrent l'Europe presque entière : ce ne fut certes pas l'exubérance de la population, ni l'excès de la production économique : « Ç'a été, à vrai dire, d'après M. P. Leroy-Beaulieu, comme par hasard, sans plan préconçu, sans besoin pressenti » (1).

Le gouvernement de la monarchie se rendit vite compte de l'intérêt vital que présentaient ces questions nouvelles ; la France, loin de rester en arrière, occupa bientôt une des premières places ; mais avant d'arriver à l'étude de l'œuvre de Colbert et de sa politique coloniale, nous voulons d'abord exposer aussi rapidement qu'il nous sera possible, la situation des nations en concurrence vers le milieu du xviie siècle, et les procédés de colonisation qu'elles employèrent. Nous pourrons ainsi nous rendre mieux compte des nombreuses et réelles difficultés qu'eut à surmonter notre ministre et mieux apprécier toute la valeur de son travail et l'étendue des résultats obtenus pour notre pays, par sa patience, par sa volonté, par son énergie.

Le Portugal et l'Espagne, la Hollande, la France et l'Angleterre : telles étaient à l'époque que nous allons étudier les puissances européennes qui se trouvaient en compétition (2). Venise qui avait été une puissance maritime redoutable était en décadence complète et défendait avec peine contre les Turcs ses possessions de l'Archipel ; la Ligue hanséatique qui avait joué un rôle important aux

(1) M. P. Leroy-Beaulieu, *De la colonisation chez les peuples modernes*, t. I, p. 3.

(2) Remarquons, que depuis cette époque, aucune autre puissance européenne n'a pu se créer un réel empire colonial.

xiiie et xive siècles ne pouvait se relever du coup que lui avait porté la découverte du cap de Bonne Espérance en changeant les routes commerciales.

Chacun sait aujourd'hui que les possessions exotiques appartiennent à un des trois types suivants : colonies de peuplement, colonies d'exploitation, ou bien colonies de commerce, simples comptoirs avec ou sans possessions territoriales. Pour fonder ces établissements, les Etats peuvent soit laisser à leurs nationaux toute liberté, soit se faire eux-mêmes agents de colonisation, soit avoir recours à de grandes compagnies de commerce auxquelles ils accordent de larges privilèges et délèguent quelques-uns de leurs pouvoirs essentiels.

Pour l'instant nous ne voulons analyser aucune de ces modalités de colonies ni de procédés de colonisation ; mais nous allons les voir appliquer par nos concurrents : nous apercevrons les résultats, nous pourrons en déduire d'utiles conclusions.

Les Portugais avaient, les premiers, inauguré l'ère brillante des découvertes et des conquêtes : leur esprit d'aventure, longtemps tenu en éveil par la lutte contre les Maures, leur foi ardente, leur ferveur religieuse et aussi le désir de supplanter Venise dans le commerce de l'Orient vont, pendant un siècle leur donner l'empire des mers.

Au début du xve siècle, et sous l'heureuse influence d'Henri le Navigateur, fils du roi Jean Ier, les Portugais s'étaient emparés de Madère et des Açores, puis avaient reconnu la côte occidentale de l'Afrique, prenant pied à Ceuta, à Tanger, à Safi, aux îles du cap Vert, abordant en Guinée et au Congo (1).

(1) Il n'y a pas toujours concordance entre les dates indiquées par

xiiie et xive siècles ne pouvait se relever du coup que lui avait porté la découverte du cap de Bonne Espérance en changeant les routes commerciales.

Chacun sait aujourd'hui que les possessions exotiques appartiennent à un des trois types suivants : colonies de peuplement, colonies d'exploitation, ou bien colonies de commerce, simples comptoirs avec ou sans possessions territoriales. Pour fonder ces établissements, les Etats peuvent soit laisser à leurs nationaux toute liberté, soit se faire eux-mêmes agents de colonisation, soit avoir recours à de grandes compagnies de commerce auxquelles ils accordent de larges privilèges et délèguent quelques-uns de leurs pouvoirs essentiels.

Pour l'instant nous ne voulons analyser aucune de ces modalités de colonies ni de procédés de colonisation ; mais nous allons les voir appliquer par nos concurrents : nous apercevrons les résultats, nous pourrons en déduire d'utiles conclusions.

Les Portugais avaient, les premiers, inauguré l'ère brillante des découvertes et des conquêtes : leur esprit d'aventure, longtemps tenu en éveil par la lutte contre les Maures, leur foi ardente, leur ferveur religieuse et aussi le désir de supplanter Venise dans le commerce de l'Orient vont, pendant un siècle leur donner l'empire des mers.

Au début du xve siècle, et sous l'heureuse influence d'Henri le Navigateur, fils du roi Jean Ier, les Portugais s'étaient emparés de Madère et des Açores, puis avaient reconnu la côte occidentale de l'Afrique, prenant pied à Ceuta, à Tanger, à Safi, aux îles du cap Vert, abordant en Guinée et au Congo (1).

(1) Il n'y a pas toujours concordance entre les dates indiquées par

de l'Inde, et s'y réserve le monopole du commerce. Nul n'y devait plus naviguer sans sa permission, sans un sauf-conduit donné par ses officiers » (1).

De là, cette conception singulière du droit des gens que nous trouvons dans la bulle *inter cetera* du pape Alexandre VI (2 mai 1493) et dans le traité de Tordésillas (2). Le pape, arbitre souverain du monde entier, partage les terres et les mers à découvrir entre l'Espagne et le Portugal par une ligne imaginaire joignant les deux pôles et passant à cent lieues à l'ouest des Açores.

L'activité du Portugal se dirigea donc vers les Indes Orientales : de 1498 à 1510, Vasco de Gama, Albuquerque, Almeida, Ruy Nuñez d'Acuñha occupèrent les principaux points des rivages indiens : Calicut, Cananore, Cotchin, Quiloa, Diu, Goa, Socotora, Ormuz, Malacca. Ce fut donc, de la côte marocaine au détroit de Malacca, une chaîne de comptoirs, de points de ravitaillement et de positions géographiques commandant la route des Indes. Pour ces

---

(1) MM. Lavisse et Rambaud, *Histoire générale*, t. IV, p. 888, article de M. Gallois.

(2) Voir à ce sujet dans la *Revue de droit international*, l'article de M. Nys : « La ligne de démarcation d'Alexandre VI », t. XXVII, année 1895, p. 483.

La bulle laissait néanmoins aux princes chrétiens les îles qu'ils possédaient déjà et celles qu'ils occuperaient avant le jour de Noël 1493 ; elle imposait aux Espagnols et aux Portugais l'obligation d'envoyer dans les pays nouveaux des prêtres pour travailler à la conversion des barbares. — Quant au traité de Tordésillas (7 juin 1494) il reculait la ligne de partage à 370 lieues à l'ouest des îles du cap Vert et donnait ainsi au Portugal une plus grande partie de l'Océan, mais limitait ses possessions éventuelles aux Antipodes. Ce traité modifiait donc les frontières fixées par le Saint-Siège, aussi fut-il présenté plus tard à l'approbation du pape Jules II qui le confirma par une bulle rendue en 1509.

importants comptoirs, les Portugais pouvaient renoncer à
toute puissance territoriale, se contentant uniquement,
comme le conseillait Almeida, de tenir la mer. Ils préférèrent s'y installer en conquérants, y bâtir des forteresses,
y entretenir des garnisons et des fonctionnaires : ce fut la
cause première de leurs échecs.

Non contents de leurs établissements du littoral, ils en-
treprennent un lent travail de pénétration dans l'Hindoustan, dans l'Indo-Chine et le Laos, dans le Siam, le Pégou,
l'Arakan, en même temps qu'ils visitent la Sonde, Timor,
les Moluques, la Nouvelle-Guinée. En 1547 ils s'installent
en Chine, à Liam-po, à Chin-Chéo, dans les îles de San-
cian et de Lampaçao, enfin en 1557, à Macao.

Mais leurs procédés commerciaux et administratifs sont
déplorables. En principe, le commerce est réservé à la
Couronne : il y a bien des licences accordées par le roi,
mais avec combien d'entraves (1). De véritables flottes partent à époque fixe pour les colonies ; l'arrivée aux Indes
des carraques portugaises crée un moment de surexcita-
tion commerciale auquel succède une accalmie complète :
il n'y a pas la moindre continuité dans les transactions.

Ces flottes, armées en guerre, portant un nombreux
équipage de marins et de soldats absorbent une forte partie
des bénéfices ; les forteresses construites à côté de chaque
comptoir, l'entretien des garnisons absorbe le reste. Les
fonctionnaires, civils et militaires, sont changés tous les
trois ans ; ils ont le droit de faire le commerce pour leur
compte personnel : chacun, perdant toute pudeur, se dé-
pêche de s'enrichir. « Les richesses que l'Inde versait cha-

(1) Au XVIIIe siècle, les Portugais eurent également recours aux compagnies privilégiées pour le commerce du Brésil (Compagnies du Ma-
rañon et de Pernambouc, créées par Pombal).

que année sur le Portugal, amenèrent une démoralisation dans toutes les classes de la société et répandaient des besoins nouveaux, des habitudes de violence et de rapine qui donnèrent lieu à de grands scandales. L'Inde était regardée comme un moyen de faire fortune » (1). Toutes ces fautes amenèrent l'effondrement de la puissance portugaise aux Indes. La Hollande, l'Angleterre et la France allaient se partager ses dépouilles.

Au contraire, les Portugais réussirent beaucoup mieux au Brésil. Ils y étaient installés depuis 1500, époque à laquelle Cabral y avait débarqué. Ils s'y étaient d'abord trouvés en concurrence avec quelques établissements français et hollandais, mais occupant rapidement la côte, ils s'étaient emparés d'un territoire immense, avaient fondé Bahia en 1549 et Rio-de-Janeiro en 1568. L'absence de toute méthode au début, le manque de surveillance permirent à la colonie de prospérer. On y envoya des colons : Juifs chassés de la métropole, grâce auxquels un actif commerce prit naissance, criminels et condamnés, population hardie qui s'enfonça résolument dans l'intérieur du pays. Une liberté presque absolue était laissée aux colons, aucune persécution n'inquiétait les Indiens, les missions étaient florissantes. Mais un mal nouveau guettait le Brésil : la traite des noirs.

Les stations sur les côtes d'Afrique se multiplièrent : Saint-Paul de Loanda, fondé en 1578, devint le port le plus important pour ce genre de commerce qui apporta au Brésil bien des germes de discorde.

Cependant, de 1600 à 1615, de hardis colons brésiliens poussèrent jusqu'à l'Amazone, ce fut l'heure de la con-

____

(1) H. Castonnet des Fosses, *L'Inde avant Dupleix*, p. 19.

quête violente. Mais ce n'était déjà plus pour le compte
du Portugal que ces expéditions étaient faites. En 1580,
Philippe II avait mis la main sur le Portugal et la possession d'outre-mer suivit le sort de la métropole. L'Amérique du Sud tout entière était espagnole.

Le commerce espagnol comme le commerce portugais
aurait pu retirer bien des bénéfices de cette union qui dura
jusqu'en 1640. Il n'en fut malheureusement rien, grâce à
la mauvaise administration de l'Espagne. Des mesures
vexatoires portèrent un dernier coup aux colonies portugaises : c'est ainsi que les marins portugais se virent in-
terdir le commerce des Moluques, possessions du Portugal, aux Philippines, possessions de l'Espagne. Tous les
ennemis de la Castille devinrent ceux du Portugal, cap-
turèrent ses vaisseaux, et détruisirent ses établissements.

D'ailleurs, épuisée par de nombreuses guerres continentales, l'Espagne était hors d'état de défendre l'immense
empire hispano-portugais : Les colonies portugaises furent
sacrifiées (1).

(1) Les Espagnols n'essayèrent pas de se substituer aux Portugais
dans leurs établissements des Indes. — Les Danois, ou plutôt les Nor-
végiens formèrent en 1612, une Compagnie des Indes, achetèrent Tranquebar, sur la Cavéri (1616), au radja de Tandjaor, eurent des comptoirs
à Sérampour (sur l'Hougly), à Porto-Novo (Coromandel), Eldora et Holt-
chéri (Malabar). Leur compagnie fit de mauvaises affaires et fut dissoute en 1634. Trois autres compagnies fondées en 1634, 1686, 1732,
ne réussirent pas mieux. Les Danois ont cependant conservé Tranquebar
jusqu'en 1845. Ils l'ont alors cédé aux Anglais. — Les Russes ont
voyagé dans l'Inde dès le xve siècle, comme le marchand Nikitine.
Pour le Brandebourg, le Grand Electeur fonda une compagnie, dont
le célèbre Tavernier, Français et réfugié protestant, son chambellan,
fut nommé directeur : alors, quelques navires prussiens parurent sur
les côtes du Bengale. — MM. Lavisse et Rambaud, *Histoire générale*,
t. VI, p. 884.

Aucune nation, moins que l'Espagne, ne semblait appelée par ses aptitudes personnelles à la fortune qu'apportèrent les découvertes de Christophe Colomb. Plusieurs siècles d'une lutte acharnée contre les Maures, tout en développant l'esprit chevaleresque et les qualités militaires de la race, avaient amené un profond dédain pour le commerce et pour le travail (1) ; aussi les Espagnols qui passèrent l'Océan furent-ils en majorité des aventuriers que la fin de la guerre laissait inoccupés : ils firent la conquête de l'Amérique, mais ne la colonisèrent pas et ne surent pas la mettre en valeur. Puis l'ardeur religieuse, le désir de propager la foi catholique chez les populations nouvelles entrèrent en jeu et donnèrent au clergé une influence prépondérante au Nouveau-Monde : mais le clergé y vint avec l'esprit étroit que l'Inquisition avait développé en Espagne. Enfin, la Couronne de Castille se déclara propriétaire de toutes les terres découvertes; traita l'Amérique en nouvelle province et non en colonie, voulut la soumettre à une tutelle absolue et perpétuelle.

Les premiers établissements espagnols en Amérique, Cuba et Saint-Domingue, datent du voyage de Colomb en 1492. Dans les voyages qui suivirent il reconnut et prit possession des Antilles, des côtes de la Colombie, du Vénézuéla et du Honduras. Ses successeurs s'établirent ensuite à la Jamaïque et à Porto-Rico en 1510, en 1513 dans

---

(1) Rien ne peut mieux rendre l'état d'esprit de l'Espagne à cette époque que cette phrase de Cervantès : « Hay un refran en nuestra España, a mi parecer muy verdadero, como todos lo son, por ser sentencias breves sacadas de la lengua y discreta experiencia, y el que yo digo dice : Iglesia, ó mar, ó casa real, como si mas claramente dixera : Quien quisiere valer y ser rico, siga, ó la Iglesia, ó navegue exercitando el arte de la mercancia, ó entre à servir à los reyes en sus casas. » Cervantès, *Don Quichotte*, 1re partie, chap. xxxix.

l'isthme de Darien, en 1514 dans le Costa-Rica. En même temps ils abordaient en Floride et en Géorgie, et Ferdinand de Soto reconnaissait le Mississipi.

Puis, de 1517 à 1522, Cortez conquiert le Mexique, agrandi rapidement par d'heureuses expéditions : celle d'Alvardo au Guatémala et au Salvador, celle de Francisco de las Casas au Honduras, celle de Cordoba au Nicaragua. Ce n'est que vers 1580 que les Espagnols occupent la région septentrionale du Mexique, la Californie, les bassins du Rio-Grande-del-Norte et du Rio-Colorado.

Dans l'Amérique du Sud, Solis en 1508 avait découvert l'embouchure de la Plata et en 1515 la baie de Rio. Après plusieurs expéditions dirigées sur l'Argentine par Mendoza et Juan de Garay, les Espagnols s'y installèrent vers 1573 et fondèrent Buenos-Ayres en 1580. De 1532 à 1535 Pizarre avait parcouru le Pérou et l'Equateur. La fondation de Lima remonte à 1535. Le Vénézuéla, que Charles-Quint avait vendu en 1528 aux Velsers, banquiers d'Augsbourg, fit en 1540 retour à la Couronne. La même année se place l'expédition malheureuse de Valdivia au Chili : les Espagnols n'y furent maîtres que vers 1600.

Enfin en 1564 de brillantes missions avaient été fondées aux Philippines ; en 1626, le gouverneur de Manille, Hernando de Silva, avait dirigé une expédition sur Formose et occupé Kélung et Tamsoui. Les Espagnols en furent chassés en 1642 par les Hollandais.

Ce vaste empire, à peine peuplé, aux terres vierges et libres, demandait une émigration intense. Mais l'Espagne, nous l'avons dit, n'avait rien de ce qu'il fallait pour recueillir les fruits de ces possessions aussi riches qu'immenses : elle n'avait pas une population surabondante, ses capitaux étaient restreints, son industrie était presque nulle. Soldats et conquérants, religieux de tous ordres, nombreux fonctionnaires, tels furent les premiers émigrants envoyés en Amérique par la métropole. La Couronne distribua aux uns des titres et des honneurs, aux autres des majorats, installa sur tous les points du territoire des missions et des communautés religieuses, créa une administration compliquée. La découverte des mines d'or et d'argent accentua la situation : les colons s'y présentèrent, non pour travailler eux-mêmes, mais pour faire l'exploitation des mines par la main-d'œuvre indienne d'abord, puis par la main-d'œuvre noire. La conquête fut donc rapide et le peuplement très lent. Au surplus, par sa défiance, le gouvernement métropolitain mettait de sérieux obstacles à l'émigration. Pour quitter l'Espagne et passer en Amérique, il fallait, sous peine de mort, s'embarquer au seul port de Séville, muni d'une permission expresse du roi, permission qui ne pouvait être accordée que pour un temps limité et pour une province donnée ; l'émigrant devait également prouver que depuis deux générations sa famille n'avait subi aucune condamnation du Saint-Office.

Par cette série de restrictions l'émigration se trouvait presque interdite aux cultivateurs et aux artisans espagnols, la noblesse seule pouvait en profiter ; mais elle ne pouvait sans déroger se livrer au commerce ou à un travail servile. Il ne put donc se former ainsi en Amérique qu'une société peu homogène, composée de nobles, de religieux, de fonctionnaires, de dignitaires, vivant dans l'oisiveté des larges traitements payés par la métropole ou du revenu des majorats concédés par la Couronne. Lorsque naquirent les premiers créoles, ils furent maintenus par ordre dans une réelle ignorance et systématiquement éloignés de toutes les fonctions publiques réservées aux Vieux Espagnols. Fuyant les campagnes, négligeant toute culture, méprisant tout travail, cette population était groupée dans les villes, d'abord par mesure de sécurité, ensuite par ordre administratif pour éviter tout contact entre le blanc et l'indien. Au-dessus des colons, des vice-rois, agents de l'autorité centrale, ayant une garde et une cour, entourés d'une pompe magnifique, touchant d'énormes revenus, sans contact avec la population, ignorant ses besoins ; puis, à la métropole même, le Conseil des Indes, représentant dans toute leur inflexible rigueur les principes de la monarchie espagnole.

Notons en outre que le clergé tout puissant possédait une grande partie des biens fonciers, qui se trouvaient ainsi frappés de mainmorte ; et que les Indiens, privés d'une partie de leurs droits, ne pouvaient contracter. C'est bien alors le cas de dire avec M. P. Leroy-Beaulieu : « L'Espagne avait voulu fonder une société vieille dans une contrée neuve ; c'est en ce mot que se peut résumer toute la colonisation espagnole » (1).

Il n'y eut donc ni plan de colonisation, ni méthode. Quant au régime économique des colonies espagnoles, il ne fut pas, lui non plus, établi d'après un système fixe. Les mesures restrictives qui furent prises, le furent dans un but politique : Tout commerce avec l'étranger était d'abord défendu ; cette prohibition fut ensuite levée et remplacée par une taxe ; mais, à peine débarqués, les étrangers étaient inquiétés par le Saint-Office. Certaines cultures, comme le lin, le chanvre, et même la vigne, d'abord interdites, fu-

(1) P. Leroy-Beaulieu, *De la colonisation chez les peuples modernes*, t. I, p. 5.

rent ensuite recommandées. Les colonies pouvaient établir des manufactures et travailler pour elles-mêmes, mais elles ne pouvaient prendre qu'en Espagne les marchandises européennes dont elles avaient besoin. Ces marchandises n'étaient généralement pas espagnoles, car l'Espagne ne produisait presque rien, mais par ce moyen le gouvernement touchait les droits d'entrée, qui en dernier lieu se trouvaient payés par le colon américain. On ne peut donc pas dire que l'Espagne appliqua aux colonies le système mercantile — elle ne l'appliquait d'ailleurs pas dans la métropole. « Le système mercantile, s'il fut un outrage à la raison humaine et une violation des droits naturels des peuples, fut, d'un autre côté, un hommage rendu au travail et à son importance politique et sociale ; il ne pouvait être en vigueur dans un pays où le travail était universellement méprisé » (1).

En somme, et nous allons bientôt le voir, cette réglementation était moins étroite que celle des autres colonies européennes ; mais des restrictions d'un ordre tout particulier venaient s'y ajouter.

Une autorité, à la fois administrative et judiciaire, dépendant du Conseil des Indes, la « Casa de contratacion » de Séville, avait la haute main sur le commerce avec l'Amérique ; tout ce commerce devait se faire par Séville, seul port de l'ancien royaume de Castille ; Cadix hérita plus tard de ce bénéfice. Les marchands de Séville avaient à vrai dire le monopole du commerce des colonies ; ils obtinrent de Charles-Quint le droit de se constituer en corporation fermée : le commerce se trouva donc, si non en

____

(1) P. Leroy-Beaulieu, *De la colonisation chez les peuples modernes*, t. I, p. 26.

droit, du moins en fait, aux mains d'une compagnie de commerce analogue à celles que nous trouverons en Hollande, en Angleterre et en France. Enfin tous les transports étaient limités à deux caravanes maritimes annuelles : l'une appelée « la flotte » était destinée au Mexique ; l'autre appelée « les galions » à l'Amérique du Sud. De même un seul vaisseau par an faisait le commerce entre le Mexique et les Philippines. Nous avons déjà signalé les inconvénients de ce système en parlant des colonies portugaises.

Pour nous résumer et pour conclure, l'Espagne vers 1650 possédait les deux tiers de l'Amérique, mais n'avait pas su mettre ces colonies en valeur. L'abondance des métaux précieux avait eu deux résultats dans la métropole : pour les uns, un développement exagéré du luxe et pour la masse de la nation une augmentation du prix de toutes les denrées, amenée par une dépréciation de la valeur : résultats dangereux.

Malgré l'étendue de leurs possessions coloniales le Portugal et l'Espagne n'avaient donc guère réussi. L'empire des mers qu'ils avaient voulu s'arroger était passé aux mains d'autres nations douées de qualités, moins brillantes peut-être, mais plus solides, et d'un caractère plus ferme et plus persévérant : la Hollande et l'Angleterre.

Par sa situation géographique, par l'étroitesse de son domaine territorial, par les difficultés d'exploitation agricole de son sol marécageux, la Hollande semblait naturellement appelée à jouer un rôle maritime important : La pêche était devenue en quelque sorte une production naturelle de la Hollande, et la grande masse du peuple se livrait à la navigation, considérée dès lors comme l'industrie nationale.

devenus en bien des points leurs successeurs en influence, et dans toutes les parties du monde leurs rivaux en affaires ; leur haine contre les Portugais était en réalité dirigée contre l'Espagne qui venait d'annexer toutes les colonies portugaises. Ces entreprises isolées n'étaient pas assez fortes pour lutter avec avantage contre de tels rivaux. Aussi, en 1602, les Etats-Généraux, sur la proposition de Barnevelt, fondirent-ils toutes les entreprises en une seule : la Compagnie hollandaise des Indes Orientales ; elle devait durer jusqu'en 1798 et servir de modèle aux compagnies similaires de France et d'Angleterre (1).

Fondée avec un capital social de 2.153 actions de 3.000 florins chacune, capital social qui, par la suite, ne fut jamais augmenté, la compagnie était placée sous l'autorité immédiate de dix-sept directeurs nommés par les Etats-Généraux sur présentation faite par les membres de la compagnie. Elle avait le droit d'entretenir des troupes, d'élever des forteresses, de signer des traités, de conduire des négociations politiques ; ses employés, tant civils que militaires, devaient prêter serment d'allégeance aux Etats-Généraux.

Telle que nous la voyons se fonder en 1602, la Compagnie hollandaise des Indes Orientales n'était guère qu'un syndicat ou qu'une réunion de petites sociétés commerciales similaires ; elle ne formait pas un corps homogène et uni. Ces petites sociétés dont l'ensemble devait constituer la compagnie se formèrent d'abord en chambres séparées et conservèrent longtemps leurs intérêts distincts

(1) Nous analyserons plus loin les motifs qui pouvaient à cette époque nécessiter et justifier la création de semblables compagnies de commerce. — Voir *infrà*.

devenus en bien des points leurs successeurs en influence, et dans toutes les parties du monde leurs rivaux en affaires ; leur haine contre les Portugais était en réalité dirigée contre l'Espagne qui venait d'annexer toutes les colonies portugaises. Ces entreprises isolées n'étaient pas assez fortes pour lutter avec avantage contre de tels rivaux. Aussi, en 1602, les Etats-Généraux, sur la proposition de Barnevelt, fondirent-ils toutes les entreprises en une seule : la Compagnie hollandaise des Indes Orientales ; elle devait durer jusqu'en 1798 et servir de modèle aux compagnies similaires de France et d'Angleterre (1).

Fondée avec un capital social de 2.153 actions de 3.000 florins chacune, capital social qui, par la suite, ne fut jamais augmenté, la compagnie était placée sous l'autorité immédiate de dix-sept directeurs nommés par les Etats-Généraux sur présentation faite par les membres de la compagnie. Elle avait le droit d'entretenir des troupes, d'élever des forteresses, de signer des traités, de conduire des négociations politiques ; ses employés, tant civils que militaires, devaient prêter serment d'allégeance aux Etats-Généraux.

Telle que nous la voyons se fonder en 1602, la Compagnie hollandaise des Indes Orientales n'était guère qu'un syndicat ou qu'une réunion de petites sociétés commerciales similaires ; elle ne formait pas un corps homogène et uni. Ces petites sociétés dont l'ensemble devait constituer la compagnie se formèrent d'abord en chambres séparées et conservèrent longtemps leurs intérêts distincts

---

(1) Nous analyserons plus loin les motifs qui pouvaient à cette époque nécessiter et justifier la création de semblables compagnies de commerce. — Voir *infrà*.

tout en restant soumises à la discipline générale de la Compagnie hollandaise des Indes Orientales.

Mais il faut bien remarquer ce fait d'une importance capitale : la compagnie fut toujours une entreprise nationale, chacun apporta sa part ; la compagnie fut l'œuvre du peuple hollandais tout entier.

Dédaignant toute ambition glorieuse, restant toujours une société de commerce, la compagnie n'eut qu'un but : le commerce, le trafic ; jamais elle ne fut animée, soit de l'esprit de conquête, soit de l'esprit de propagande religieuse. Et pour arriver sûrement à ce but unique, elle employa les moyens les plus simples : la création de comptoirs de commerce sur le littoral sans la moindre possession territoriale, ou même le commerce à des époques fixes, dans certains ports déterminés sans y créer ni comptoirs ni factoreries.

Venus en petit nombre et se trouvant en face d'une population nombreuse et presque civilisée, les Hollandais se bornèrent à l'occupation des principales stations maritimes, des points stratégiques, des escales de repos et de ravitaillement. Dans l'Inde, ils cherchèrent à occuper quelques ports drainant tout le commerce de la région et à obtenir la permission de créer quelques comptoirs, où leurs négociants pouvaient centraliser leurs opérations avec les habitants du pays. La Hollande ne songea que beaucoup plus tard à créer des colonies de culture comme le Cap de Bonne-Espérance.

Ce fut la compagnie qui fonda les Moluques, Amboine, Banda, Java, dont elle resta maîtresse en 1610 après une lutte assez vive avec les Anglais. En 1611, les Hollandais arrivèrent au Japon, y établirent une factorerie à Hirado dans l'île de Saï-Kaï-Do, dépendant de Kiou-Siou. En 1616

ils obtinrent le monopole de tout le commerce du Japon. Chassés en 1641 de Hirado, ils transportèrent leur factorerie dans l'île de Deshima.

Nous les voyons en 1613 s'emparer de Moka, en 1619 fonder Batavia, au centre de leurs possessions de l'archipel de la Sonde. En 1622, ils essaient de pénétrer en Chine, échouent devant Macao occupé depuis 1557 par les Portugais, mais s'installent aux Pescadores, établissement qu'ils transportent en 1622 à Taï-oan sur la côte occidentale de Formose. De 1616 à 1626, leurs navigateurs leur ouvrent des débouchés nouveaux : Koen, Maetsuycker, Van Diemen découvrent la Nouvelle-Hollande, la Nouvelle-Guinée, la Nouvelle-Zélande, la Tasmanie. En 1640, c'est leur installation à Malacca, à Colombo qu'ils enlèvent aux Portugais, enfin en 1656 ils entrent en Chine. Leur premier comptoir sur le continent hindoustani fut Négapatam, créé en 1660, suivi bientôt de nombreuses factoreries sur les côtes du Coromandel et du Malabar. Nous les voyons surtout recueillir les débris de l'Empire portugais, y établir de simples comptoirs, ne pas faire œuvre de colonisateurs. Ils désirent simplement nouer des relations commerciales et ont toujours conservé l'esprit de retour : « trafiquer, servir d'intermédiaire entre l'Europe et l'Asie afin de réaliser des bénéfices, voilà leur seule ambition »(1).

A cette règle, une exception : en 1653, Van Riébeck installa au Cap une colonie de peuplement qui n'eut pas grand succès : on y avait cependant créé des concessions de terres, consenti aux émigrants des avances de numéraire, transporté d'office des femmes tirées des prisons et des hospices. Mais la compagnie voulut garder pour elle-

____

(1) H. Castonnet des Fosses, *L'Inde avant Dupleix*, p. 24.

même le monopole de la fourniture de toutes les denrées
européennes, y établir des prohibitions douanières, y
installer une administration coûteuse et gênante ; cette
colonie ne put acquérir son entier développement que
beaucoup plus tard.

En Afrique et en Amérique, la fortune des Hollandais
fut moins heureuse. Fondée en 1621 et sur les mêmes principes que la Compagnie précédente, la Compagnie hollandaise des Indes occidentales avait le monopole de tout
le commerce sur la côte occidentale d'Afrique et sur celle
de l'Amérique entière.

La compagnie put, en Afrique, arracher Arguin aux
Portugais, créer les comptoirs du Cap Vert et de la Côte
d'Ivoire. Quant au continent américain, il était en grande
partie aux mains des Espagnols et des Portugais. Néanmoins, de 1630 à 1640, la Hollande put pénétrer au Brésil
et y acquérir de vive force les provinces de Pernambuco,
Rio Grande, Parahyba ; mais, lors de la paix de 1661, ces
provinces firent retour au Portugal. Quant aux établissements hollandais de Saint-Eustache et de Curaçao, fondés
en 1632, et dont les ports avaient été déclarés ports francs,
ils prospérèrent rapidement grâce à la contrebande avec
les colonies espagnoles ; mais les colonies de l'Amérique
du Nord, la Nouvelle-Amsterdam et Fort-Orange — qui
devaient plus tard devenir New-York et Albany — restèrent toujours dans un état déplorable. De même les établissements de l'Hudson et du Delaware : l'Angleterre
finit par les absorber en 1664.

Si donc, au milieu du xviie siècle, les Hollandais semblaient avoir largement réussi presque partout, le secret
de leurs succès doit être plutôt cherché dans leurs heureuses qualités personnelles, que dans la création des

deux compagnies des Indes. En Asie, où les résultats acquis furent réellement considérables, ils s'établirent sur les ruines de l'Empire portugais. Et surtout, ils surent agir avec méthode, montrant une intolérance commerciale absolue, n'admettant jamais aucune concurrence ; se présentant toujours aux princes indiens comme d'humbles marchands et jamais en conquérants orgueilleux. Vis-à-vis des indigènes, ils montrèrent toujours la plus grande modération, leur offrant des conditions de vente et d'achat très avantageuses, ne s'immisçant point dans leur politique, ne s'occupant pas de questions religieuses, s'imposant à tous par leur discrétion même, par leur mesure, par la simplicité de leurs mœurs, exploitant les Indes sans les occuper, souvent même faisant le commerce de toute une région sans y posséder la moindre factorerie. Ils n'eurent jamais aux Indes d'établissement continental ; les forteresses qu'ils prirent aux Portugais furent rasées et jamais occupées par eux.

Mais cette modération et cet esprit d'équité ne pouvaient pas toujours durer ; la Compagnie hollandaise des Indes orientales commit de nombreuses et lourdes fautes, notamment dans ses possessions de l'archipel de la Sonde et des Moluques. Ce fut d'abord l'installation à Batavia d'une administration centrale des Indes hollandaises : cette centralisation, très mal conçue d'ailleurs, ne pouvait avoir pour résultat que des retards regrettables et nuisibles ; la rigidité des mœurs et la pureté des principes disparurent, les agents de la compagnie se livrèrent eux-mêmes au commerce que le sage règlement de 1658 leur avait formellement interdit, certaines cultures vivrières de première nécessité furent proscrites, la Compagnie voulut garder pour elle seule le monopole des épices dont le commerce sembla bientôt sa seule raison d'être ; pour augmenter la valeur de ces précieuses denrées, on en vint rapidement à restreindre leur production : Chaque année les gouverneurs d'Amboine et de Banda faisaient détruire sur pied une partie des récoltes leur paraissant trop riches. Aussi la compagnie marcha rapidement à sa ruine : « Corrompue par l'avidité mercantile, d'autant moins réservée qu'elle avait moins d'ambition et de goût pour la gloire, et qu'elle subordonna toujours son rôle de souveraine à son rôle de marchande, elle écrasa les peuples qui lui étaient soumis sous le joug de la plus odieuse tyrannie » (1).

Mais au milieu du XVIIe siècle, c'est-à-dire à l'époque que nous voulons étudier, la Compagnie hollandaise de Indes Orientales était arrivée à son apogée. Aussi, en 1647, les Etats-Généraux purent-ils se permettre, comme prix du renouvellement de son privilège, d'augmenter de 150.000 florins la redevance annuelle de la compagnie.

Par ses succès la Hollande s'était attirée la haine et la jalousie de l'Europe entière. Nous verrons que la politique coloniale et maritime de Colbert fut presque uniquement dirigée contre elle.

L'Angleterre, qui, la dernière peut-être, entra dans le grand mouvement colonial, devait rapidement occuper la première place en créant de réelles colonies agricoles de peuplement et en abattant successivement la marine espagnole au XVIe siècle, la marine hollandaise au XVIIe, la marine française au XVIIIe. Les causes principales de

---

(1) M. P. Leroy-Beaulieu, *De la colonisation chez les peuples modernes,* t. I, p. 80.

son succès doivent être recherchées, d'abord dans les qualités éminemment pratiques de la race anglo-saxonne, puis dans la situation économique où se trouvait l'Angleterre au xvie siècle. Des modifications trop radicales venaient d'être apportées à l'agriculture : au labourage et à la culture des céréales qui permettaient à la grande majorité de la nation de travailler et de vivre avait été substitué l'élevage en grand du bétail. Les terres de labour, transformées en pâturages, laissèrent sans travail une foule de paysans qui durent s'expatrier et chercher dans l'émigration le moyen d'échapper à la misère. L'Angleterre n'envoya donc pas aux colonies des conquérants, des nobles et des soldats comme avait fait l'Espagne, ni comme la Hollande des marchands et des commis; ce furent de vrais colons agriculteurs qui, sans esprit de retour, quittèrent la mère-patrie et passèrent l'Océan. En agissant ainsi, ils obéissaient, non à un désir factice d'ambition ou de cupidité, mais à un besoin réel, à une nécessité impérieuse. La fortune les favorisa au delà de leurs espérances ; ils rencontrèrent dans l'Amérique du Nord de vastes territoires vierges et presque inhabités, propres à la culture, richement arrosés et dont le climat très sain se rapprochait beaucoup de celui de l'Angleterre. Un courant d'émigration, régulier et considérable, alimenté par les révolutions de la métropole et par les persécutions religieuses et politiques ne cessa de se porter vers le urs établissements, toutes les forces libres et oisives de l'Angleterre trouvèrent à s'y employer utilement.

C'est donc surtout dans l'Amérique du Nord qu'il convient d'étudier les débuts de la colonisation anglaise. Rappelons cependant en quelques mots les efforts tentés sur le vieux continent et aux Antilles.

Pas plus qu'aucune autre nation européenne, l'Angleterre n'eut de plans arrêtés ou de méthodes fixes. Si elle laissa à l'initiative individuelle toute sa liberté d'action en se bornant à la protéger et à recueillir ensuite les fruits de son travail, elle eut également recours aux grandes compagnies de commerce : compagnie d'Afrique fondée en 1536, Compagnie du Levant en 1581, Compagnie des Indes Orientales en 1699 (1).

Dans les Indes, la Compagnie anglaise des Indes Orientales, fondée par Elisabeth, compagnie qui devait rendre à l'Angleterre de si grands services et donner les preuves d'une vitalité si énergique (2), ne s'occupa d'abord que de commerce. En 1602 elle occupa Bantam, en 1612 Surate, en 1640 elle acquit Madras, fonda en 1656 les comptoirs de l'Hougly, puis Calcutta, les comptoirs de Kasim-Bazar et de Patna. Jacques Ier envoya des ambassadeurs au Grand-Mogol, au roi de Perse, en Chine ; en 1651, Broughton obtint pour l'Angleterre le droit de trafiquer au Bengale ; en 1662, l'infante Catherine de Bragance apporta Bombay et Tanger en douaire à Charles II (3) ; deux années plus tard la compagnie s'installa en Chine, à Canton.

La Compagnie d'Afrique se contenta sur le côte occidentale d'Afrique de Gorée et de Sierra-Leone : la seule rai-

---

(1) Pour plus de détails sur l'histoire des grandes compagnies hollandaises et anglaises, voir l'ouvrage de M. Pierre Bonnassieux : *Les grandes compagnies de commerce*.

(2) La Compagnie anglaise des Indes Orientales ne fut dissoute qu'en 1858 après deux siècles et demi d'existence. En 1698 son privilège expira, et il se forma une nouvelle compagnie. Après quelques années de concurrence, elles se réunirent et formèrent une troisième compagnie qui prit le nom de Compagnie des Marchands unis pour faire le commerce des Indes Orientales.

(3) Tanger ne fut pas conservé et fut évacué en 1684.

son d'être de ces établissements était la traite des noirs.

L'Angleterre prit également pied aux Antilles. La Barbade, colonisée librement arriva à une éclatante prospérité. Lorsqu'en 1627 elle fut donnée au duc de Carlisle, cette petite île comptait déjà 50.000 blancs et 100.000 noirs ; elle était devenue la retraite favorite des riches émigrés royalistes chassés de leur patrie par les troubles révolutionnaires ; même prospérité à Sainte-Lucie et à Saint-Vincent, donnés en 1622 au duc de Montague et à la Jamaïque acquise en 1655.

L'expansion coloniale anglaise, les grands courants humains d'émigration, alimentés par les laboureurs sans travail et par les réfugiés puritains se dirigèrent vers l'Amérique du Nord : la persévérance, la froide énergie, l'honnêteté de ces colons, la liberté politique presque absolue qui leur fut laissée ou qu'ils surent acquérir amenèrent ces établissements à une réelle prospérité et à un développement rapide.

Quant à leur mode de création, ces colonies pouvaient se rattacher à trois modalités différentes : les colonies de la Couronne, librement écloses sans aucune tutelle ; les colonies à charte, données par l'Etat à quelques grandes compagnies de commerce, et enfin, une forme spéciale à l'Angleterre, les colonies de lords propriétaires, vastes concessions consenties à titre onéreux ou à titre gracieux à une personne donnée, personne à laquelle le roi conférait les mêmes droits souverains et les mêmes monopoles qu'aux grandes compagnies. Mais quelle que fut la forme adoptée, le gouvernement anglais sembla toujours se désintéresser de la fondation et de l'administration des colonies nouvelles, jamais il ne consentit à intervenir directement pour trancher les différends élevés entre les colons et les lords propriétaires ou les compagnies. Les colonies nées librement du groupement des émigrants sur un sol vacant passèrent directement à la Couronne, qui néanmoins leur laissa la faculté de s'organiser ; peu nombreuses au début, ces colonies augmentèrent bien vite par les efforts que fit l'Etat pour convertir en colonies de la Couronne les colonies à charte et les colonies de lords propriétaires.

Si, à cette époque, les colonies de lords propriétaires, à raison même de leur attribution à un favori du roi, paraissaient devoir montrer dans leur constitution des tendances aristocratiques, par contre les colonies de la Couronne et les colonies à charte, composées de gens du peuple et d'exilés, se signalaient par leurs tendances démocratiques très accentuées. Mais cependant, lorsque les lords propriétaires ne firent pas aux aspirations libérales une opposition trop vive — et ce fut le cas général — leur direction éclairée, leur protection puissante et surtout le généreux emploi de leurs capitaux furent du plus utile secours aux colonies naissantes.

La première colonie des lords propriétaires fut la Virginie. Découverte par Walter Raleigh, elle lui avait été donnée par une charte de 1584, mais après quelques années il dut céder ses droits à une compagnie (1). Cette compagnie ayant elle-même été dissoute en 1625, une partie de ses terres fut donnée en 1632 en fief par Jacques II à son favori lord Baltimore : ce fut le Maryland. Le lord en fit un lieu de refuge et d'asile pour les catholiques ses coreligionnaires, agrandit considérablement sa concession, dépensa toute sa fortune en travaux d'utilité publique et

____

(1) La Compagnie de Londres, dont nous parlons plus loin.

d'aménagement, et, bien que la Couronne lui eût conféré des pouvoirs politiques presque absolus, dota la nouvelle colonie d'un gouvernement représentatif et d'institutions très libérales.

Le New-York, le New-Jersey, la Caroline, la Pensylvanie, également colonies de lords propriétaires, ne furent fondées que dans la seconde moitié du xviie siècle.

Les grandes compagnies de commerce jouèrent également un rôle important dans la création de l'empire colonial anglais dans l'Amérique du Nord. En 1606, Jacques Ier approuvait les statuts de deux grandes Compagnies et leur conférait des droits assez étendus, moyennant une redevance annuelle en argent. L'une, dite compagnie de Londres, disposait des territoires composant la partie méridionale des Etats-Unis actuels ; l'autre, dite Compagnie de Plymouth, de ceux composant la partie septentrionale. Ces compagnies étaient administrées par un Conseil nommé par le roi. La nomination des gouverneurs et des magistrats appartenait à la compagnie, mais était soumise à l'approbation royale.

La Compagnie de Londres avait été substituée à Walter Raleigh dans ses droits sur la Virginie ; dès sa création, la compagnie y dirigea un convoi de colons et en 1607 fonda Jamestown, la première ville américaine. La colonie prospéra rapidement. En 1609, les pouvoirs de la Couronne avaient été réduits, en 1619 la colonie fut dotée d'une magistrature composée de deux Chambres comme le Parlement anglais, et d'institutions libérales, qui attirèrent les nouveaux émigrants. En 1625, la charte de la compagnie n'ayant pas été renouvelée, la Virginie faisait retour à la Couronne ; elle avait donc été successivement colonie de lord-propriétaire, colonie à charte, puis colonie de la Couronne.

Quant à la Compagnie de Plymouth, elle entra de suite dans la voie libérale. New-Plymouth fut fondée en 1620 sur les terres de la compagnie par les Pilgrims, petite secte qui, chassée d'Angleterre, s'était déjà enfuie en Hollande, à Leyde. Ils s'installèrent près du cap Cod. Ce fut vers cette colonie que se porta toute l'émigration puritaine ; un régime très démocratique s'y établit. Cette même Compagnie de Plymouth créa vers 1630 les colonies du New-Hampshire et du Maine.

En 1629, une nouvelle compagnie, la Compagnie de la baie du Massassuchets, fut fondée sur des bases analogues, mais elle transporta de suite son siège dans la colonie même. Les puritains, dont l'exode continuait, y établirent un gouvernement républicain, indépendant, démocratique ; la Cour générale du Massassuchets en vint à exiger de tous les habitants un serment d'allégeance non plus au roi d'Angleterre, mais au gouvernement du nouvel Etat. De la colonie du Massassuchets se détachèrent plus tard le Connecticut et le Rhode-Island, avec des institutions similaires.

Ces divers groupements coloniaux se différenciaient donc par les modalités de leur gouvernement : la Virginie appartenait à la Couronne, le Maryland à un lord, le Massassuchets avait une concession de la Compagnie de Plymouth ; mais chacun profitant des difficultés intérieures que rencontra l'autorité métropolitaine vers 1648, tous acquirent le droit de s'administrer eux-mêmes et d'établir librement leurs constitutions.

Ainsi l'Angleterre semblait au milieu du xvii° siècle avoir jeté les bases d'un solide empire colonial dans l'Amérique du Nord ; ses succès, elle les devait aux qualités d'ordre et de bon esprit de la race anglaise, au rude tempérament religieux des puritains. Ces colons, fuyant la persécution ou la misère, quittaient la mère-patrie sans esprit de retour, leur installation était définitive ; ils trouvèrent de réelles facilités d'établissement, un bon régime d'appropriation et de transmission des terres, aucune mesure restrictive ne gêna leur expansion, aucun domaine inaliénable ne fut créé, toutes les terres purent être mises en valeur. Les grandes compagnies elles-mêmes, qui généralement ne valent rien pour l'exploitation des colonies agricoles, surent comprendre leur rôle et se gardèrent bien d'exploiter directement les terres qui leur étaient concédées.

Les groupements américains jouirent dans les débuts d'une liberté commerciale complète ; les prohibitions ne vinrent que plus tard mais elles furent terribles, appliquées avec une inflexibilité inexorable. L'Angleterre n'eut plus alors qu'un seul but, exploiter les possessions d'outre-mer au profit des marchands nationaux. La marine hollandaise avait en effet accompli de tels progrès qu'elle avait en peu de temps mis la main sur tous les transports maritimes des colonies anglaises. Les quelques mesures prises contre cet état de choses étant restées inefficaces, Cromwell édicta en 1651 l'Acte de Navigation.

Certains voient dans cet Acte un coup de maître qui devait donner à l'Angleterre l'empire des mers ; ne doit-on pas y voir aussi la première mesure vexatoire qui prépara la séparation des colonies anglaises d'Amérique ?

Aucune marchandise venant d'un pays extra-européen ne pouvait être transportée en Angleterre que sur un navire bâti en Angleterre, appartenant à des sujets anglais, commandé par un capitaine anglais, monté par un équipage anglais pour les trois quarts. De plus, les produits

CHAPITRE II

ÉTAT GÉNÉRAL ET CARACTÈRES DE LA COLONISATION FRANÇAISE

AU MILIEU DU XVIIe SIÈCLE.

Les premiers navigateurs et l'esprit d'aventure. — Difficultés des débuts. — Traité de Vervins. — Henri IV et les premières compagnies. — Richelieu. — Insuccès des compagnies. — Prospérité du Canada et des Antilles. — Compagnie des Cent-Associés. — Compagnie de Saint-Christophe. — Compagnie des Iles d'Amérique. — Boucaniers et flibustiers. — La compagnie vend les îles à des particuliers. — La Guyane. — Les deux premières compagnies des Indes. — Madagascar et la route de l'Inde. — Causes de nos échecs.

On a bien souvent dit et répété que les Français étaient incapables de coloniser. Cette idée, pour le moins erronée, compte encore aujourd'hui des partisans nombreux. L'étude de l'histoire de la colonisation française nous en montre l'exagération, mais elle doit surtout mettre en lumière les raisons qui ont permis à cette idée de prendre consistance, de grandir, de s'accréditer.

Incapables de coloniser, les Français ne le sont pas et ne l'ont jamais été. Au XVIIe siècle, les Antilles et le Canada, de nos jours l'Algérie, l'Indo-Chine et Madagascar en sont la preuve. Mais, avouons-le, une preuve modeste.

La France n'a, certes, jamais manqué d'esprits audacieux, d'aventuriers intrépides, de marins et de soldats prêts à s'expatrier, à traverser les mers, à s'enfoncer hardiment dans l'inconnu. Mais est-ce cela coloniser ? La

CHAPITRE II

ÉTAT GÉNÉRAL ET CARACTÈRES DE LA COLONISATION FRANÇAISE AU MILIEU DU XVIIᵉ SIÈCLE.

Les premiers navigateurs et l'esprit d'aventure. — Difficultés des débuts. — Traité de Vervins. — Henri IV et les premières compagnies. — Richelieu. — Insuccès des compagnies. — Prospérité du Canada et des Antilles. — Compagnie des Cent-Associés. — Compagnie de Saint-Christophe. — Compagnie des Iles d'Amérique. — Boucaniers et flibustiers. — La compagnie vend les îles à des particuliers. — La Guyane. — Les deux premières compagnies des Indes. — Madagascar et la route de l'Inde. — Causes de nos échecs.

On a bien souvent dit et répété que les Français étaient incapables de coloniser. Cette idée, pour le moins erronée, compte encore aujourd'hui des partisans nombreux. L'étude de l'histoire de la colonisation française nous en montre l'exagération, mais elle doit surtout mettre en lumière les raisons qui ont permis à cette idée de prendre consistance, de grandir, de s'accréditer.

Incapables de coloniser, les Français ne le sont pas et ne l'ont jamais été. Au xviiᵉ siècle, les Antilles et le Canada, de nos jours l'Algérie, l'Indo-Chine et Madagascar en sont la preuve. Mais, avouons-le, une preuve modeste.

La France n'a, certes, jamais manqué d'esprits audacieux, d'aventuriers intrépides, de marins et de soldats prêts à s'expatrier, à traverser les mers, à s'enfoncer hardiment dans l'inconnu. Mais est-ce cela coloniser ? La

France a-t-elle su diriger sur ses conquêtes d'outre-me
un courant d'émigration régulier et suffisant? Les Fran
çais ont-ils en assez grand nombre consenti à quitter le so
natal sans esprit de retour ? Avons-nous donné à nos co
lonies les agriculteurs et les artisans indispensables pou
créer un établissement durable, pour fonder une Franc
nouvelle ayant les mœurs, les coutumes, la langue et l
sang de la mère-patrie ? Non, nous ne l'avons pas fai
nous ne le faisons pas encore aujourd'hui. Ce fut le poin
faible de notre colonisation pendant la belle période d
xviie siècle, c'est encore le mal dont souffre notre gran
empire : trop d'aventuriers, trop d'explorateurs et pas asse
de colons. Voilà pourquoi notre histoire coloniale est s
brillante, si remplie de beaux faits d'armes et si abondant
en amères déceptions.

Et si, dès le règne de Charles V nous connaissons le
voyages lointains des armateurs de Saint-Malo, de Dieppe
du Havre, de Honfleur, de Rouen, si nous trouvons le
noms des hardis navigateurs partis à la découverte de
mondes nouveaux comme Cousin, Paulmier de Gonne
ville, Raoul et Jean Parmentier, François Martin, Pyrar
de Laval, nous serions fort embarrassés de citer les établis
sements qu'ils ont pu fonder. Reconnaître les côtes de l'A
frique, acheter quelques denrées aux Indes, puis dispa
raître et ne plus revenir, cela peut s'appeler faire le com
merce au long cours, mais non pas fonder un comptoir o
une factorerie, moins encore une colonie.

Dès le début se présentèrent de sérieux obstacles, de
difficultés presque insurmontables. C'étaient d'abord l
rareté et la timidité des capitaux, l'insécurité des mers
l'insuffisance et la médiocrité de notre marine. Puis l
bulle d'Alexandre VI, qui en 1493 partageait le mond

non civilisé entre l'Espagne et le Portugal, à l'exclusion
de toute autre nation, était bien faite pour calmer l'élan
de nos navigateurs ; le roi de France ne pouvait pas agir
librement sans tenir aucun compte de la bulle pontificale ;
il lui fallait garder des ménagements et montrer une
grande réserve. Les premières instructions officielles données aux navigateurs remontent à François Ier. Ce fut sur
son ordre que Verazzani et Jacques Cartier, recherchant
une nouvelle route des Indes par le passage nord-ouest,
reconnurent Terre-Neuve où quelques pêcheurs de mo-
rue étaient déjà installés. En 1535, Jacques Cartier prenait
possession de l'embouchure du Saint-Laurent au nom du
roi de France. Dès ce jour, le Canada devint une terre
française et prit le nom de Nouvelle-France. En 1540, Ro-
berval y vint avec quelques colons et commença le commerce des pelleteries. Cette colonie, notre première colonie, qui était appelée à un si grand avenir, eut les débuts
les plus pénibles et son peuplement fut très lent.

Le chemin était tracé, la voie était ouverte, mais l'attention de la monarchie fut détournée du mouvement
colonial par les guerres de religion et par les dissensions
intérieures. Nous avons vu pour l'Angleterre les persécutions religieuses et politiques déterminer l'émigration des
puritains, des catholiques et des royalistes en Amérique,
émigration qui fut la véritable cause des succès de la colonisation anglaise ; en France, les guerres de religion auraient certainement pu avoir un résultat analogue ; mais
à plusieurs reprises la royauté s'opposa au départ des réformés. Les chartes, qui successivement furent accordées
aux compagnies de commerce ou de colonisation, conte-
naient presque toutes une clause qui excluait les protestants de la compagnie et leur interdisaient le séjour des

colonies. Ce fut une grosse faute, et bien des malheur
auraient peut-être été évités si on ne l'avait pas commise
L'amiral de Coligny, esprit profond et réfléchi qu'animai
le sincère amour de ses coreligionnaires, avait cependan
formé le grand projet de créer au delà des mers un
France protestante. En 1555, Villegagnon fondait, sous l
nom de France antarctique, une colonie près de la baie d
Rio-de-Janeiro et bâtissait le Fort-Coligny ; il en fut chass
en 1567 par les Portugais (1). A la suite de l'expédition
malheureuse de Ferdinand de Soto, les Espagnols avaien
abandonné la Floride ; Coligny avait dirigé sur ce pays
quelques colons huguenots qui fondèrent Fort-Caroline
établissement qui fut aussitôt détruit par les Anglais
Mais en 1562, le sieur de Laudonnière les chasse à leu
tour ; en 1563, les colons de Fort-Caroline sont massacré
par l'espagnol Ménendez, puis en 1568, pour venger ses
coreligionnaires, Dominique de Gourgues massacrait les
Espagnols et occupait Fort-Caroline. La Cour de France
désavoua de Gourgues et la Floride fut abandonnée.

Ces expéditions malheureuses, ces massacres avaien
causé la plus fâcheuse impression sur les réformés déjà
peu disposés à émigrer ; il ne fut plus question de tentatives protestantes de colonisation.

Henri IV, malgré la constante opposition de son ministre Sully, imprima une vigoureuse impulsion au mouvement colonial. D'abord, en 1598, par un article secret du
traité de Vervins (2) qui mettait fin à la guerre avec l'Es-

____

(1) Pour ces diverses expéditions consulter : Laudonnière, *L'histoire
notable de la Floride*, Paris, Jannet, 1853 ; M. Arthur Heulard, *Villegagnon, roi d'Amérique*, Paris, Leroux, 1897.

(2) Voir l'article du *Correspondant* du 25 février 1902. — Cf. M. A. Giraud, *Principes de colonisation et de législation coloniale*, t. 1er p. 95.

pagne, il était spécifié qu'au delà d'une ligne passant par
la plus occidentale des Canaries, et joignant les deux pôles,
ligne dite des amitiés, tout serait à la force : les particuliers français pourraient agir à leurs risques et périls
sans que la paix fût troublée entre les deux nations. Les
Espagnols renonçaient donc en notre faveur au monopole
que leur avait accordé Alexandre VII par la bulle de 1493.
Mais assurément ce qui fit plus encore pour le succès des
expéditions lointaines et du commerce maritime, ce fut la
prospérité matérielle du nouveau règne, la sage administration du roi et de Sully, le rétablissement de l'ordre
social et de la paix intérieure qu'amena l'édit de Nantes.
Henri IV avait au plus haut degré le bon sens pratique;
il comprit que les expéditions isolées de nos navigateurs
ne pourraient jamais donner de réels bénéfices qu'à ceux
qui les entreprendraient, qu'elles n'apporteraient que des
victoires de détail, que la monarchie ne pouvait rien en
retirer de nettement avantageux pour la grandeur et la richesse de la nation. Les puissances étrangères avaient
déjà jeté les bases solides de leur colonisation ; il ne fallait
pas rester en arrière sur nos rivaux . Il se rendit fort bien
compte que la Couronne devait, sinon coloniser elle-même, du moins diriger le mouvement colonial, coordonner
les efforts, faire sentir son influence par l'appui sérieux
qu'elle prêterait aux commerçants, par les facilités qu'elle
accorderait aux émigrants. Comme l'Angleterre et la Hollande et presque en même temps qu'elles, Henri IV eut
donc recours aux grandes compagnies de commerce et de
colonisation (1).

Deux premiers essais, tentés à la fin du xvie siècle pour

(1) 1599, Compagnie de l'Acadie et du Canada.
1600, Compagnie de Java, Sumatra, les Moluques.

l'Acadie et pour les îles de la Sonde, ne donnèrent aucun résultat pratique appréciable. A la même époque, le sieur de la Roche, envoyé au Canada, ne réussit pas mieux. Il faut arriver à 1604 pour enregistrer un premier succès : le sieur de Monts installe quelques colons dans la petite île de Sainte-Croix, au Port-Royal, à l'île du Cap Breton et sur la côte de l'Acadie. Enfin en 1608 partit une expédition nouvelle, commandée par Champlain. Québec fut fondée. Mais le peuplement de la colonie était très lent. Le rude climat de la région du Saint-Laurent, le long et pénible travail du défrichement, n'attiraient pas les émigrants. Au contraire, les missions religieuses qui dès les premiers jours avaient été envoyées au Canada se développèrent rapidement. A ce moment commencèrent les luttes et les conflits entre l'autorité civile et l'autorité ecclésiastique, luttes et conflits qui devaient être funestes à l'avenir du Canada.

L'œuvre commencée par Henri IV fut reprise et énergiquement continuée par Richelieu, mais toujours avec un succès peu satisfaisant. D'abord Richelieu ne put pas s'oc-

1600, Compagnie du Corail ou d'Afrique (sieur Moissac).
1600, Compagnie des mers orientales.
1602, Compagnie de la Nouvelle-France.
1604, Compagnie de la Guyane.
1604, Compagnie Gérard Deroy ou des Indes Orientales.
Puis après la mort de Henri IV :
1613, Compagnie du Canada (Champlain).
1615, Compagnie des Moluques (Montmorency).
1615, Compagnie Beaulieu et Le Lièvre.
1616, Compagnie des Indes Orientales (Négociants de Paris et Rouen).
1620, Compagnie du Canada (Montmorency).
Voir les détails dans l'ouvrage de M. P. Bonnassieux : « Les Grandes Compagnies de commerce ».

cuper de la question coloniale en toute sécurité ni avec toute la liberté d'esprit désirable. La triple lutte qu'il engagea contre la maison d'Autriche, contre la noblesse et contre les tentatives d'indépendance des huguenots ne lui laissa ni le temps ni les moyens de se consacrer entièrement à la colonisation. Les ressources de l'Etat étaient modestes et ne permettaient pas d'engager de fortes dépenses pour les expéditions d'outre-mer comme nous le faisons aujourd'hui. La nation, d'ailleurs, ne répondait pas aux efforts du ministre, d'elle-même elle n'était pas portée à l'émigration ; les mécontents religieux et politiques, plus nombreux à cette époque qu'à toute autre, tous ceux qui ne pouvaient supporter l'inflexible discipline du Cardinal et qui auraient volontiers franchi l'Océan, en furent empêchés par la politique du jour.

Richelieu suivit donc la voie que lui avait tracée Henri IV ; mais, désirant trop bien faire, il accorda d'abord à des compagnies de commerce (1) des privilèges énormes, et

(1) 1625 Compagnie de la Nacelle de Saint-Pierre fleurdelysée.
1626, Compagnie du Morbihan.
1626, Compagnie de la Côte occidentale d'Afrique (Fermanel).
1626, Compagnie des Isles d'Amérique.
1627, Compagnie des Cent-Associés.
1633, Compagnie de Rouen.
1633, Compagnie des Indes Orientales (Dumé d'Applemont).
1633, Compagnie du Cap Nord.
1633, Compagnie du Cap Vert.
1634, Compagnie de Guinée.
1634, Compagnie du Cap Blanc.
1635, Compagnie Saint-Christophe.
1638, Compagnie du Cap Nord
1642, Compagnie des Iles d'Amérique.
1642, Compagnie de la France Orientale (Ricault).
Puis, successivement après la mort de Richelieu :
1643, Compagnie du Cap Nord.

leur imposa par contre des charges trop lourdes. C'est ainsi que la Compagnie de la Nacelle de Saint-Pierre fleurdelysée avait pour « but d'établir dans le royaume de France un grand négoce de toutes les marchandises qui entrent dans le commerce, introduire les pêcheries, la fabrique des vaisseaux et de divers autres ouvrages qui n'y sont communs, mettre en valeur plusieurs terres et lieux qui ne rendent que peu ou point de profits, fouiller chacun des lieux et endroits des terres de Sa Majesté, dresser des forges, fondre et forger l'or, l'argent et le fer....... entreprendre des voyages au loin, faire des peuplades, établir des colonies aux lieux qu'elle avisera, même en Canada et Nouvelle-France, négocier et trafiquer en tous les pays qui ne sont ennemis déclarés de cette couronne » (2). De telles compagnies pouvaient difficilement exécuter leur programme ; comme les précédentes, elles n'eurent en vue que leurs bénéfices immédiats et non la création ou le progrès des colonies : c'est ainsi, par exemple, qu'en sept années, la Compagnie du Morbihan n'avait fait passer que quarante Français au Canada. L'insuccès de ces entreprises, les plaintes et les conseils de Champlain décidèrent Richelieu à faire une tentative plus modeste, mais qui fut plus heureuse. En 1628, pendant le siège de la Rochelle, une nouvelle compagnie fut fondée ; elle prit le nom de Compagnie des Cent-Associés et subsista

1644, Compagnie du Nord (Claude Rousseau).

1648, Compagnie de mer de Saint-Jean-de-Luz et de Cibourre.

1648, Compagnie des Pyrénées.

1651, Compagnie de la France équinoxiale.

1653, Compagnie de la France septentrionale.

Pour les détails, voir M. Bonnassieux, *op. cit.*

(2) Caillet, *Administration de Richelieu*, p. 335 et 337.

jusqu'en 1663. Elle obtenait toute la côte de l'Amérique septentrionale, de la Floride au cercle arctique avec le monopole du commerce pour quinze ans. Les marchandises venant de la Nouvelle-France seraient exemptes de tout droit ; après six années de séjour dans la colonie les artisans auraient droit à la maîtrise ; le roi promettait d'annoblir un certain nombre des associés ; les gentilshommes pouvaient sans déroger faire partie de la compagnie et se livrer au commerce d'outre-mer ; la compagnie s'engageait à faire passer en Amérique quatre mille personnes en quinze ans ; les nouveaux colons seraient entretenus pendant trois ans par la compagnie ; tous devaient appartenir à la religion catholique (1).

Cette compagnie apporta quelque prospérité au Canada ; mais en 1629, la colonie tomba aux mains des Anglais qui prirent Québec ; elle nous fut rendue en 1632 au traité de Saint-Germain. Le développement et les progrès de la Nouvelle-France eussent été plus rapides et auraient suivi un cours normal, si les causes auxquelles nous avons fait allusion plus haut n'avaient pas existé. L'autorité ecclésiastique toujours en lutte avec le pouvoir devenait de plus en plus forte. Le Canada était presque une colonie religieuse. Les colons qui s'y étaient fixés étaient, non pas comme on aurait pu le supposer, des réformés fuyant la persécution, mais bien au contraire des catholiques désireux de vivre en paix et quittant la France pour pratiquer librement leur religion loin du contact des hérétiques. Un grand nombre d'établissements religieux, de couvents, d'hospices se fondaient augmentant ainsi les biens de mainmorte, rendant la dîme plus lourde au pay-

(1) M. P. Bonnassieux, *op. cit.*, p. 350.

san et à l'ouvrier. De vieilles institutions du moyen âge, comme la constitution féodale de la propriété, avaient été transportées dans la Nouvelle-France; c'étaient autant d'obstacles à la circulation des terres et au défrichement. Et alors, pourquoi le cultivateur français se serait-il expatrié, s'il ne devait pas trouver dans l'exil des facilités d'établissement, s'il devait au contraire se heurter à un régime aussi étroit que celui de la métropole. La plupart des colons vivaient de chasse et de pêche; de hardis aventuriers remontaient le Saint-Laurent et s'enfonçaient dans les forêts immenses, tout cela sans profit pour la colonisation. « Le monde n'appartient pas aux curieux qui le parcourent et qui l'explorent: c'est aux patients seuls et aux travailleurs qu'il finit par rester » (1).

En 1642, quand Richelieu mourut, la population civile était encore très faible; trois ou quatre cents soldats gardaient Québec, Tadoussac, Trois-Rivières, Montréal. La compagnie couvrait à peine ses frais; nous suivions de très loin l'exemple que nous donnaient dans le même temps les colonies anglaises. Quant à Port-Royal et Pentagoët, établissements fondés dans l'Acadie par Razilly, d'Aulnoye et de Poutrincourt, ils tombèrent aux mains des Anglais du Massassuchetts. En 1656, Cromwell concéda l'Acadie à sir Thomas Temple et à sir William Crowne. Les choses demeurèrent en l'état jusqu'au traité de Bréda qui rendit l'Acadie à la France (1667).

Les Français réussirent beaucoup mieux aux Antilles, parce qu'il y avait moins à travailler. Le climat n'y présentait pas la rigueur de celui du Canada, la nature y

____

(1) Leroy-Beaulieu, *op. cit.,* t. I, p. 154.

était plus généreuse, les cultures moins pénibles et plus rémunératrices, elles donnaient un bénéfice immédiat; l'exploitation du tabac, du coton, de la canne à sucre exigeait surtout de la part des colons un travail de direction plus facile et plus attrayant que le dur labeur de la culture agricole.

Notre premier établissement des Antilles fut créé en 1625 par un gentilhomme normand, le sieur d'Esnambuc : il occupa Saint-Christophe et la Barbade où les Anglais étaient déjà installés (1). L'année suivante, Richelieu autorisa la création d'une Compagnie de Saint-Christophe : on lui donnait comme à l'ordinaire le monopole du commerce de la colonie, les produits qu'elle importait étaient protégés par des faveurs et des droits différentiels, les personnes qui seraient transportées aux îles par la compagnie s'engageaient à y séjourner trois ans. Le roi se réservait le droit d'un dixième sur tout ce qui proviendrait de la colonie. Comme toutes les autres compagnies, celle de Saint-Christophe s'efforça de réaliser les bénéfices les plus rapides, négligea les cultures vivrières, laissa même la colonie sans approvisionnements et sans vivres. Les Hollandais en profitèrent, débarquèrent à Saint-Christophe ce qui manquait aux habitants et prirent l'habitude d'y revenir. Ainsi s'établit un heureux tempérament au monopole de la compagnie.

En 1635 une nouvelle compagnie, dite des Iles d'Amérique, fut substituée à la précédente, avec des clauses de monopole plus précises et encore plus restrictives. La colonisation n'y gagna rien, mais vers la même époque com-

---

(1) L'île de Saint-Christophe était partagée entre les Anglais et les Français. C'est le 28 janvier 1623 que l'Anglais Thomas Warner, avait occupé Saint-Christophe avec quinze compagnons.

mença un mouvement d'expansion violente, de conquête brutale s'il en fut jamais. La Guadeloupe, la Martinique, Saint-Eustache, Saint-Barthélémy, les Saintes, Marie-Galante, la Grenade, les Grenadins, Sainte-Lucie furent conquis par des aventuriers, dont les noms et l'histoire sont parvenus jusqu'à nous : du Parquet, du Plessis, l'Olive et d'autres encore. Les boucaniers et les flibustiers quittèrent l'île de la Tortue, se répandirent dans Saint-Domingue qu'ils arrachèrent au pouvoir des Anglais et des Espagnols. La Couronne intervint et, par des privilèges, confirma l'existence officielle des établissements que ces singuliers colons avaient fondés. Les Antilles durent donc en grande partie leur origine aux méfaits et à l'audace de quelques particuliers. Quant à la compagnie, son autorité parvenait difficilement à s'imposer à de tels administrés. La guerre civile, guerre entre les colons et les agents de la compagnie, existait en permanence aux îles. Dans une assemblée générale tenue le 16 juin 1648, la compagnie examina les mesures à prendre pour remédier à un tel état de choses et, reconnaissant sa faiblesse et son incapacité, elle se décida à vendre aux gouverneurs et aux aventuriers qui s'y étaient installés les différentes Antilles qu'elle considéra comme étant sa propriété personnelle.

La Martinique, Sainte-Lucie, la Grenade et les Grenadins furent cédés pour 60.000 livres à du Parquet. Par contrat passé le 4 septembre 1649, par devant Mes Oger et Morel, notaires, la compagnie vendit également pour 60.000 livres, aux sieurs d'Houel et Boisseret, les îles de la Guadeloupe, de Marie-Galante, de la Désirade et des Saintes. Enfin en 1651, le commandeur de Poincy, gouverneur général des îles, acquit pour 120.000 livres, pour le compte de l'Ordre de Malte, dont il était grand-croix « la propriété des îles de Saint-Christophe, de Saint-Barthélémy, de Saint-Martin et de Sainte-Croix, traité qui fut confirmé deux ans après par les lettres patentes de Sa Majesté (mars 1653) qui ne se réserva que la seule souveraineté de ce qui était compris dans la cession de la compagnie à l'Ordre de Saint-Jean de Jérusalem, avec l'hommage d'une couronne d'or de mille écus, à chaque mutation de roi, qui devait être présentée par l'ambassadeur de l'Ordre » (1).

Dès lors, les Antilles allaient vivre en plein régime féodal ; des dissensions s'élevèrent bientôt pour la transmission de la propriété des îles ; la plupart des acquéreurs furent incapables de faire respecter l'ordre dans leurs domaines (2), et les îles eurent une fortune différente sui-

(1) *Encyclopédie méthodique, Dictionnaire du commerce.*

(2) Les deux lettres suivantes, adressées par le comte d'Estrades à Colbert peuvent donner une idée du désordre qui régnait aux Antilles :

La Haye, 27 septembre 1663.

« Je vous envoie la copie de la lettre que le sieur du Coudré m'a escrit de Saint-Christophe où il s'est retiré pour éviter les assassinats qui se commettent à la Guadeloupe, par le mauvais gouvernement de ceux qui abusent des commissions du Roy. Vous êtes si élevé, Monsieur, qu'il est inutile de vous représenter l'importance de cette affaire et combien la diligence est requise, mais je vous prie d'agréer que je joigne mes supplications à celles de tant de faibles, qui sont dans l'oppression et qui n'espèrent en être retirés que par un prompt secours du Roy. » *Bibliothèque nationale, Mélanges Colbert*, vol. 117, p. 222-223.

La Haye, 4 octobre 1663.

« ...... mais vous me permettrez de vous dire qu'il serait fort nécessaire que l'autorité du Roy parût pour terminer les différends qu'ont les trois gouverneurs de l'isle (la Guadeloupe) à savoir : MM. Ouel frères, et les sieurs d'Herblot et Téméricourt, neveux desdits Ouel, afin que leurs sujets étant en paix aussi bien que leurs seigneurs, ils ne fussent pas troublés dans leurs biens et dans leur commerce. Il est envant le tempérament de leurs nouveaux maîtres. Certains se rendirent vite odieux par leur avidité, par leur tyrannie, par les mauvais traitements qu'ils infligèrent aux indigènes, qui finirent par se révolter en masse et par massacrer les colons. D'autres, plus intelligents et à l'esprit plus ouvert aux mesures libérales, ménagèrent un bon accueil aux commerçants et aux colons étrangers. A la Guadeloupe, par exemple, Boisseret, permit aux Hollandais chassés du Brésil de s'établir dans l'île et favorisa largement les industries et les cultures nouvelles.

Comparé à celui du Canada, le peuplement des Antilles avait été rapide et surtout une société très solide s'y était formée. Notre petite noblesse de province, tentée par les aventures, cherchant comme nous le disions au début de cette étude à se créer quelques fiefs nouveaux, avait envoyé aux îles d'Amérique ses représentants les plus hardis. Beaucoup quittèrent la France, qui fuyaient soit la trop sévère discipline de Richelieu, soit, plus simplement, leurs créanciers : au xviie siècle, chaque grande famille eut un ou plusieurs de ses membres aux Antilles. Ils formèrent la partie vraiment active et entreprenante de la population. Le clergé contribua autant que les laïques au succès des Antilles ; les Dominicains et les Jésuites s'a-

core arrivé un vaisseau de cette isle qui marque de grands désordres. Un gentilhomme appelé Lépine nous est venu trouver pour nous faire ses plaintes et nous dire comment toutes choses se passent. » *Ibidem*, vol. 117, p. 411-412.

Consulter également aux *Mélanges Colbert* : t. 115, p. 167, lettre du comte d'Estrades du 8 mars 1663 ; t. 116, p. 428, lettre des échevins de Dieppe, d'août 1663 ; t. 116 *bis*, p. 877, lettre du comte d'Estrades du 25 août 1663, et les deux lettres adjointes à la précédente, écrites toutes deux à d'Estrades au sujet des différends de la Guadeloupe, signées Dumesnil et du Coudray.

donnèrent à l'industrie, s'improvisèrent entrepreneurs et planteurs. Malgré les chartes des compagnies, malgré les clauses qui excluaient les non-catholiques et qui semblaient leur interdire l'accès des colonies, la tolérance en matière religieuse avait fini par s'introduire, les réformés et les israélites avaient fondé des établissements et avaient trouvé du travail. Nous voyons ainsi, le gouverneur des îles, de Poincy, charger un protestant, Le Vasseur, de prendre le commandement d'une expédition dirigée sur l'île de la Tortue.

La tolérance existait donc en fait si elle n'existait pas en droit. Les étrangers seuls étaient exclus presque partout, la monarchie tenant à garder pour la France tout le bénéfice de ces entreprises. La situation des Antilles était donc presque brillante au milieu du XVIIe siècle.

Nous n'en pourrions pas dire autant de notre établissement de la Guyane. Nous étions arrivés les premiers dans cette région que la Révardière avait reconnue dès 1604. Il eût été important pour notre commerce que nous possédions les estuaires des deux grands fleuves, l'Amazone et l'Orénoque : nous nous les laissâmes prendre. Dès les premières années du XVIIe siècle, les Portugais nous chassèrent de l'île de Maranhao, dans le delta de l'Amazone où nous étions installés. Richelieu créa néanmoins une compagnie pour le commerce de l'Orénoque et de l'Amazone, quelques colons français s'installèrent même à Surinam, d'autres, conduits par M. de Royville, fondèrent Cayenne en 1636 ; quelque temps après il y était massacré par les indigènes. Sa place fut prise par des Hollandais et des Juifs chassés du Brésil qui s'installèrent à Cayenne, leur colonie fut bientôt florissante. Mais une compagnie de commerce pouvait difficilement réussir dans ces parages

et y établir une œuvre durable. Les terrains marécageux
de la Guyane auraient nécessité des travaux d'assainissement coûteux et considérables que seul l'Etat aurait pu
entreprendre. La Guyane ne fut jamais prospère sous notre domination.

Etant donné le développement relatif des colonies que
nous avions fondées en Amérique, il est assez curieux et
assez pénible de constater que la France fut la puissance
maritime qui parut la dernière aux Indes Orientales. Les
Portugais, les Hollandais et les Anglais nous y avaient devancés. Il faut en effet arriver à Colbert lui-même pour
trouver un premier établissement français dans ces régions. Plusieurs fois nos navigateurs et nos commerçants
les avaient visitées, mais jamais on n'essaya de s'y installer de façon durable et définitive. Ce fait est d'autant plus
digne d'attirer notre attention que toutes les autres nations
fondèrent aux Indes des comptoirs de commerce, bien
avant de songer à se créer en Amérique ou ailleurs des colonies de peuplement : partout le commerce maritime se
dirigea vers les Indes avant que le mouvement d'émigration ne prit naissance, et ce mouvement ne commença
même que beaucoup plus tard. Il n'y a là rien qui puisse
surprendre et il ne faut y voir que le résultat de la faiblesse
de notre marine marchande.

Henri IV voulant faire échec à la Compagnie hollandaise
des Indes et coordonner les efforts de nos navigateurs,
institua par lettres patentes du 1er juin 1604 une Compagnie des Indes avec privilège exclusif du commerce pendant quinze ans. Le roi lui assignait le port de Brest pour
y équiper sa flotte et y faire entrer en franchise les marchandises qu'elle rapporterait de ses deux premiers voya-

ges. Des vaisseaux avaient été achetés en Hollande et les équipages nécessaires y avaient été recrutés. L'on s'était également assuré le concours de Gérard de Roy, navigateur flamand qui avait déjà fait plusieurs voyages aux Indes pour le compte de la compagnie hollandaise. Le manque d'entente entre les associés, la rareté des fonds ne permirent pas à la compagnie de prospérer, elle sombra après quelques années sans avoir retiré aucun profit de son privilège et fut remplacée en 1611 et en 1616 par des compagnies analogues. Elles ne fondèrent d'ailleurs aucun établissement, ne s'installèrent sur aucun point des côtes, mais leurs vaisseaux visitèrent toutes les Indes, allèrent jusqu'à Java et y firent le commerce, malgré l'opposition des Hollandais (1).

En 1342, sous les auspices de Richelieu, naquit une nouvelle compagnie. Elle avait pour but le trafic avec les Indes, comprenait vingt-quatre associés, prenait le nom de compagnie de l'Orient ou de Madagascar, et avait le monopole du commerce pour vingt ans. A peine constituée, la compagnie résolut d'essayer immédiatement la colonisation de Madagascar, de s'en faire un point d'appui pour le voyage des Indes. Nous retrouverons bientôt la même idée reprise par Colbert.

« On a souvent critiqué l'établissement à Madagascar, dit M. H. Castonnet des Fosses, et presque tous ceux qui ont écrit sur les questions coloniales ont été à peu près unanimes pour blâmer les nombreuses tentatives que nous avons faites dans le but de coloniser cette grande terre. Cependant, lorsqu'on considère les événements et

______

(1) Voyages de Beaulieu et de de Nets en 1616 et en 1619, de Lelièvre en 1616, de Duquesne en 1617, de Nyverecq en 1619, de Régimont en 1633.

qu'on veut les juger avec impartialité, l'on voit que le projet d'occupation de Madagascar était dicté par des raisons pleines de sagesse. Le but qu'on se proposait était l'Inde. Ne fallait-il pas posséder sur la route des stations pour se ravitailler et des ports pour s'y réfugier en cas de guerre. Les Portugais, les Hollandais avaient saisi tous les postes importants situés sur la route des Indes et, de nos jours, ne voyons-nous pas les Anglais agir de même. Les Français devaient suivre les mêmes errements, et Madagascar leur parut réunir tous les avantages voulus pour y créer un établissement » (1).

Le premier vaisseau qui fut expédié par la compagnie était le *Saint-Louis* commandé par le capitaine Coquet ; il conduisait à Madagascar douze Français qui devaient constituer le noyau de la colonie, et deux agents de la compagnie, Pronis et Foucquembourg. Ils s'établirent au sud de l'île dans la baie de Sainte-Luce. L'année suivante (1643) soixante-dix nouveaux colons arrivaient sur le vaisseau le *Saint-Laurent*, la baie de Sainte-Luce était abandonnée comme malsaine, et Fort-Dauphin était construit. Puis en 1644 le vaisseau *le Royal* amenait quatre-vingt-dix colons; mais la mauvaise administration de Pronis, ses mœurs déplorables, sa tyrannie, l'hostilité et la barbarie des indigènes ne permirent pas à la colonie naissante de se développer. Les colons se révoltèrent contre Pronis, s'emparèrent de sa personne et le gardèrent prisonnier pendant six mois. La compagnie dut le remplacer par de Flacourt qui arriva à Fort-Dauphin en décembre 1648. Celui-ci fit preuve de zèle et d'habileté, se distingua par son entente des affaires coloniales, prit possession de l'île Bourbon, mais perpé-

---

(1) M. H. Castonnet des Fosses, *L'Inde avant Dupleix*, p. 40.

tuellement inquiété par les indigènes et ne recevant aucun secours de la métropole, il dut en 1655 abandonner son poste et rentrer en France : de Chammargou lui succéda comme gouverneur de l'île. A Paris, de Flacourt sut intéresser à sa cause le duc de la Meilleraye qui lui fournit des fonds, mit plusieurs bâtiments à sa disposition et obtint en même temps du roi la cession en sa faveur des privilèges accordés en 1642 à la compagnie. En 1660, de Flacourt repartait pour Madagascar avec deux cents colons sur le navire *la Vierge*. Rencontré par des pirates algériens à hauteur de Lisbonne, le bâtiment français fut incendié et de Flacourt périt avec presque tout l'équipage. Cette perte fut d'autant plus sensible pour l'avenir de notre colonie que trois ans plus tard le duc de la Meilleraye mourait à son tour, laissant Madagascar sans protecteur.

Tel était le lamentable état de notre colonie ; elle comptait en 1664 une centaine de Français dont quatre-vingt-huit habitaient Fort-Dauphin. Tous les efforts de Colbert vont tendre à la relever.

Malgré leurs excellentes intentions et leurs vues très larges, Henri IV et Richelieu n'avaient pas pu donner à la colonisation l'impulsion qui lui était indispensable. L'un comme l'autre avaient compris qu'une grande nation comme la France ne pouvait se laisser devancer par ses adversaires dans la conquête des mondes nouveaux, et devait rester maîtresse sur le terrain commercial comme sur le terrain politique. Mais avaient-ils pu se consacrer en entier à cette grande œuvre, avaient-ils pu y apporter la persévérance et la méthode désirables ? Les circonstances ne les avaient certes pas favorisés. Les dissensions intérieures et les luttes contre les puissances continentales ne leur laissèrent jamais une liberté d'action suffisante. Les finances de l'Etat étaient loin d'être brillantes ; la monarchie ne pouvait guère prêter que son appui moral aux compagnies de commerce qu'elle créait : aussi les voyons-nous toutes disparaître rapidement après quelques années d'une lutte vaine. Le Canada végétait, Madagascar après cinquante années de colonisation n'était toujours qu'une ébauche, seules les Antilles, grâce à leur climat merveilleux, avaient donné des résultats satisfaisants. Pour assurer la réussite complète de ces compagnies, il leur aurait fallu une direction active ayant à sa disposition des capitaux importants, fournis soit par l'Etat, soit par les particuliers.

Nous allons entrer maintenant dans une phase nouvelle. Profitant des leçons du passé, Colbert va pendant vingt années imprimer son énergique direction au mouvement colonial.

DEUXIÈME PARTIE

COLBERT ET LES CHARTES DE 1664

CHAPITRE PREMIER

ARRIVÉE DE COLBERT AU POUVOIR.

Colbert chez Le Tellier et chez Mazarin. — But de la politique de
Louis XIV et de Colbert : l'abaissement de la Hollande. — Création
d'une marine marchande. — Enquêtes sur la politique coloniale des
puissances étrangères. — Raisons qui ont décidé la monarchie à recourir aux compagnies de colonisation. — Caractères généraux de
ces compagnies, leurs privilèges, leurs charges et leurs raisons
d'être. — Les compagnies et l'opinion publique en France. — Déci-
sion prise par Colbert.

Colbert débuta en 1640 dans les bureaux de la guerre
comme commissaire aux revues, sous les auspices de son
parent par alliance, Michel Le Tellier, secrétaire d'Etat de
la guerre (1) ; il fut ensuite attaché à la personne même
de Le Tellier. On remarqua bien vite ses qualités domi-
nantes : Austérité, honnêteté, travail, volonté inflexible et
caractère énergique se manifestant parfois par d'excessives

(1) Colbert est né à Reims en 1619. Il est mort en 1683.

résolutions qui dépassaient le but à atteindre. Guy Patin nous dépeint Colbert d'un mot « vir marmoreus, » et Mme de Sévigné, dans une de ses lettres, l'appelle « Le Nord ».

En 1651, Colbert passa du service de Le Tellier, à celui de Mazarin, sans situation officielle. Colbert connaissait bien le Cardinal : caractère insaisissable, se livrant peu, tour à tour prodigu et avare. Colbert gagna péniblement la confiance de Mazarin et fut chargé de la gestion de sa fortune personnelle. En juin 1651, Mazarin lui remit une procuration en due forme : « Il eut dès ce moment, dit M. Pierre Clément, l'autorité nécessaire pour mettre de l'ordre dans les affaires domestiques du Cardinal, et fut accrédité en outre pour s'entendre avec tous ceux qu'il aurait à voir pour ses intérêts, la reine la première » (1).

Dans sa position nouvelle, et tout en restant toujours au second plan, Colbert acheva de se mettre au courant des questions d'administration et de politique. Poussé par une envie immodérée de s'enrichir et d'enrichir sa famille, secondé par un zèle extraordinaire, il finit par acquérir une position presque indépendante près du Cardinal. Le crédit de Colbert devint alors considérable ; il reposait d'ailleurs sur une base solide, le besoin que Mazarin avait de lui. Lorsque le Cardinal mourut, en 1661, il le recommanda, dit-on, lui-même à Louis XIV ; Colbert était alors secrétaire des commandements de la reine, conseiller du roi, intendant des finances, et intendant des biens de Mazarin.

Pas plus qu'Henri IV et que Richelieu, peut-être même moins qu'eux, Mazarin ne put se lancer hardiment dans le mouvement colonial. Les opérations militaires de la fin de

---

(1) Clément, *Histoire de Colbert*, t. I, p. 30.

la guerre de Trente Ans, les longues négociations di plo-
matiques du traité de Westphalie, les dix années de dissensions politiques qu'amena la Fronde, ne lui permirent
pas d'aborder ces questions. Caractère trop pratique et
sans largeur de vues, le Cardinal n'était pas porté vers ces
expéditions lointaines à résultats beaucoup trop incer-
tains ; il ne vit jamais dans les compagnies coloniales que
des moyens de spéculation. La marine et le commerce
maritimes furent toujours négligés sous son ministère. A
plusieurs reprises cependant, Colbert essaya d'attirer son
attention de ce côté : Mazarin prêta ses fonds, perdit son
argent, mais ne fit jamais sentir son action ni sa direction.
- Nous possédons une lettre fort intéressante que Colbert (1) adressait à ce sujet au Cardinal, le 13 octobre 1652 :
« Vostre Eminence, dit Colbert, pourroit non seulement
faire un profit considérable, mais mesme contribuer à
restablir le trafic et le commerce dans ce Royaume, par
la protection que Vostre Eminence donneroit à une Compagnie, qui pourroit estre establie pour cet effet, dans laquelle Vostre Eminence prendroit un intérest notable et à
l'exemple de laquelle tous les sujets du Roy feroient de
nouveaux efforts dans l'espérance de la mesme protection,
pour establir d'autres compagnies, ce qui produiroit dans
la suite un bien que Vostre Eminence scait et connoist...»
Colbert soumettait ensuite plusieurs moyens qui avaient
été concertés entre son frère et les habitants de Marseille.
Le premier consistait à fonder une compagnie au capital
de 200.000 livres pour le trafic du Levant. « Le profit,
disait Colbert, est de 25 à 30 pour cent par voyage qui dure
six mois, et deux mois de vente. En faisant assurer, ce

______

(1) *Ibid.*, t. I, p. 195.

profit est réduit à 15 pour cent. » L'autre proposition
« beaucoup meilleure, plus faisable et plus avantageuse »
avait pour objet le commerce avec la côte d'Afrique et le
rachat de l'ancienne Compagnie du Bastion de France.
Colbert évaluait le profit à 50 pour cent par an, outre une
pension considérable que ferait la compagnie. « D'après
ces avis, Mazarin se fit, en effet, le commanditaire de plusieurs compagnies ; mais leurs opérations ne réussirent
pas, et il résulte d'un état de ses biens en 1658, qu'il y
perdit 600.000 livres » (1).

Richelieu (2) avec Louis XIII, et Mazarin pendant la
minorité de Louis XIV, avaient pu agir en maîtres, avec

(1) Clément, *Histoire de Colbert*, t. I, p. 52.

(2) Quant au surintendant Fouquet, il eut, lui aussi, des visées coloniales, mais à son profit exclusif. Il chercha notamment à se substituer
dans la seigneurie de la Martinique à d'Esnambuc. A cet effet, il envoya
dans cette île deux de ses agents, Beaujeu et Descasseaux qui acquirent pour lui, dans la partie sud de l'île un vaste terrain où ils construisirent une importante habitation. Fouquet fit faire également à son
compte le commerce avec les Indes Orientales.

Voir à ce sujet dans les *Mélanges Colbert* les pièces suivantes : lettre
du 8 juin 1663, vol. 115 *bis*, p. 1085 ; lettre du 14 mai 1663, vol. 116,
p. 111 ; lettre du 20 mai 1663, vol. 116, p. 114.

Fouquet reçut aussi et accepta des propositions en faveur de la création d'une compagnie coloniale, mais la compagnie resta à l'état de projet. Voici ce que nous lisons à ce sujet dans une lettre adressée au Roi
par plusieurs marchands :

« En 1663 plusieurs notables marchands de Tours, Nantes, La Rochelle, et autres lieux, ... proposent un mesme dessein que celuy
qui avoit esté accepté par M. Fouquet quelque temps avant sa déten-
tion au sujet de Belleisle, qui estoit de former une compagnie soubz
l'autorité du Roy et uniquement la conduitte et bonne foy desdits marchands.... » — *Archives coloniales* du ministère des colonies. Fonds :
Compagnie des Indes Orientales, administration en France (1649-1669)
registre C .

la liberté d'action relative que leur laissaient les circonstances extérieures, mais lorsque Mazarin vint à mourir,
Louis XIV fit sentir à tous, dès le premier jour, qu'il ne
voulait pas supporter plus longtemps la situation effacée
qu'il avait eue jusque-là, et il déclara que désormais il
voulait être lui-même son premier ministre. Pendant plus
de vingt ans, Colbert fut donc le conseiller toujours ap-
précié, presque toujours écouté, mais jamais il ne fut le
maître, comme l'avaient été ses prédécesseurs.

Le but que poursuivit Louis XIV et l'objet de son con-
tinuel désir fut l'exercice de l'hégémonie absolue en Europe. Il voulait diriger à sa guise la politique continentale,
être le chef incontesté du monde catholique et l'arbitre
souverain des rois, remplacer Charles-Quint et Philippe II.
Travaillant en silence et avec une opiniâtreté qui jamais
ne faiblit, Colbert se donna un but moins brillant peut-
être, mais plus élevé, plus grand encore, et surtout un but
dont les effets salutaires devaient être plus durables. Il
voulut faire de la France la nation la plus commerçante,
la plus riche du monde, indépendante au point de vue
économique de toutes les autres nations (1). Heureuse-

(1) « Emporté dès le début de sa carrière, par cette passion des ré-
formes, besoin de sa nature, il s'y était livré d'abord avec une ardeur
compromettante. L'obstacle des premiers temps une fois franchi, l'adver-
saire une fois vaincu et abattu de manière à ne plus se relever, Colbert,
libre désormais de toute préoccupation et jouissant de l'entière faveur
du roi, mais mûri aux affaires et rendu plus prudent par l'expérience,
porta son esprit investigateur sur les diverses parties de l'administration publique, imprima à tous ses rouages une activité féconde et fit aux
abus de toute sorte une guerre incessante, qui, à défaut des services
rendus comme contrôleur général et comme ministre de la marine, de-
vrait protéger son nom contre les attaques passionnées que les détrac-
teurs d'un passé souvent glorieux ne lui épargnent pas. » M. Pierre
Clément, *La police sous Louis XIV*, p. 61.

ment Colbert put acquérir et exercer sur le Roi la meilleure influence (1), il sut le gagner à sa cause et à ses projets, et bien souvent Louis XIV prêta à son premier ministre le puissant appui de son autorité.

Nous allons voir par la suite, que pour réaliser le but que se proposait Colbert, il était indispensable d'utiliser nos colonies déjà existantes, de favoriser leur développement et d'en créer de nouvelles.

Nos adversaires politiques et économiques, nous les avons vus à l'œuvre, c'étaient l'Espagne, l'Angleterre et la Hollande.

Pour lutter avec quelques chances de succès contre l'Espagne et l'Angleterre, il nous fallait une puissante marine de guerre ; et à cette marine de guerre, il fallait, dans les mers lointaines, des stations riches et sûres pour pouvoir se ravitailler en vivres et en munitions, pour faire escale, pour exécuter ses réparations, pour se réfugier en cas de poursuites des flottes ennemies ou en cas de mauvais temps ; à cette marine de guerre, il fallait, pour ses opérations, des points d'appui jalonnant les grands chemins que suivaient habituellement ses vaisseaux.

Quant à la Hollande, elle possédait les plus riches colonies et une flotte immense, elle approvisionnait l'Europe entière de denrées exotiques : c'est donc dans son commerce maritime que nous devions l'attaquer et chercher

____

(1) « Colbert est donc plus que le ministre de Louis XIV, il est son familier, son homme de confiance :..... mais ce qu'on trouve à toutes les pages de ses lettres et des mémoires présentés au roi, c'est une noble franchise et le vif désir d'obtenir du souverain le concours nécessaire pour réprimer et détruire les abus et pour mener à bonne fin la tâche complexe et difficile que le ministre avait entreprise. » M. du Fresne de Beaucourt, *Colbert d'après sa correspondance*, p. 29.

à l'atteindre. Pour tenter d'établir cette concurrence, il allait nous falloir une marine marchande et pour que cette marine marchande subsiste et progresse, pour qu'elle fasse ses frais et puisse entretenir les équipages qui lui sont nécessaires, nous devions lui assurer des transports nombreux et rémunérateurs. Par conséquent au lieu d'acheter les épices à Lisbonne ou à Anvers, comme nous l'avions fait jusqu'à présent, nous devions les aller chercher sur place ; il nous fallait donc dès factoreries, des comptoirs de commerce dans les pays qui produisaient ces épices, aux Indes, aux Antilles. Ces épices, nous les payerions ainsi beaucoup moins cher, nous pourrions en fournir les autres nations de l'Europe, comme l'avaient déjà fait avec tant de succès les Portugais et les Hollandais : et c'est pourquoi la lutte contre la Hollande allait devenir la base de toute la politique de Louis XIV et de Colbert.

Cette lutte ne devait pas seulement être une lutte politique, elle devait être surtout une lutte commerciale. Cette idée de concurrence à outrance revient à chaque instant dans la correspondance de Colbert. « Depuis, dit-il, que le Roy a pris l'administration des finances, il a entrepris une guerre d'argent contre tous les Etats de l'Europe...... il a formé des compagnies qui, comme des armées, les attaquent partout » (1) ; et plus loin : « Le commerce est une guerre perpétuelle et paisible d'esprit et d'industrie entre toutes les nations » (2).

Malgré ses douanes provinciales, la France était déjà, dès cette époque, un pays de grand commerce, mais de commerce intérieur, limité aux denrées nationales, aux

(1) Clément, *Lettres de Colbert*, t. VII, p. 250.
(2) Clément, *Lettres de Colbert*, t. VI, p. 269.

céréales, aux tissus. Le commerce des denrées exotiques, non seulement pour les nations étrangères, mais même pour notre propre marché, nous échappait. Sully n'avait vu que l'agriculture et ce commerce intérieur, il n'avait jamais encouragé Henri IV dans ses tentatives de colonisation. Colbert va plus loin, il pense, avec juste raison, que le monde entier peut devenir notre champ d'action.

Et si les efforts que notre grand ministre va tenter à l'intérieur sont récompensés par le succès qu'ils méritent, si la France voit naître des manufactures actives, si nos industries, sagement encouragées et protégées, arrivent à la prospérité, il va falloir chercher des débouchés nouveaux. Mais, où les trouver, à qui vendre tout ce que nous allons produire, si nous pouvons produire plus que nous n'avons besoin de consommer ? Toutes les nations européennes ont fermé leurs frontières et ont pris les mesures les plus sévères pour protéger leurs produits nationaux et leur éviter la concurrence des produits étrangers. Il faudra donc chercher à écouler hors d'Europe le surplus de notre production. Et comme l'étranger a établi dans ses colonies des prohibitions aussi strictes que dans la métropole, comme celle-ci se réserve toute importation ou toute exportation avec ses établissements d'outre-mer, force nous sera de créer nous-mêmes des colonies, si nous voulons voir notre industrie se maintenir en action.

Dans la première conception de sa politique coloniale, Colbert eut donc de suite des visées éminemment pratiques : posséder des colonies pour faire la France plus riche, plus forte et plus grande, et lui permettre ainsi de ruiner ses adversaires. Il ne chercha plus des chimères comme la route de l'Inde par le passage nord-ouest, il ne chercha pas non plus l'intérêt d'un parti comme Coligny au Brésil et en Floride ; mais il vit, que par sa situation géographique, la France était appelée à jouer un grand rôle comme nation maritime. Déployant sur l'Atlantique et la Méditerranée ses côtes hospitalières aux ports sûrs et faciles, elle a le droit d'aspirer à l'empire des mers ; elle peut faire le commerce du Levant et de l'Afrique, comme celui des Indes et de l'Amérique. Les populations de la Normandie, de la Bretagne, de la Provence fourniront les marins les plus hardis et les plus disciplinés ; et la France, habilement intéressée au commerce d'outre-mer, donnera largement l'appui de ses capitaux.

« Colbert voit pour son pays une autre gloire que le triomphe des armes. Il veut arriver au même but en prenant des moyens pacifiques, et pendant que Louvois et le Roi assiègent et conquèrent des places, il fabrique les instruments de notre vraie grandeur, et il nous met pendant quelques instants à cette place que les Anglais nous ont prise. Avoir une suprématie mondiale, et non uniquement européenne, telle est la politique anglaise, telle a été la politique de Colbert » (1). Nous ne savons pas si Colbert a entendu et compris la politique mondiale comme nous l'entendons et la comprenons aujourd'hui, mais il a très bien saisi l'importance de l'expansion française hors d'Europe, et cela au moment précis où il était de toute nécessité de prendre notre lot avant que d'autres ne s'en emparassent.

L'Espagne, le Portugal, la Hollande et l'Angleterre semblaient avoir mis la main sur la plus grande partie du monde colonisable ; mais ce qui restait libre était plus que suffisant : l'Afrique entière, l'Orénoque et l'Amazone,

(1) M. E. Benoit du Rey, *Recherche sur la politique coloniale de Colbert*, p. 39.

le Canada où nous n'avions encore que quelques établissements peu développés, les Antilles, les Indes. Si nous avions pu conserver tout ce qui fut acquis par Colbert et tout ce qu'il voulait acquérir, nous serions devenus la première puissance coloniale du monde.

Imprimer au commerce et à l'industrie un mouvement actif, leur ouvrir des débouchés en créant des colonies qui seront les nouveaux acheteurs de nos produits, nous affranchir de l'étranger pour la fourniture des denrées exotiques, relever notre marine marchande et notre marine de guerre, telles sont en quelques mots les principales idées qui guideront Colbert dans sa politique coloniale, cette politique ne devant être considérée que comme une des faces de sa politique économique générale.

Colbert ne fut officiellement chargé des colonies qu'en 1669, comme secrétaire d'Etat. Mais c'est à lui que revient tout ce qui fut fait depuis 1661, car sa voix était prépondérante dans le conseil du commerce où se traitaient toutes les questions coloniales. Il fut donc le grand inspirateur de cette politique, mais, disons-le encore, il ne fut pas toujours le maître, l'action du Roi se fit souvent sentir.

De par la situation qu'il avait occupée pendant vingt ans auprès de Le Tellier et de Mazarin, Colbert se trouvait au courant de toutes les questions importantes de l'administration ; il devait donc avoir des idées bien arrêtées sur la politique coloniale, et, dès le premier jour, il aurait pu mettre ces idées en application. Il préféra — et nous ne pouvons que louer et admirer cet excès de conscience et de prudence — il préféra se livrer d'abord à une série d'enquêtes préalables sur l'œuvre de ses devanciers, sur les résultats qu'ils avaient obtenus, sur les moyens employés par nos concurrents et nos adversaires. Il voulut connaitre les fautes commises par les uns, pour les éviter, et savoir par quels procédés savants et habiles les autres avaient été conduits au succès. Aussi, pendant trois ans, de 1661 à 1664 nous ne le voyons tenter aucune entreprise nouvelle, il se borne à maintenir toutes choses en leur état actuel, en relevant seulement les fautes trop saillantes et les abus trop évidents.

S'il ne fait pas montre de plus d'énergie et d'activité, ce n'est certes pas que le désir lui en fasse défaut, mais il ne veut pas agir à la légère et continue à mener son enquête en silence. Voyons plutôt la lettre suivante adressée par Colbert au comte d'Estrades, le 27 juillet 1663 :

« A la vérité, il seroit du service du Roy d'apporter un remède à la trop grande auctorité que les gouverneurs des isles d'Amérique ont usurpée. Mais comme on ne peut pas le tenter sans avoir en main des forces suffisantes pour se faire obéir et ne pas mettre en compromis l'auctorité de Sa Majesté, je vous diray en secret que je prends dès à présent des mesures pour cela, et que l'année prochaine ou la suivante, j'espère que nous pourrons armer une escadre de vaisseaux afin de l'envoyer dans ces isles, non seulement pour fortifier nos colonies, mais mesme pour establir un bon ordre dans l'administration de la justice, de la police, et de tout ce qui pourra procurer aux habitans de ces quartiers là une liberté entière dans leur commerce » (1).

Cette lettre, pensons-nous, peut nous donner une idée assez précise de la situation d'esprit de Colbert pendant les premières années du gouvernement personnel de

____

(1) Depping, *Correspondance administrative*, t. III, p. 339.

Louis XIV : Colbert a connaissance de certains abus, il ne se sent pas encore assez fort pour les réprimer, mais il prend « dès à présent des mesures pour cela » et il interviendra lui-même « l'année prochaine ou la suivante », c'est-à-dire quand il aura rangé toutes les chances de son côté.

Il est hors de doute que Colbert connut et étudia les nombreux rapports que Richelieu avait reçus de ses agents concernant les entreprises coloniales, ainsi que les papiers des diverses compagnies de commerce. Ces rapports et documents forment une des plus intéressantes et des plus volumineuses parties de nos archives nationales. Nous connaissons l'enseignement que Colbert put retirer de leur lecture. Toutes ces compagnies avaient échoué par manque de direction énergique et par insuffisance de capitaux.

Colbert voulut également connaître et étudier les procédés mis en usage par les nations qui avaient déjà réussi et qu'il désirait supplanter, notamment la Hollande. Nos ambassadeurs sont employés à ce travail, ils obtiendront les renseignements demandés par tous les moyens, parfois même en utilisant certaines méthodes que notre diplomatie moderne ne saurait approuver officiellement. Mais notre ministre ne se mettra personnellement à l'œuvre d'une façon résolue qu'après s'être assuré toutes les chances de succès.

Voici quelques extraits de la correspondance de Colbert avec le comte d'Estrades, notre ambassadeur à La Haye, et avec l'archevêque d'Embrun, notre ambassadeur en Espagne (1).

____

(1) Godefroy, comte d'Estrades, avait été nommé en 1662, vice-roi

Colbert à l'archevêque d'Embrun, 20 juillet 1663.

« Vostre raisonnement sur la nécessité d'avoir un port
encas que l'on voulust faire quelque commerce aux Indes
est fort juste ; mais je ne crois pas que le Roy d'Angleterre soit dans la pensée de vendre la Jamaïque............
Dieu merci, les affaires de Sa Majesté sont en un estat
qu'elle peut songer à faire des acquisitions considérables
suivant les rencontres qui pourront s'en offrir, ne doutant
pas mesme que ce ne vous soit un motif de joye assez sensible de voir nos vaisseaux et nos galères le long des côtes
d'Espagne, et fermer en quelque sorte le détroit...........
Cependant je vous conjure de me vouloir advertir lorsque
la flotte des Indes sera arrivée et m'en mander des particu-
laritez, et surtout de combien d'argent elle sera chargée
tant pour le roy catholique que pour les marchans » (1).

d'Amérique, mais il remplissait toujours les fonctions d'ambassadeur
près des Provinces-Unies.

Georges d'Aubusson de la Feuillade, évêque de Gap, puis archevêque
d'Embrun en 1649, ambassadeur à Venise, puis en Espagne (1661), puis
prince de Metz (1668), frère du maréchal de la Feuillade.

Nous n'avons cité ici que des pièces très connues. Il y aurait lieu
de prendre connaissance des lettres suivantes, dans les *Mélanges Colbert:*

Lettres de l'archevêque d'Embrun : du 24 octobre 1663, t. 117 *bis*,
p. 895 ; non datée, t. 118, p. 39 ; du 7 novembre 1663, t. 118, p. 178 ;
du 30 novembre 1663, t. 118 *bis*, p. 709 ; du 4 juillet 1664, t. 122, p.
167.

Lettres du comte d'Estrades : du 25 octobre 1663, t. 117 *bis*, p. 928;
du 8 novembre 1663, t. 118, p. 189 ; du 26 juin 1664, t. 121 *bis*, p.
943.

Lettres de Nacquart : du 1 avril 1664, t. 120, p. 36 ; du 16 août 1664,
t. 120, p. 198.

Lettre de Hubert Hugo : du 16 mars 1664, t. 119 *bis*, p. 996.

(1) Depping, *Correspondance administrative*, t. III, p. 338.

.Colbert au comte d'Estrades, 20 juillet 1663 (1)

« Le voyage que vous estes d'advis que le sieur Nacquart fasse à Amsterdam pour examiner la conduite des
admirautez, visiter les magasins et faire des marques sur
l'économie qui y est observée peut assurément estre advantageuse ; mais je croy que de vous mesme vous pourriez mieux tirer cette connoissance que personne, en dresser des mémoires et les lui envoyer après » (2).

Le comte d'Estrades à Colbert, 18 juin 1664.

« Je travaille pour disposer une personne très capable
et qui est mescontente des directeurs de la Compagnie des
Indes, en Hollande, d'aller vous trouver, à Paris, pour
vous donner les lumières qu'il a acquises pendant des ans
qu'il a servi dans les grandes Indes avec des emplois considérables ; mais avant de me descouvrir à luy, je tasche
de tirer un escrit de luy par où il paroisse qu'il s'offre de
servir le Roy, affin que s'il y avoit quelque artifice de sa
part, MM·· les Estats ne se puissent pas plaindre que je
leur débauche de leurs gens. En cas qu'il se portast d'aller en France vous trouver, je vous prie me mander si je
puis lui faire espérer que son voyage lui sera payé » (3).

Le comte d'Estrades à Colbert, 6 novembre 1664.

« Messieurs de la Compagnie avoient envoyé un de leurs
directeurs pour informer la Compagnie d'Amsterdam de
l'estat de toutes choses, quelles places la compagnie tient

(1) Remarquer que ces deux lettres sont du même jour.
(2) Depping, t. III, p. 339.
(3) *Mélanges Colbert*, t. 121 *bis*, p. 655. C'est de Caron qu'il est
question dans cette lettre. — Voir plus loin, lettre de d'Estrades du
26 juin 1664, p. 156, en note.

dans les Indes, les lieux où elle fait son principal trafic,
en quel estats est leur commerce, les dépenses qu'ils font
sur les lieux, tant pour leur commerce que pour l'entre-
tennement de leurs vaisseaux ; comme aussi les dépenses
qu'ils ont en Hollande. »

« Il informe aussi en quel estat est leur commerce en
Perce, dans l'Indostan, sous le Moguor, en Japon, dans la
Chine et ailleurs, le nombre des gens de guerre qu'ils en-
tretiennent et l'advantage que cet estat tire de leurs commerces. Ce directeur est mort par les chemins. Ses mémoires ont été remis entre les mains de Messieurs de la
Compagnie des Indes qui les tiennent fort secrets. J'ay
creu que c'estoit une pièce assez importante et instructive
pour Messieurs de la Compagnie des Indes de France pour
tâcher de l'avoir. J'ay employé une personne qui dépend
en quelque sorte de moi, son fils estant lieutenant dans
mon régiment, pour l'obliger de parler aux commis de
celui qui garde les papiers et mémoires de la compagnie,
pour permettre de tirer une copie de ce dernier mémoire :
à quoi il a consenti moyennant cent pistolles. Si vous
jugés, Monsieur, qu'une telle pièce soit assés importante
pour y employer cest argent, vous me le fairés sçavoir,
s'il vous plaist, et j'exécuteré vos ordres très ponctuellement » (1).

Le comte d'Estrades à Colbert, 27 novembre 1664 :

« Je ne sçaurois avoir l'estat de guerre et des dépenses
de l'année prochaine, non plus que le détail des vaisseaux
avec les dépenses de leurs équipages et du port de leurs
canons des cinq amirautés que dans dix jours, parce que

(1) Depping, t. III, p. 347.

je les fais traduire et comme ce sont pièces secrètes, je ne me sers que d'un seul homme qui est fort seur » (1).

Le comte d'Estrades à Colbert, 11 décembre 1664 :

« Je suis très aise d'apprendre que vous avez esté content du mémoire des Indes. Je souhette que vous le soyés aussi de l'estat de la guerre de cette année 1664. J'ay joint audit mémoire l'esclaircissement que j'ai eu des cinq admirautés et, comme il les faut avoir à la dérobée par la jalousie qu'ils ont de n'en donner aucun, je vous ay faict attendre plus longtemps que je ne croyois... Il me faut encore quelque temps pour bien examiner les vivres. Si cest estat de guerre vous satisfait et que vous désiriés avoir celui qui se faira pour l'année prochène 1665, et qui sera bien plus estendu et d'une plus grande dépense vous me le fairès sçavoir, s'il vous plaist, de bonne heure... » (2).

Le comte d'Estrades à Colbert, 18 décembre 1664.

« Je vous envoye la fourniture de vivres pour nourrir cent hommes pour un mois, qui m'a esté donnée par trois capitènes, les plus grands œconomes de l'armée de MM. les Estats. Vous recevrès l'ordinaire prochain, une liste exacte des navires du collège de Rotterdam et, quelques jours après, celle des collèges de Zélande, de Frise, Amsterdam et Northolande » (3).

Après avoir pris connaissance de ces divers documents (4) et s'être rendu compte des tendances person-

(1) Depping, t. III, p. 349.
(2) Depping, t. III, p. 351.
(3) Depping, t. III, p. 351.
(4) Colbert fit également sonder les dispositions de nos armateurs et des négociants de nos grandes places de commerce, par ses agents,

nelles de Louis XIV, Colbert put établir le plan de ses futures expéditions. Evidemment il fallait adopter une méthode fixe et s'y tenir, mais sur quel système allait-on porter son choix ? Fallait-il que la Couronne prît elle-même la direction de la colonisation comme l'avaient fait le roi de Portugal et le roi d'Espagne, qu'elle fit le commerce presque à son propre compte, par ses agents, à ses risques et périls, qu'elle considérât les colonies comme un domaine royal exploité directement par l'autorité souveraine ? C'est en employant un semblable système que l'Espagne avait fondé ses colonies d' Amérique et qu'elle avait obtenu quelques heures de gloire et de richesse passagère ; de plus, cette action directe et unique du pouvoir royal dans une affaire aussi considérable que l'exploitation et la mise en valeur de territoires immenses était de nature à tenter un monarque aux principes aussi absolus que Louis XIV. Le Roi dut assurément envisager la possibilité d'une telle entreprise (1), et, s'il adopta une méthode différente, c'est qu'il entrevit ou qu'on lui laissa entrevoir les nombreuses difficultés qui allaient s'élever devant lui. Toutes les expéditions militaires nécessaires pour conquérir les territoires nouveaux devaient être faites sur les deniers de l'Etat, l'administration dans tous ses détails était au compte des finances nationales, le Trésor devait consentir des avances aux établissements naissants,

notamment par le chevalier de Clerville chargé de l'inspection des ports de Normandie et d'Artois. — Voir aux *Mélanges Colbert*, t. 115 *bis*, p. 685, lettre de Clerville du 25 avril 1663 ; t. 115 *bis*, p. 701, lettre de Clerville du 27 avril 1663 ; t. 115 *bis*, p. 827, lettre de Clerville du 4 mai 1663 ; t. 115 *bis*, p. 1034, lettre de Clerville du 18 mai 1663.

(1) Ce fait est relaté par l'académicien Charpentier : *Relation de l'establissement de la Compagnie françoise pour le commerce des Indes Orientales*, p. 3 et 4.

en cas d'échec toute la responsabilité incombait au pouvoir royal. L'Etat pouvait certes espérer qu'il serait indemnisé plus tard de ses sacrifices par les bénéfices qu'il retirerait des colonies qu'il aurait fondées ; mais ces sacrifices, il fallait encore pouvoir les consentir ; en un mot, il fallait à la monarchie des ressources financières qu'elle était loin de posséder au milieu du xviie siècle.

La France, en effet, supportait en 1661, 84 millions de contributions générales, dont 52 millions étaient déjà engagés par le Trésor par des aliénations et des constitutions de rentes. La situation financière était exactement la suivante : 155 millions de déficit annuel, 320 millions de dette flottante, 32 millions disponibles par an (1).

En face d'une situation financière aussi peu brillante et par crainte des dépenses énormes que nécessiterait une guerre continentale toujours possible, la royauté n'essaya jamais de mettre en pratique le système de la gestion directe des colonies par l'Etat. Colbert n'avait pas été sans se rendre compte de la médiocre prospérité des colonies espagnoles et du peu de bénéfices retiré par la métropole de ses colonies d'Amérique : il lui était facile d'en chercher les raisons, de les connaître et de les éviter.

Mais, en tous les cas, il eût été impossible de réussir en employant de semblables moyens ; ce fut donc autant par nécessité que par sagesse qu'on écarta l'adoption d'une politique coloniale analogue à celle de Madrid. Il faut assurément féliciter la monarchie d'avoir pris de suite une telle résolution, de ne pas avoir tenté l'essai ; mais il faut surtout voir que cet essai, était en lui-même irréalisable. Et dès lors, la théorie suivant laquelle nos rois surent

____

(1) Forbonnais, *Recherches sur les finances*, p. 80.

constituer un empire colonial sans bourse délier, perd une grande partie de sa valeur, sans cesser pour cela de rester exacte au fond.

Quelques auteurs ont été les apôtres de cette thèse ; la monarchie aurait su obtenir des avantages et faire des acquisitions qui ne lui coûtaient rien. M. Pauliat a particulièrement soutenu cette idée, et elle revient à chaque page dans ses ouvrages. « On voit, dit-il, que le Roi faisait explorer les mers, occuper de vastes régions, administrer des contrées nouvelles sans qu'il en coûtât quoi que ce fut à son Trésor » (1).

Si telle était l'exacte vérité, on ne pourrait que louer l'ancien régime de son habileté ; mais si aucun prélèvement ne fut fait sur le Trésor pour nos colonies, c'est que le Trésor était presque vide et qu'aucun prélèvement n'était possible. Le plan suivi fut donc en partie imposé par les circonstances, plutôt que mûri et combiné d'avance.

La politique de l'action directe étant écartée, fallait-il se borner à donner une impulsion générale au mouvement colonial, à lui indiquer sommairement sa direction tout en confiant aux particuliers le soin de créer avec leurs deniers es établissements nouveaux et en leur laissant faire librement tout commerce tant avec la métropole qu'avec l'étranger ? Dans cette combinaison, l'Etat se contenterait de recueillir le bénéfice des entreprises individuelles, si elles réussissaient et d'annexer, au nom du roi, les territoires occupés. Dans cet ordre d'idées, nous avons déjà vu les boucaniers et les flibustiers s'installer dans l'île de la Tortue et à Saint-Domingue, y vivre pendant quelques années en toute indépendance, puis la Couronne intervenir

(1) M. Pauliat, *La politique coloniale de l'ancien régime*, p. 73.

et consacrer par des privilèges l'existence officielle de leurs établissements.

De nos jours, notre droit public international ne tolérerait pas longtemps l'existence de ces petites sociétés irrégulières, et il est au moins difficile de concevoir l'application d'un tel système dans toutes ses parties, car il ne reste guère sur la surface du globe de terre sans maître qui puisse tenter un colon et qui ne soit pas revendiquée par une puissance civilisée. Mais il n'en était pas encore ainsi sous Colbert. Par contre, nous sommes assez disposés aujourd'hui à laisser chacun trafiquer avec qui lui plaît et dans la mesure qui lui convient sous la seule condition d'acquitter le montant des tarifs de douane. Au xve, au xvie siècles bien des établissements ont dû leur origine à l'initiative privée ; le gouvernement n'est intervenu qu'après coup pour reconnaître officiellement la prise de possession du terrain et souvent pour conférer à une compagnie le monopole du commerce de la nouvelle colonie.

Mais ce que voulait Colbert, c'était, non pas fonder tel ou tel comptoir, mais bien créer un empire colonial, l'emploi d'un tel système ne pouvait donc convenir à la largeur de ses ambitions. Bon dans les débuts et pour les petites colonies, ce système a le grave défaut de laisser au hasard une trop grande part. « Ce qui est certain, dit M. Cauwès, c'est que la colonisation ne peut être improvisée..... l'entreprise coloniale nécessite un ensemble d'opérations préliminaires, travaux d'assainissement, de défrichement, de viabilité..., etc. » (1). Si Colbert avait fait enquête sur enquête, s'il avait exigé de nos ambassadeurs à la Haye et à Madrid des renseignements précis,

______

(1) M. Cauwès, *Cours d'Economie politique*, t. II, p. 99.

c'était justement pour restreindre cette part du hasard, pour mettre toutes les chances de notre côté.

Nous avons vu également que, faute d'argent, l'Etat ne pouvait au xviie siècle tenter la fortune et essayer de créer de toutes pièces un établissement ; cette remarque s'applique *à fortiori* aux particuliers ; les capitaux à cette époque étaient non seulement rares, mais encore bien timides. Il allait donc falloir demander des fonds au public, et créer, par l'association, un capital suffisant ; et surtout il allait falloir mettre le public en confiance en faisant sentir l'action de l'Etat par la protection qu'il accorderait aux sociétés ainsi formées : Colbert fut donc ainsi amené à souhaiter la création en France, de grandes compagnies de colonisation, analogues à celles déjà fondées en Angleterre et en Hollande, compagnies sur lesquelles il était, nous l'avons vu, très bien renseigné.

Ces grandes compagnies privilégiées obtenaient généralement du pouvoir métropolitain le monopole de tout le commerce dans une région déterminée, ou simplement le monopole du commerce d'une certaine catégorie de productions. Cette concession n'était accordée que pour une durée de temps limitée, rarement à perpétuité. Les compagnies jouissaient d'immunités, de faveurs de toutes sortes, les marchandises qu'elles transportaient pouvaient être exemptées de certains droits de douane ou de circulation. Elles avaient parfois la propriété pleine et entière du sol et pouvaient en disposer, soit en toute liberté, soit dans une certaine mesure ; les compagnies reçurent souvent de fortes subventions du gouvernement métropolitain ou virent leurs emprunts soutenus et garantis par l'Etat ; elles pouvaient établir et percevoir certains impôts, toucher des redevances et des rentes seigneuriales, lever, armer et entretenir à leurs frais des troupes pour la défense de leurs agents, pour la conquête et la défense des territoires qui leur étaient concédés, elles possédaient une flotte de guerre pour escorter leurs navires marchands, elles pouvaient faire la guerre, conclure la paix, signer des traités avec les compagnies rivales et avec les nations étrangères ; elles eurent même le droit de battre monnaie, d'attribuer des titres et des honneurs, de créer ainsi toute une noblesse nouvelle. Le roi se réservait uniquement la foi et l'hommage, établissant ainsi le lien qui devait exister entre le concédant et le concessionnaire, c'est-à-dire le lien féodal.

Prenons comme exemple la charte de 1627-1628 accordée par le gouvernement de Louis XIII et de Richelieu à la Compagnie des Cent-Associés (1). Le roi concédait nos possessions de l'Amérique du Nord à la compagnie « à perpétuité, en toute propriété, justice et seigneurie ». La colonie passait donc aux mains de la nouvelle compagnie, le roi ne se réservant que « le ressort de la foi et hommage ». La compagnie pouvait améliorer les terres et les distribuer aux habitants, leur donner et attribuer « titres, honneurs, droits, prérogatives qu'elle jugera à propos, selon les conditions et mérites des personnes et telle charge, réserve et condition qui lui plaira ».

Par contre, certaines charges plus ou moins lourdes pouvaient être imposées aux compagnies en compensation des avantages qu'elles avaient reçus. C'était quelquefois de payer au roi ou à son ministre une redevance pré-

____

(1) *Édits et ordonnances concernant le Canada*, t. I, p. 1. — Voir l'analyse de cette charte dans l'ouvrage de M. Lareau : *Histoire du droit canadien*, t. I. *passim*.

levée sur les bénéfices annuels après la concession du monopole (1) ; ou bien, comme dans la charte déjà citée de 1627-1628, les associés s'engageaient « à faire coloniser, habiter et déserter le pays, d'y faire passer des colons et des ecclésiastiques », de les entretenir, de les pourvoir du nécessaire pendant un certain temps. Il y avait là en quelque sorte un contrat solennel comportant pour la compagnie et pour le pouvoir royal des obligations réciproques ; la compagnie n'avait la propriété des terres que sous condition de coloniser et par conséquent de concéder par sous-inféodation les terres qu'elle venait elle-même de recevoir, et d'assurer le peuplement et la mise en culture et en valeur du pays. L'inexécution de ces clauses ou d'une de ces clauses pouvait donc amener la dénonciation du contrat par la métropole (2).

Les auteurs ont souvent donné à ces compagnies de commerce l'appellation de compagnies souveraines, car plusieurs des droits que nous venons d'énumérer — droit de paix et de guerre, droit de conclure les traités, droit de lever l'impôt — doivent être considérés comme des prérogatives directes du souverain, comme des caractéristiques du pouvoir royal.

Sans chercher à mettre en discussion la légitimité ou même l'opportunité de semblables privilèges, dès maintenant il convient de faire remarquer qu'aux xvi⁰ et xvii⁰ siècles, les pouvoirs souverains que la monarchie accordait ainsi aux grandes compagnies ne devaient étonner

(1) Voir les passages d'une lettre de Colbert à Mazarin, cités p. 53.
(2) L'édit de retranchement du 21 mars 1663, par exemple, fut rendu parce que la Compagnie des Cent-Associés n'avait pas assuré le défrichement des terrains concédés par elle aux colons (*Edits et ordonnances concernant le Canada*, p. 33).

personne. Il n'y avait là qu'un simple démembrement de l'autorité royale — et si un tel démembrement ne saurait être admis aujourd'hui avec la conception moderne du souverain — il était parfaitement accepté par tout le monde à l'époque que nous étudions ; notre histoire pourrait en fournir bien des exemples. Vis-à-vis du roi, la compagnie privilégiée se trouvait dans la même situation que le vassal vis-à-vis de son suzerain ; cette comparaison a été mille fois répétée. Grand avait été au moyen-âge et à la Renaissance le nombre des seigneurs ayant le droit de haute et de basse justice, levant des troupes, guerroyant pour leur propre compte ; plus grand encore le nombre de ceux qui levaient l'impôt. La politique intérieure de Richelieu fut en partie dirigée contre les usurpations toujours croissantes de cette féodalité et contre les abus de tout genre qu'elle commettait.

En donnant à une compagnie de simples marchands des prérogatives semblables et des droits presque royaux, la monarchie se bornait à accorder à une collectivité des droits qu'elle avait souvent consentis à des individus. Certaines collectivités même, au moyen-âge, avaient déjà joui de privilèges souverains : les ordres religieux militaires, par exemple (1). Il est vrai d'ailleurs que la faiblesse du pouvoir royal, à cette époque de notre histoire, retire beaucoup de valeur à ce dernier argument.

Quant aux privilèges commerciaux et aux divers monopoles du trafic et de l'exploitation, si l'on veut les apprécier avec l'esprit du moment, il faut, croyons-nous, s'en

______

(1) Non seulement au moyen-âge, mais en plein XVIIe siècle, l'ordre de Malte, non seulement jouissait de droits souverains, mais même avait acquis une indépendance politique presque complète qu'il devait conserver longtemps encore.

étonner moins encore. Quel était, en effet, le régime commercial au xviie siècle ? Tout n'était que privilèges, que monopoles, que corporations fermées, la liberté du commerce était totalement inconnue. Et alors, pourquoi ne pas accorder à une grande compagnie le monopole de tel trafic avec une colonie donnée, puisque, dans la métropole elle-même, toute fabrication, toute vente, tout commerce était l'objet d'un monopole réservé à telle ou telle corporation ? La compagnie coloniale ne possédait-elle même pas un régime plus libéral, puisque tout le monde pouvait généralement en faire partie en versant une certaine somme au capital, tandis que la corporation était presque toujours fermée et que son accès était des plus difficiles ? S'il nous paraît aujourd'hui impossible d'envisager l'attribution d'un commerce à un particulier à l'exclusion de tout autre, il est fort probable qu'au xviie siècle, une telle conception ne devait rencontrer aucune difficulté. « C'est que tout alors en Europe, dit M. Bonnassieux, n'était que privilèges et monopoles, et les esprits les plus éclairés, n'auraient pas compris qu'on traitât autrement les opérations du grand commerce qu'en les confiant à une compagnie exclusive » (1).

La France a été la terre classique des corporations, des jurandes, des maîtrises ; les privilèges et les monopoles qui leur étaient accordés formaient le fond de toute la législation commerciale de cette époque. Or, entre ces corporations et les compagnies qui nous occupent, il y a de fortes analogies. Ces analogies sont d'autant plus frappantes et plus caractérisées que les ordonnances royales de décembre 1581, renouvelées par l'édit de 1597 qui ré-

____

(1) P. Bonnassieux, *Les grandes compagnies de commerce*, p. 55.

formaient les corps de métier, avaient introduit et consacré l'influence de l'Etat dans la réglementation des corporations. Ces corporations se trouvaient donc soumises à la discipline de règlements élaborés ou contrôlés par le pouvoir royal, de même que les grandes compagnies subissaient la loi des chartes que le même pouvoir royal leur avait concédées. Les unes comme les autres étaient ainsi soumises à la même règle et devaient alors obéir à la même impulsion.

Les privilèges et les monopoles accordés aux grandes compagnies n'étaient donc point les résultats d'un régime nouveau, ils n'étaient pas en contradiction avec les principes admis et personne ne songeait à protester contre leur création. Des raisons impérieuses que nous allons envisager successivement et qui se rapportent tant à l'ordre politique qu'à l'ordre économique en imposaient d'ailleurs l'adoption.

La plupart des nations maritimes de l'Europe eurent recours à ce système des compagnies ; les Hollandais eux-mêmes, dont les idées libérales étaient cependant en opposition avec toutes les idées admises au xviie siècle et qui avaient joui longtemps de la pleine liberté du commerce, avaient accordé à une compagnie de larges privilèges pour le commerce des Indes orientales. Cette compagnie servit même de modèle aux compagnies similaires créées par la suite chez les autres nations.

C'est qu'en effet le commerce maritime était particulièrement périlleux. Il fallait se défendre, non seulement contre les pirates barbaresques qui sans cesse battaient la mer et contre les tribus sauvages, mais aussi et surtout contre les prétentions des autres nations européennes.

Nous avons vu (1) que les Portugais et les Espagnols avaient voulu se réserver la route maritime des Indes et que, pour éviter tout conflit, le pape Alexandre VI par la bulle « inter cetera » du 2 mai 1493, avait semblé justifier leurs prétentions, en partageant les mers et les terres nouvelles entre les deux peuples rivaux. L'année suivante, le traité de Tordésillas avait répété les mêmes conventions.

Les nations européennes, reconnaissant dans la personne du Souverain Pontife l'arbitre du monde chrétien avaient dû s'incliner devant le bref papal, qui, dès lors, forma le droit admis par la majorité. Aussi, les premières entreprises coloniales de la Hollande et de la France doivent-elles être considérées comme des dérogations aux principes généralement acceptés par tous, et comme une violation des droits reconnus aux Portugais et aux Espagnols.

La Hollande protesta la première contre la tyrannie d'une pareille domination. En 1609, Grotius écrivait un traité dont le titre seul « Mare liberum » indique assez par lui-même que le principe de la liberté des mers va se trouver proclamé contre le droit exclusif que s'étaient arrogé certains Etats. Lorsque les Portugais et les Espagnols eurent perdu la supériorité en Europe, l'Angleterre vint à son tour réclamer à son profit la souveraineté de la mer. En réponse à la thèse de Grotius, Selden publia en 1658 un ouvrage intitulé « Mare clausum » et qu'il dédia au roi d'Angleterre, Charles Ier. Des théories analogues avaient déjà été formulées par Cromwell dans l'Acte de Navigation de 1651. Par une fâcheuse confusion entre le droit des

______

(1) Voir *suprà*, p. 6.

gens et le droit des Etats, il n'existait plus aucune sécurité dans les relations maritimes commerciales.

Les armateurs d'une même ville, d'une même région, commencèrent par se réunir, s'associant pour naviguer de concert sous la protection d'une flottille équipée et soldée à frais communs, et en se prêtant un mutuel appui ; mais chacun d'eux conservait encore la spécialité de son commerce ; on finit par remarquer que « le trafic serait plus avantageux et plus sûr, si ces opérations privées se régularisaient et si une grande compagnie par actions concentrait toutes les forces et tous les efforts individuels que l'on craignait de voir se nuire réciproquement » (1).

Dans la pratique, les prétentions des nations européennes se traduisaient en effet par des attaques à main armée contre les navires marchands. C'est ainsi que sir Francis Drake, dans son expédition sur les côtes d'Afrique, sous le règne d'Elisabeth, s'était emparé d'une carraque portugaise qui revenait des Indes, chargée de richesses. En 1593, une expédition que Walter Raleigh destinait aux Indes Occidentales, avait de même fait prisonnier un navire portugais qui fut envoyé en Angleterre avec sa cargaison et son équipage.

Les navigateurs ne couraient pas de moindres dangers avec les nations non civilisées. En 1660, de Flacourt partait de Dieppe pour Madagascar avec deux cents marins et passagers sur le navire *La Vierge* (2). Il fut rencontré à hauteur de Lisbonne par des pirates algériens : le bâtiment

(1) M. P. Leroy-Beaulieu, *De la colonisation chez les peuples modernes,* t. I, p. 62.

(2) M. H. Castonnet des Fosses, *L'Inde française avant Dupleix,* p. 45.

français fut incendié et de Flacourt périt avec la plupart
de ses compagnons (1).

La Méditerranée, les côtes de l'Espagne et de l'Afrique
étaient ravagées par les pirates barbaresques et aussi par
les corsaires chrétiens. S'indignant volontiers des violences
commises sur la personne ou les biens de leurs nationaux,
les puissances européennes accueillaient fort bien leurs
corsaires lorsqu'ils revenaient chargés de butin. « La mer
éveille l'idée d'une vaste forêt de Bondy, où les voleurs
seraient aussi nombreux que les voyageurs..... sur mer,
les capitaines s'attendent à tout moment à rencontrer un
ennemi : aperçoit-on au loin un navire, vite on se détourne
de sa route pour se dérober, car c'est peut-être un corsaire ;
la rencontre est-elle inévitable, les deux navires se pré-
parent tous les deux au combat, même s'ils portent des
pavillons amis, car ils redoutent une ruse de guerre et on
ne désarme que quand on s'est dûment reconnu, après
avoir parlementé à distance » (2).

Ayant heureusement évité corsaires et pirates, les commerçants avaient encore tout à craindre des princes barbares avec lesquels ils trafiquaient et de leur mauvaise
foi : les exemples abondent et il paraît superflu de les ci-

---

(1) Cette insécurité des mers dura longtemps encore, malgré les
efforts de Colbert. C'est un négrier, *Le Saint-Louis* pris par les corsaires
d'Alger en 1669 et qui transportait 200 nègres du Cap-Vert à Lisbonne
(Voir M. P. Clément, t. II, 2ᵉ partie, p. 465, lettre du 9 mai 1669). C'est
encore une barque, faisant sur les côtes françaises le service de Marseille à Narbonne qui est enlevée par les pirates avec trente-six passagers (Voir même page, lettre du 14 juin 1669). De nombreux exemples
sont encore cités dans l'ouvrage de M. Paul Masson : *Histoire du commerce français dans le Levant au XVIIᵉ siècle*, chapitre de « La pira-
terie », p. 24 à 47.

(2) M. P. Masson, *op. cit.*, p. 24.

ter. Il fallait au commerce d'outre-mer une organisation rigide et une discipline militaire pour imposer le respect aux indigènes et éviter les pires malheurs ; mais les Etats européens étaient encore renfermés sur eux-mêmes et n'avaient hors d'Europe aucune action extérieure, nos négociants ne pouvaient réclamer la protection de nos consuls ni de nos escadres ; les gouvernements ne se chargeaient d'assurer la sécurité du commerce au loin que quand ils trafiquaient eux-mêmes et à leur compte ou bien encore par des vaisseaux enregistrés ayant obtenu licence à prix d'argent. « Absorbés en Europe par des luttes continentales incessantes, comment eussent-ils pu fonder un empire colonial, y soutenir des guerres, le gouverner ? » (1)

D'autres raisons, appartenant cette fois à un ordre d'idées bien différent, venaient encore peser en faveur de la création de puissantes compagnies privilégiées. C'était tout d'abord l'excessive rareté des capitaux disponibles ; nous avons déjà vu un peu plus haut (2) les ressources restreintes dont disposait le budget de l'Etat ; quant aux fortunes individuelles, les plus considérables consistaient en terres et en domaines : il eût été difficile de trouver un particulier possédant les ressources mobilières suffisantes pour lancer une opération commerciale d'une réelle importance ; les puissants moyens de crédit dont nous disposons aujourd'hui et avec lesquels nous sommes familiarisés, n'existaient pas encore ; les quelques financiers qui avaient peut-être entre les mains les sommes suffisantes pour organiser une expédition lointaine, en étaient écartés par un sentiment bien explicable de timidité et de méfiance ; comment les capitaux qui hési-

(1) M. P. Cauwès, *Cours d'économie politique*, t. II, p. 100.
(2) Voir *supra*, p. 68.

taient déjà à franchir les frontières continentales auraient-ils songé à passer au Nouveau-Monde et à courir les hasards de l'inconnu ? Le commerce des Indes devait à cette époque paraître une aventure audacieuse et pleine de dangers, surtout si l'on envisage les moyens encore primitifs dont disposait la navigation, les nombreux risques de perte et la longueur des voyages qui duraient plusieurs années. N'oublions pas que le premier voyage de la Compagnie hollandaise dura du 2 avril 1595 au 10 août 1597, soit 28 mois, et que le premier voyage de la compagnie anglaise se prolongea du 2 mai 1601 jusqu'en septembre 1603, soit également 28 mois. Il y avait de quoi faire réfléchir les moins prudents.

Une grande compagnie, au contraire, divisant son capital en petites actions, limitait les risques de pertes à la fraction engagée et permettait aux fortunes les plus modestes de tenter l'aventure. C'est ainsi que la Compagnie hollandaise des Indes orientales avait divisé son capital en 2.153 actions de 3.000 florins de banque chacune, et susceptibles elles-mêmes de subdivisions.

Pas plus que le crédit, le commerce n'avait pris les larges proportions qu'il a de nos jours. Les grandes maisons de commerce, qui, somme toute, ne sont que des compagnies sans privilèges et sans monopoles, n'existaient pas encore ; il faut presque une administration complète avec ses rouages compliqués pour diriger une entreprise commerciale avec les colonies ; or au xviie siècle la division du travail n'était pas appliquée d'une façon suffisante et avec les perfectionnements que nous lui connaissons ; le même négociant devait souvent réunir dans sa personne les multiples fonctions de vendeur et d'acheteur, de caissier, de comptable, de courtier, d'expéditionnaire et de placier.

Ajoutez à cela l'insuffisance des connaissances géographiques et les insurmontables difficultés des communications
et des renseignements, sources de contre-temps qui dé-
courageaient les négociants. Un armateur ne possédant
qu'un vaisseau et n'ayant aucun monopole courait le risque d'arriver trop tard dans un port, après que d'autres
en avaient enlevé toutes les marchandises, ou d'y arriver
en même temps qu'eux, de voir alors sa cargaison dépré-
ciée et les denrées indigènes subir une hausse considérable ; tandis qu'une compagnie possédant le monopole du
commerce d'une région pouvait régulariser et espacer ses
envois.

On croyait aussi, mais bien à tort, que le commerce serait plus honnête, que les fraudes seraient moins nombreuses, qu'une compagnie appelée à trafiquer pendant
plusieurs années consécutives dans les mêmes comptoirs
montrerait plus de loyauté qu'un commerçant simplement
de passage. On espérait, bien à tort également, qu'une société privilégiée, n'ayant pas de concurrents pourrait procurer à la métropole des profits plus rémunérateurs. Les
armateurs étrangers, les Compagnies de Hollande et d'Angleterre étaient suffisamment redoutables pour notre commerce ; il paraissait inutile de laisser subsister entre nos
nationaux une concurrence sans scrupules.

La création de grandes compagnies allait aussi permettre
l'exercice de la police du commerce par l'Etat, police
considérée alors comme un droit inhérent à la puissance
souveraine ; on disciplinerait le commerce par les compagnies comme on avait discipliné le travail et la production
par les corporations.

Enfin et surtout, ce procédé pouvait être très avantageux au point de vue pécuniaire pour la royauté qui n'al-

lait apporter en principe que son appui moral (1) : c'é-
taient les actionnaires, simples particuliers, qui devaient
faire les frais de l'entreprise.

Telles étaient les conditions générales du commerce
d'outre-mer au milieu du xvii\ siècle, conditions qui
avaient singulièrement facilité partout l'éclosion des compagnies privilégiées. Colbert connaissait la question, nous
avons vu avec quels soins minutieux il avait cherché à se
renseigner, aucun de ces détails ne lui était inconnu.
L'opinion publique elle-même semblait le pousser à demander au Roi la création de compagnies de commerce
analogues à celles que possédaient déjà les autres nations
maritimes : en 1663, un mémoire avait été adressé à
Louis XIV par plusieurs notables de Tours, Nantes et La
Rochelle lui demandant son appui pour la formation d'une
compagnie. Cette pièce est des plus intéressantes et possède
une réelle valeur au point de vue historique (2). La question y est exposée d'une façon méthodique, les avantages
que nous pouvons retirer du commerce des Indes y res-
sortent nettement. Les auteurs demandent que l'entreprise
ne relève que d'eux-mêmes, que le Roi n'y participe que
par son appui moral et par une mise de fonds.

La compagnie sera formée « soubz l'auctorité du Roy et
uniquement la conduitte et bonne foy desdits marchands
qui autrement n'auroient pas voulu s'y engager à cause
des grands frais et inconvénients qui arrivent quand les

_____

(1) M. Arthur Giraud, *Principes de colonisation et de législation
coloniale*, t. I, p. 145.

(2) *Archives coloniales* du ministère des colonies. Fonds : « Compagnie des Indes Orientales, administration en France » (1649-1669). Registre C².

officiers s'y meslent....... (ils) supplyent très humblement Sa Majesté d'y vouloir entrer d'une portion telle qu'il luy plaira, pour laquelle on luy donnera seureté, affin que par ce moyen lesdits estrangers n'ozent traverser ladite compagnie par le bruslement ou prinses de ses navires, comme ils ont déjà fait ; auquel cas luy accorder dès à présent représailles sur les leurs, et privilège que personne dans la suitte n'ozera s'ingérer de faire mesme commerce, n'estant pas juste que les estrangers, ni mesme les autres François jouissent de l'advantage que l'on prétent qui se peut rencontrer dans la suitte de ces voyages des Indes, après que les proposans y auront estably la seureté aux risques de leurs personnes, leurs coust et despens. . . . .

« Il est à espérer que lesdits marchands proposans, s'il plaist à Sa Majesté de les y maintenir, que le Royaume de France en recepvera un notable avantage principalement à cause que l'establissement s'en peut faire dans un temps de paix si glorieux à toutte la France, et qui obligera le peuple reculé des Indes à confesser que nostre monarque est à luy seul comparable en ces entreprises, et que nos François sont pour le moins aussi industrieux que les Hollandois, Espagnols et Portugois à s'establir dans le Nouveau-Monde. et par la suitte de s'y faire admirer ».

Ce mouvement d'opinion et toutes les raisons que nous avons pu énumérer, avaient décidé Louis XIV et Colbert à adopter le système des grandes compagnies. Une dernière question importante restait encore à résoudre : fallait-il, comme Henri IV et Richelieu permettre l'établissement de compagnies nombreuses, ou au contraire en restreindre le nombre ? Les compagnies dont nous avons rapidement esquissé l'historique avaient toutes très mal réussi, aucune n'avait donné des résultats satisfaisants —

et cela pour des raisons multiples, surtout par l'insuffisance des capitaux et par la concurrence qu'elles s'étaient faite les unes aux autres. Tenant compte de ces mauvais résultats, Colbert se rangea donc à l'avis suivant : ne créer que deux compagnies, l'une pour les Indes occidentales, l'autre pour les Indes orientales, mais les créer solides, puissantes, riches, indépendantes l'une de l'autre, et les doter de privilèges suffisamment larges pour qu'elles puissent lutter victorieusement contre nos adversaires politiques et commerciaux , l'Angleterre et surtout la Hollande. Ces compagnies ne seraient plus l'œuvre des armateurs de Nantes ou de la Rochelle, elles ne représenteraient plus les intérêts des négociants de Tours, de Rouen ou du Havre. Tous les Français devaient être invités à en faire partie, elles ne seraient pas animées d'un esprit particulariste, guidées par des préjugés municipaux, mises au service des ambitions locales : elles devaient n'avoir en vue que l'intérêt général et devenir une œuvre nationale.

CHAPITRE II

Fondation de la Compagnie des Indes occidentales. — Liquidation des anciennes compagnies. — Rachat des Antilles. — Fondation de la Compagnie des Indes orientales. — Le « Discours d'un fidèle sujet ». — La propagande officielle en France. — Election des syndics. — Propagande auprès des rois et des princes de l'Europe septentrionale. — Propagande en Hollande. — Les souscriptions et la pression administrative. — Les chartes de 1664. — Clauses religieuses. — Privilèges personnels, administration et justice. — Insaisissabilité des effets de la compagnie et privilèges de juridiction. — Privilèges commerciaux et privilèges politiques.

La création de la Compagnie des Indes occidentales et de la Compagnie des Indes orientales, la concession de leurs chartes, la rédaction de leurs statuts, la campagne entreprise pour obtenir les capitaux nécessaires, constituent la partie la plus intéressante et correspondent à la période la plus active de l'œuvre coloniale de Colbert : c'est à la fois son premier essai et son plus grand effort.

La Compagnie des Indes occidentales fut fondée presque sans difficulté ; pour celle des Indes orientales, au contraire, Louis XIV et Colbert durent faire sentir nettement leur volonté, faire acte d'autorité pour forcer le public à leur procurer l'argent dont ils avaient besoin.

Lorsqu'en 1664 fut décidée la création de la Compagnie

des Indes occidentales, il fallut songer tout d'abord à indemniser les particuliers qui en 1651 avaient acheté les Antilles et à désintéresser les actionnaires des anciennes compagnies ayant encore des droits sur nos possessions d'Afrique ou sur le Canada.

La Compagnie des Cent-Associés, qui aux premiers jours de 1663 se trouvait réduite à trente-six membres, avait, dans sa réunion plénière du 24 février de la même année, résolu de se dissoudre et de remettre ses possessions aux mains du Roi. L'Etat devint donc propriétaire des domaines de la compagnie, mais les affaires de cette dernière étaient si embrouillées qu'il fallut plusieurs années pour arriver à régler les comptes. Vingt-quatre ans après, Louis XIV put seulement, par l'arrêt du 5 juillet 1687, liquider la situation et ordonner le paiement des dettes du gouvernement vis-à-vis des associés, dettes provenant de l'abandon par ceux-ci de leurs droits sur les domaines de la compagnie. Cet arrêt fixait à 60.000 livres de principal et à 73.000 livres d'intérêts, du 24 février 1663, jour de la cession, au 1er juillet 1687, les sommes dues par l'Etat à la Compagnie des Cent-Associés.

Un arrêt du Conseil d'Etat du 17 avril 1664 ordonna le rachat des Antilles (1). L'ordre de Malte reçut 500.000 livres en échange des îles de Saint-Christophe, Saint-Martin, Saint-Barthélémy, la Tortue et Sainte-Croix. On accorda 120.000 livres pour la Martinique et 100.000 pour la Grenade, les Grenadins et Sainte-Lucie, sommes qui furent versées à M. de Clermont, tuteur des enfants mi-

______

(1) Arrêt du Conseil portant que les intéressés en la Compagnie des isles de l'Amérique et les propriétaires desdites isles en rapporteront les concessions et titres de propriété. Moreau de Saint-Méry, *Lois et constitutions des îles françaises de l'Amérique Sous-le-Vent*, t. I, p. 98.

neurs de Jacques Dyel du Parquet. Enfin, pour 125.000 livres, on racheta la Guadeloupe, les Saintes, Marie-Galante au sieur d'Houel et aux héritiers de Boisseret. Le règlement de l'indemnité pour la Guadeloupe fut particulièrement difficile. La seigneurie était disputée par le sieur d'Houel, par la veuve de Boisseret qui avait en secondes noces épousé M. de Champigny, intendant de Normandie, et par les deux fils de Boisseret, les sieurs d'Herblay (1) et de Théméricourt. L'un des plus ardents dans cette lutte fut l'intendant de Champigny, qui fit tous les efforts possibles pour conserver ses titres d'abord, puis, pour obtenir d e fortes indemnités (2).

En présence de ces rivalités et de ces haines de famille, la tâche de Colbert fut des plus difficiles. Il fallut même agir sur le Parlement pour triompher de ses résistances, car les intéressés des diverses seigneuries cherchaient à influencer ses membres en leur faveur.

Béchameil, l'un des principaux fondateurs de la Compagnie des Indes occidentales, écrivait à ce sujet à Colbert :

Comme les membres du Parlement « se levoient pour s'en aller ils se virent environnés de Mesdames de Champigny, Houel et de Cérillac, avec toutes leurs familles assez nombreuses, lesquelles leur dirent qu'elles avoient porté leur requête d'opposition à l'enregistrement de la concession chez le dit sieur Ferrand, et s'écrièrent fort sur le don que le roi faisoit à la compagnie de leur bien, dont on prétendoit se mettre en possession sans les avoir remboursées et dédommagées..... Je crois, Monsieur, qu'il est

<hr>

(1) D'Herblay ou d'Herblot.

(2) Voir dans les *Mélanges Colbert*, les lettres adressées par Champigny à Colbert : lettre du 3 novembre 1663, vol. 118, p. 94 ; lettre du 2 décembre 1663, vol. 118 *bis*, p. 832.

de la dernière importance que le Parlement n'oblige pas
la compagnie de rembourser et de dédommager les propriétaires avant d'entrer en possession, car, si cela est,
beaucoup de gens auront crainte d'entrer dans la compagnie » (1).

3 juillet 1664.

Le Président du Parlement « craint que la dépossession
des propriétaires des îles ne se fasse pas facilement et que
Messieurs du Parlement ne veuillent un remboursement
effectif » (2).

Enfin, pour hâter le règlement de cette affaire, le Roi
intervint en personne et fit connaître sa volonté. Le 10
juillet, Béchameil écrit à Colbert : « Afin de lever les scrupules du Parlement, M. le Premier Président a fait connaître ce matin à MM. de la Grande Chambre, les ordres
qu'il avoit reçus de la main du Roy » (3).

La concession fut définitivement enregistrée au Parlement le 11 juillet (4). L'indemnité offerte fut acceptée,
l'intendant de Champigny fut intéressé dans la compagnie,
et le sieur de Théméricourt reçut le gouvernement de Marie-Galante.

Le règlement des comptes fut heureusement plus facile
avec les petites compagnies d'Afrique. Les compagnies du
Sénégal et du Cap-Vert, qui avaient été créées à Rouen en
1626 par des marchands normands et les petites compagnies qui s'étaient formées dans le même rayon, furent,

---

(1) *Mélanges Colbert*, vol. 122, p. 13, lettre du 1er juillet 1664.

(2) *Mélanges Colbert*, vol. 122, p. 206. — Voir également au volume
121 *bis*, p. 1010, la lettre de Béchameil du 28 juin 1664.

(3) *Mélanges Colbert*, vol. 122, p. 353.

(4) *Mélanges Colbert*, vol. 122, p. 359. Lettre de Béchameil du 11 juillet 1664.

dit M. Bonnassieux, invitées par Colbert, à céder leurs établissements à la nouvelle Compagnie des Indes occidentales, qui venait d'obtenir parmi ses concessions, le privilège exclusif de faire tout le commerce d'Afrique, du cap Blanc au cap de Bonne-Espérance, sur une étendue de plus de 1.500 lieues de côtes.

Le contrat de cession fut passé le 28 novembre 1664, à Paris, devant les notaires Lebœuf et Beaudry. Entrant bon gré mal gré dans les vues de Colbert, les négociants normands Fermanel, Rozié, Quénet, principaux actionnaires de la compagnie, abandonnèrent moyennant 150.000 livres, leur commerce d'Afrique, l'habitation et le fort de Saint-Louis, leurs comptoirs, effets et bâtiments avec tous droits de traite facultés et privilèges dans l'étendue du Sénégal (1).

Les possessions cédées par eux étaient comprises entre le cap Blanc et la rivière de Gambie.

Quant à la compagnie du cap Nord, aucun compromis ne fut passé avec elle. Cette compagnie qui avait tenté la colonisation de la Guyane sans le moindre succès, n'avait jamais été dissoute de façon officielle, mais avait dû abandonner son œuvre : les Anglais s'étaient emparés de Cayenne et avaient occupé la colonie.

Ces questions étant réglées, la formation de la nouvelle compagnie ne pouvait présenter aucune difficulté sérieuse. Les territoires qui allaient lui être donnés étaient connus depuis longtemps, beaucoup de nos compatriotes avaient traversé l'Océan, s'étaient établis au Canada, avaient fait fortune aux Antilles ; on connaissait la prospérité de la Martinique et de la Guadeloupe, on savait quels terrains

______

(1) M. P. Bonnassieux, *Les grandes compagnies de commerce*, p. 224.

immenses pouvaient, dans la Nouvelle-France, être mis à la disposition des émigrants. La Compagnie des Indes occidentales remplaçait l'ancienne Compagnie des Cent-Associés, qui elle-même venait à peine de disparaître ; nul n'ignorait que le manque de capitaux et de direction avait seul empêché les Cent-Associés de mieux réussir ; la protection que le pouvoir royal semblait vouloir accorder à la compagnie nouvelle pouvait être considérée comme un gage du succès futur. Il fut donc jugé inutile de faire une propagande officielle ; l'Etat ne se lançait pas dans une entreprise nouvelle, il reprenait simplement une œuvre abandonnée. Les fonds nécessaires furent réunis sans peine, et le nombre des actionnaires qui avait été fixé fut rapidement atteint.

L'édit de constitution de la compagnie, signé le 28 mai 1664, fut confirmé par lettres patentes du 11 juillet de la même année (1).

La compagnie recevait en domaines « la terre ferme d'Amérique, depuis la rivière des Amazones jusqu'à celle d'Orenoc et les isles appelées Antilles possédées par les Neuvois, et, dans le Canada, l'Acadie, les isles de Terre-France et autres isles et terres fermes depuis le nord dudit pays de Canada jusqu'à la Virginie et Floride ; ensemble, la côte de l'Afrique, depuis le cap Vert jusqu'au cap de Bonne-Espérance, tant et si avant qu'elle pourra s'étendre, dans les terres, soit que le susdit pays nous appartienne, pour être ou avoir été ci-devant habité par les François, soit que ladite compagnie s'y établisse en chassant ou en soumettant les sauvages ou naturels habitant le susdit pays, ou les autres nations de l'Europe qui ne sont pas dans notre alliance.... ».

(1) Isambert, *Anciennes lois françaises*, t. 18, p. 35.

Le 30 mai 1664 un arrêt du Conseil d'Etat, signé à Fontainebleau, accordait à la Compagnie des Indes occidentales comme don de joyeux avènement l'exemption de « la moitié des droits des fermes sur les marchandises qu'elle devait faire porter aux pays de sa concession et sur celles qu'elle devait faire venir desdits pays » (1).

La fondation de la Compagnie des Indes orientales fut beaucoup plus laborieuse, cependant elle s'imposait plus complètement encore que celle de la Compagnie des Indes occidentales.

François Martin, dans ses « Mémoires sur l'Inde », attribue la fondation de la Compagnie des Indes orientales à un événement fortuit sans grande importance historique (2) : un navire appartenant à quelques négociants français avait été pris par les Hollandais dans les mers des Indes, amené par eux en Hollande et « dans le temps que l'on avait obtenu mainlevée sur les plaintes que l'ambassadeur de France fit aux Etats, une tempête fit perdre ce navire dans le Texel, avec plusieurs autres qui furent submergés par la même tourmente ». Les propriétaires du navire, tant pour obtenir justice que pour éviter le retour d'un tel abus d'autorité, auraient eu l'idée de créer une compagnie plus forte et obtenu du Roi la permission « d'en écrire aux négociants des autres villes considérables de France pour les porter d'envoyer leurs députés à Paris ».

En réalité, seuls en Europe, nous n'avions aucun commerce régulièrement établi avec les Indes — et cela pour des causes multiples ; ce manque absolu de relations nous

---

(1) Moreau de Saint-Méry, *Lois et constitutions des îles françaises de l'Amérique Sous-le-Vent*, t. 1er, p. 114.

(2) Cité par M. Bonnassieux, *op. cit.*, p. 260.

donnait une infériorité marquée vis-à-vis de nos concurrents commerciaux, et constituait en quelque sorte un problème politique ne comportant qu'une solution possible : la création d'une grande compagnie. Plusieurs mémoires, datés de 1663 et de 1664 (1), montrent que cette question était depuis quelque temps déjà à l'étude dans les conseils du Roi.

Malheureusement, cette compagnie, il allait falloir la créer de toutes pièces, car les premiers essais faits par la France vers les Indes, n'avaient abouti qu'à la fondation de Fort-Dauphin à Madagascar, à l'établissement de quelques plantations dans cette île, à quelques tentatives d'échanges à Surate. Nous n'avions encore aucun établissement digne de ce nom. Les résultats obtenus jusqu'alors avaient été plus que médiocres : à Madagascar, nos colons avaient été massacrés et le gouvernement ne pouvait ignorer le triste état de cette colonie. Quelques esprits éclairés avaient pu, ainsi que nous le disions, entrevoir la nécessité de la création d'une compagnie, mais le public n'était nullement préparé à cette idée, tout le mouvement colonial s'étant dirigé jusqu'alors vers les Antilles et le Canada.

Aussi la situation antérieure fut-elle rapidement liquidée (2). En 1654 le maréchal de La Meilleraye avait obtenu du Roi la cession partielle des droits concédés en 1642 à la Compagnie de Madagascar. A sa mort, le maréchal avait

(1) *Mémoires* du Chevalier de Jant, de Hubert Hugo, de La Garde-Belin, de Gentilhot, d'un hollandais réformé. — *Archives du ministère des colonies*, carton « Madagascar ». Correspondance générale 1642-1664. Lettre de Hubert Hugo à Colbert, 19 mars 1664. *Mélanges Colbert*, vol. 119 *bis*, p. 996.

(2) La Compagnie de la Chine qui avait été fondée en 1660, était alors sur le chemin de la faillite. Elle fut, sans réclamations, réunie à la Compagnie des Indes orientales. — Voir Bonassieux, *op. cit*, p. 340.

légué ces droits à son fils le duc de Mazarin ; en 1664, sans discussion, celui-ci fit abandon à la Couronne de toutes ses prétentions moyennant une indemnité de 20.000 livres (1).

La création de la nouvelle compagnie allait entraîner des frais considérables. Pour se procurer les fonds nécessaires, pour attirer le public vers cette entreprise et l'amener à donner son argent, pour se procurer des actionnaires et des souscripteurs, le Roi décida l'organisation d'une énergique propagande.

Le 1er avril 1664, paraissait à Paris, sans nom d'auteur, une brochure composée par l'académicien Charpentier de Cossigny et dont le titre fait de suite connaître l'objet : « Discours d'un fidèle sujet du Roy, touchant l'Establissement d'une compagnie françoise pour le commerce des Indes orientales. — Adressé à tous les François. »

Dans une brochure qui parut l'année suivante (2), l'académicien Charpentier, faisant allusion au « Discours d'un fidèle sujet » disait que « le Roy voulut bien que tous les François fussent informez par ce moyen de ses royales intentions ». De même, Souchu de Rennefort affirme que « cet establissement avoit esté précédé de la publication d'un Discours contenant les motifs et advantages qui devoient faire souhaiter aux François la permission de fonder une compagnie » (3). Le discours d'un fidèle sujet

(1) D'après l'*Encyclopédie méthodique* (commerce). — D'après Castonnet des Fosses (*op. cit.*, p. 53) le duc de Mazarin aurait abandonné ses droits sur Madagascar moyennant 100.000 livres, somme pour laquelle il aurait été inscrit sur les registres de la compagnie. — Voir également Charpentier : *Relation*, etc., p. 25.

(2) Charpentier, *Relation de l'Establissement de la Compagnie françoise pour le commerce des Indes orientales*, p. 4.

(3) Souchu de Rennefort, *Histoire de la Compagnie des Indes orientales*, p. 2.

était donc bien une œuvre de propagande officielle ; plusieurs des idées qui y sont développées furent d'ailleurs reproduites un peu plus tard dans le préambule de la « déclaration du Roy portant establissement de la compagnie ».

Mais, si habile que puisse être le discours de Charpentier, il ne laisse pas d'être l'œuvre de la plus insigne mauvaise foi ; nous devons à la vérité d'en faire le pénible aveu : Louis XIV et Colbert ne pouvaient ignorer la véritable situation et le lamentable état de nos possessions de l'Océan indien ; à aucun prix, ils n'auraient dû tolérer la publication d'un tel tissu de mensonges.

L'ouvrage débute par des considérations générales sur le commerce des Indes orientales, sur ses avantages, sur les débouchés qu'il nous procurera, sur les occupations diverses que nombre de Français pourront trouver dans ces pays ; il rappelle la belle et rapide fortune de la compagnie hollandaise, les dividendes de 30 et 40 0/0 qu'elle distribuait annuellement : il faut donc imiter l'exemple de la Hollande et créer une grande compagnie avec un fonds de 6 millions. Charpentier engage tous les bourgeois qui aiment « l'honneur de leur patrie » à placer leur argent dans la compagnie et ajoute qu'en contribuant à la grandeur du pays, ils trouveront ainsi le moyen d'augmenter leur fortune.

Tout cela est juste et fort exact ; mais, ce qui l'est beaucoup moins, c'est la description fantaisiste que l'auteur fait de Madagascar. Charpentier nous représente l'île comme une colonie prospère, comme un séjour enchanteur, habité par une population laborieuse et « fort bonnasse », et Fort-Dauphin comme une ville possédant toutes les ressources désirables. Nous savons au contraire qu'il

n'en était rien. Voyons plutôt la description qu'en donne
Souchu de Rennefort :

« Lorsque l'isle fut occupée par la Compagnie des Indes
orientales, il y avoit cent français ; savoir : deux à Galim-
boulle, huit à Monanbarre, et le reste à Fort-Dauphin,
siège du gouvernement. Le Fort-Dauphin a esté dessiné
quarré par celuy qui l'a commencé. Il avoit deux petits
bastions demy-élevés de cailloux sur le roch, qui, au côté
du nord commandoient le port, capable de tenir à bon abry
quatre vaisseaux seulement. L'enceinte du reste n'exis-
toit que de pieux gros comme le bras, et le tour avoit été
réduit à cent cinquante pas de long et à six vingt de large.
La principale porte regardoit l'occident. Dans ce fort, estoit une chapelle élevée en planches, laquelle pouvoit
contenir quatre cents personnes, et servie par Mr Flachier,
pour lors seul prêtre. La maison du gouverneur estoit
aussi en planches. Il y avoit un magasin et une cuisine
construits des plus gros morceaux de pierre qu'on avoit
pu rassembler autour des roches. Un corps de garde et
douze cases de pieux et de jongs : tous ces bastiments estoient couverts de feuilles » (1).

Nous sommes loin des merveilles décrites par Charpentier. Pour terminer son discours il concluait par cette
péroraison lyrique : « Associez-vous donc, généreux François. Unissez-vous pour ouvrir une voie glorieuse qui ne
vous a esté fermée que par les malheurs passez de l'Estat,
une route qui vous conduira à des biens innombrables et
qui se multiplieront encore entre les mains de vos enfants,
une route enfin par laquelle vous porterez la terreur de
vos armes dans les parties du monde qui vous sont encore

____

(1) Souchu de Rennefort, *Histoire des Indes orientales*, p. 47.

inconnues ! Bannissez de vos esprits les soubeçons injustes et qui sont si éloignez de la courageuse confiance que vous avez ordinairement en vous-mesmes ! Naviguez hardiment sous le pavillon de l'Auguste et Invincible Louis, et soyez asseurez que vous n'avez rien à redouter de la part des autres nations, à qui la majesté de son nom impose le respect et la crainte. Vous avez tout à espérer de sa protection, de sa bonté, de sa munificence ! »

Quoi qu'il en soit, le discours de Charpentier fut habilement répandu dans le public et eut un retentissement considérable (1). Quelque temps après la publication, plusieurs personnes de grande qualité allèrent visiter les principaux marchands de Paris et eurent de nombreuses négociations avec eux, les assurant que le Roi était absolument acquis à la création d'une Compagnie des Indes orientales (2).

Le 21 mai 1664 un certain nombre de hauts personnages et de commerçants, se réunirent avec la permission du prévôt des marchands, chez le sieur Faverolles (3), sous la présidence de Berryer, secrétaire du Roi et de ses conseils (4).

(1) Voir *Mélanges Colbert* : t. 120, p. 388, lettre de Fermanel du 25 avril 1664 ; t. 120 *bis*, p. 599, *id.* du 7 mai 1664 ; t. 120 *bis*, p. 693, *id.* du 11 mai 1664 ; t. 120 *bis*, p. 844, *id.* du 20 mai 1664 ; t. 121, p. 117, lettre de Nacquart du 2 juin 1664.

(2) Charpentier, *Relation de la Compagnie française pour le commerce des Indes orientales*, p. 5.

(3) Cette date est celle que donne M. Pauliat. Une semblable réunion avait eu lieu cependant quelques jours auparavant, ainsi que le montre une lettre de Nacquart où il dépeint les appréhensions des marchands et le zèle de Faverolles (lettre du 17 mai 1664. *Mélanges Colbert*, t. 120 *bis*, p. 180).

(4) Rôle de Berryer, voir *Mélanges Colbert*, t. 121, p. 117, une lettre du Chevalier de Jant à Colbert, du 2 juin 1664.

C. — 7

Deux autres réunions analogues suivirent, le 23 et le 26 mai (1). On y adopta d'abord un projet de statuts en quarante articles, projet qui devait devenir par la suite la charte de la compagnie et qui avait pour titre : « Articles et conditions sous lesquelles les marchands et négociants du royaume supplyent très-humblement le Roy de leur accorder sa Déclaration et les Grâces y contenues pour l'establissement d'une compagnie pour le commerce des Indes orientales. » Sur le champ, une délégation composée de neuf marchands était élue : elle devait, le surlendemain 28 mai, se rendre à Fontainebleau sous la conduite de Berryer, porter ces statuts au Roi, et les soumettre à son approbation.

En arrivant le soir à Fontainebleau, les délégués furent logés au château et reçus par Colbert qui les complimenta de leur projet et s'entretint longtemps avec eux. Le 29, une audience solennelle était accordée, le Roi fit naturellement aux délégués le meilleur accueil. Un d'entre eux, le sieur Maillet, présenta à Louis XIV le cahier contenant les quarante articles ; le soir même, les délégués étaient mandés dans l'appartement du Maréchal du Palais où Colbert leur remettait le cahier annoté, article par article, de la main même du Roi. Et pour qu'aucun doute ne pût subsister sur les intentions personnelles du monarque, Colbert donna lui-même lecture des annotations du Roi en les expliquant et en les commentant. Le Roi accordait tout ce qui avait été demandé, augmentait même les privilèges et les avantages, se bornant à exiger l'élection immédiate de douze syndics qui devaient s'occuper de la

(1) Compte rendu de la première de ces séances, lettre de Nacquart à Colbert, du 24 mai 1664. *Mélanges Colbert*, t. 120 *bis*, p. 951.

constitution de la compagnie avant la nomination officielle des directeurs.

Le 5 juin avait lieu une réunion plénière de tous les associés ; les délégués y rendirent compte de leur mission à Fontainebleau, les associés présents s'engagèrent par écrit à faire par la suite un versement au capital de la nouvelle compagnie et les douze syndics furent élus (1). Le 6 juin et les jours suivants, les syndics s'assemblèrent sous la présidence non officielle de Colbert et commencèrent à s'occuper du placement des actions. Louis XIV voulut leur prêter son concours et leur adressa cent dix-neuf expéditions d'une lettre de cachet destinée à être envoyée aux municipalités avec un exemplaire du Discours de Charpentier : « Et nous avons bien voulu, disait le Roi, les accompagner de cette lettre, pour vous dire que nostre intention est qu'incontinent que vous l'aurez reçue .... vous ayez à faire faire une assemblée générale des habitants de nostre ville de....... de toutes conditions ; qu'en icelle vous fassiez lecture desdits articles et de nos responses sur iceux, et fassiez connoistre à tous nos sujets qui s'y trouveront que comme nous n'avons rien de plus à cœur que l'establissement de cette compagnie, nous nous porterons avec un soin et une application singulière à la protéger en toutes occasions...... que vous informiez le sieur Colbert, conseiller en nostre Conseil Royal et intendant de nos finances, de tout ce qui se sera passé dans

(1) *Mélanges Colbert*, t. 121, p. 237, lettre du 6 juin. Nacquart rend compte à Colbert de ces élections et de l'état d'esprit des élus. « J'ay veu qu'il y a quelques-uns des syndicqs qui reculent et ne veulent pas envoyer un vaisseau seulement à Madagascar. Ce sont toujours les mesmes. Lorsqu'on fera des directeurs il sera bon, s'il vous plaist, Monsieur, de se précautionner et de donner les voix à d'autres. »

cette assemblée, en laquelle nous vous recommandons de ne rien obmettre de ce qui dépendra de vous, pour faire connoistre à chacun l'utilité et l'advantage de cet establissement pour tous ceux qui s'y intéresseront. N'y faites donc faute, car tel est nostre plaisir » (1).

Le Roi s'engagea lui-même à prêter à la compagnie pendant dix ans et sans intérêts une somme de trois millions, sur laquelle il consentait à supporter les pertes de la compagnie durant cette période : aussi les souscriptions des courtisans ne tardèrent pas à affluer. Quant aux corps de justice et de finance et aux intendants, c'est à Colbert que fut confié le soin de les avertir. Nous ne possédons qu'une seule pièce concernant ces corps, c'est une lettre adressée par le ministre aux présidents et trésoriers généraux de France. « Sa Majesté, dit Colbert, n'a pas douté que vous profitassiez d'une si belle occasion qui vous est offerte de bien mériter envers Dieu..... envers Elle qui y contribue si fortement en faisant une avance d'un million d'or et en se chargeant de toute la perte en cas qu'il s'en trouvast dans les commencements, et envers le Public qui y rencontrera ses commodités ; en sorte que vous prendrez part à la gloire et à l'utilité en vous intéressant dans cette compagnie suivant vos facultés. En mon particulier, estant si bien persuadé de tous ses advantages, je ne saurois m'empêcher de vous en conjurer fortement » (2). Cette habile demande de Colbert équivalait à un ordre. Les offi-

_____

(1) Lettre du 13 juin 1664. Charpentier, *Relation*, etc., p. 11 et suiv. — Voir aux *Mélanges Colbert*, t. 121 *bis*, p. 681, la lettre de remerciements envoyée à ce sujet par les syndics à Colbert, le 18 juin 1664.

(2) Lettre du 20 novembre 1664 (*Archives du département du Cher*). M. Paul Clément, *Lettres de Colbert*, t. II, 2e partie, p. 428.

ciers chargés de réunir les souscriptions rivalisèrent de
zèle, trouvant là un moyen de faire leur cour au Roi et au
Ministre (1).

Colbert, désirant obtenir des résultats considérables et
voulant à tout prix donner à la compagnie une réelle
puissance et une supériorité incontestable sur les compagnies adverses dont il voulait amener la ruine, rêva un
instant d'associer plusieurs nations étrangères à notre for-
une commerciale et coloniale. Nous possédons le mémoire
habile qu'il adressa cette même année 1664 aux rois de
l'Europe septentrionale et aux petits princes allemands.
C'était là un excellent moyen pour les garder dans notre
alliance, en associant leurs intérêts aux nôtres, c'était surtout un moyen de les soustraire à l'influence de l'Espagne
et de notre ennemie, la Hollande. « Si les Roys du Nord, dit
Colbert, et les princes de l'Empire vouloient solidement
penser au commerce des deux Indes, le Roy pourroit leur
faire des propositions seures, solides et incomparablement
plus advantageuses que toutes celles que les Espagnols leur
peuvent faire. » Colbert explique ensuite la situation ac-
tuelle de nos colonies et développe les principes qui ont
amené la création des deux compagnies, les bénéfices qui
vont en résulter, puis il ajoute : Comme Sa Majesté « n'a
aucun advantage et n'en procure (aucun) à ses sujets
qu'elle ne soit bien ayse de communiquer à ses bons amis
et alliés et à leurs sujets, elle veut que ses ambassadeurs

(1) Le 5 décembre 1664, Colbert écrivait à Brûlart, Premier Président
du Parlement de Dijon : «...et je puis vous assurer que ce moyen qui
vous est tombé en mains de lui plaire (au Roi) est un des plus assurés
de luy faire admirablement vostre cour et de gagner son estime. »
M. P. Clément, *Lettres de Colbert*, t. II, 2e partie, p. 439.

et ministres vers les Roys du Nord et princes de l'Empire leur proposent d'entrer en part des advantages de ces deux grands commerces aux conditions suivantes » (1). Pour garantir le placement des princes étrangers, Louis XIV s'engage à faire un versement double des leurs, et leur donne le droit d'avoir chacun un directeur chargé de représenter leurs intérêts dans les chambres des compagnies ; ils pourront diriger leurs émigrants sur nos colonies et auront droit au transport de leurs marchandises sur les navires des compagnies proportionnellement aux sommes qu'ils auront engagées. Ce vaste projet ne réussit malheureusement pas, il aurait pu nous assurer une écrasante supériorité.

Il est un fait plus curieux encore et qui a été passé sous silence par la plupart de ceux qui ont étudié cette question. Colbert fit faire de la propagande pour sa compagnie, en Hollande même, au milieu de ses concurrents. Et cela ressort clairement de la correspondance de nos agents diplomatiques et de nos agents secrets.

La nouvelle de la création d'une Compagnie des Indes en France avait fait beaucoup de bruit dans les Provinces-Unies, et immédiatement plusieurs négociants hollandais avaient manifesté l'intention d'y prendre intérêt. « J'ay receu des lettres de Hollande, écrit Nacquart, qui me marquent que MM. de la Compagnie des Indes orientales sont en peine et dans une grande appréhension que vous n'en fassiez une en France ; le bruit en est là fort grand, les esprits s'y eschauffent et on m'asseure qu'il y aura des marchands de ce païs la qui viendront y prendre part, c'est un commencement de bonne disposition » (2). Quel-

(1) M. P. Clément, *Lettres, etc., de Colbert*, t. III, 2e partie, p. 431.
(2) *Mélanges Colbert*, 119 *bis*, p. 1133, lettre de Nacquart à Colbert, 26 mars 1664.

ques négociants vinrent même trouver notre agent Nacquart à Anvers et lui demander de plus amples renseignements (1).

Il fallait donc faire connaître clairement à tous nos intentions et nos conditions. A cet effet, Nacquart fit traduire en
flamand et distribuer dans toute la région, un mémoire sur
la compagnie française. Peut-être ce mémoire était-il simplement le Discours de Charpentier ; il est permis d'en
douter, car le Discours parut imprimé à Paris le 1er avril
1664, et ce même jour Nacquart écrivait déjà : « J'ay donné le mémoire à traduire en flamend, je le feray distribuer
ensuitte, les Pères Jésuites flamends m'ont promis d'en
faire distribuer le plus secrètement qu'ilz pourront comme
d'eux-mesmes. J'en feray distribuer aussi par des négocians, sans qu'il paroisse que je m'en mesle » (1). Ce mémoire fut largement distribué en Flandre et y reçut un
bon accueil (2).

La Compagnie hollandaise s'alarma de ces manœuvres
et du succès possible de notre entreprise, elle mit tout en
œuvre pour l'empêcher de réussir. Elle essaya d'abord de
prendre à son service certains de nos agents (3), et répan-
dit à plaisir de faux bruits. Ils publyent dans toutes les
compagnies de la ville, écrit d'Estrades, que ce projet qu'on
faict en France n'est qu'une chimère et qu'on n'en doit
pas prendre d'alarme » (4). La Compagnie hollandaise
voulut même prendre les devants et s'établir à Madagas-

(1) *Ibid.*, t. 120, p. 36 ; lettre de Nacquart à Colbert, 1er avril 1664.
(2) *Ibid.*, t. 120, p. 379 ; lettre de Nacquart à Colbert, 25 avril 1664 ;
Ibid., t. 121, p. 117, lettre de Nacquart à Colbert, 2 juin 1664.
(3) *Ibid.*, t. 118 *bis*, p. 689, lettre du comte d'Estrades à Colbert,
29 novembre 1663.
(4) *Ibid.*, t. 120, p. 329, lettre du comte d'Estrades à Colbert, 23 avril
1664.

car avant nous. Le comte d'Estrades dut intervenir et faire reconnaître les droits que la France avait déjà dans l'île (1).

Malgré les efforts des Hollandais et leurs médisances, leurs affaires subirent un léger à-coup du fait de la création de notre compagnie. Les actions de la Compagnie hollandaise furent brusquement dépréciées de 25 0/0 de leur valeur (1) ; immédiatement leurs directeurs se réunirent et majorèrent de 30 0/0 le prix d'émission des actions (2).

Nous ne croyons pas cependant que les agents français aient brillamment réussi en Hollande, et cela pour plusieurs raisons. D'abord les Hollandais, gens prudents, devinèrent très bien la direction qu'allaient prendre les choses. Dans sa lettre déjà citée du 17 avril 1664, le comte d'Estrades écrivait à Colbert : « Je leur vois un scrupule qui les arreste de prendre part dans cette compagnie qui est qu'ils croyent que la direction ne se donnera pas aux marchands intéressez, mais que le Roy se la réservera à lui seul, cela leur faict peine. » De plus, les Hollandais ne voulurent prendre aucun engagement avant que des sommes suffisantes aient déjà été versées par les actionnaires français. Ils demandèrent également que le prix d'émission des actions fût baissé de 30 0/0, ce qui ne leur fut pas accordé (3).

Enfin, et c'est un point sur lequel nos agents reviennent souvent dans leur correspondance, les notables commerçants de ces régions auraient voulu que Louis XIV vînt en personne à Dunkerque leur donner l'assurance que

(1) *Ibid.*, t. 120, p. 222, lettre du comte d'Estrades à Colbert, 17 avril 1664.

(2) Lettre déjà citée, p. 103, note 4.

(3) *Mélanges Colbert*, t. 120, p. 379, lettre de Nacquart à Colbert, 25 avril 1664.

les propriétaires d'actions de la compagnie française ne seraient pas inquiétés en Hollande (1). Ce voyage à Dunkerque, que tout le monde réclamait, n'eut pas lieu et les
Hollandais gardèrent leur argent, malgré la propagande
qui continua encore quelque temps.

L'édit de constitution de la compagnie avait été publié
le 27 avril 1664 : le Roi accordait tous les territoires situés du cap de Bonne-Espérance aux Indes et aux mers du
Sud, avec le monopole du commerce dans ces régions.

. La souscription était ouverte (2). Le Roi devait prêter
3 millions ; il verserait 300.000 livres chaque fois que
400.000 livres provenant des divers versements auraient
été reçues par la compagnie. La cour fournit 2 millions,
la Reine Mère 60.000 livres, la Reine et le Dauphin chacun
60.000, le prince de Condé et le prince de Conti chacun
20.000, les cours souveraines ensemble 1.200.000. Quant
aux grandes villes de province, la plupart donnèrent largement : Lyon, 1.000.000, Rouen, 550.000, Bordeaux,
400.000... etc. Paris ne fournit au contraire que 650.000
livres, somme très inférieure si on la compare aux souscriptions de la province et si on tient compte de la population et des ressources de la capitale. Paris était resté
frondeur.

La première souscription atteignit 11 millions, dont le
versement devait être effectué en trois fois, le fonds social
ayant été fixé à 15 millions par les statuts.

La correspondance officielle de l'époque nous fournit de
nombreux et curieux renseignements sur la façon dont fut

(1) *Mélanges Colbert*, t. 121 *bis*, p. 655, lettres du comte d'Estrades
à Colbert, 18 juin 1664 ; t. 121 *bis*, p. 943, 26 juin 1644.
(2) Pour les états de versements, voir Charpentier, *Relation*, etc., p. 275.

accueillie cette demande d'argent et sur l'état d'esprit d
la population et des grands corps constitués (1). Ce sor
des lettres du sieur de Pontac, premier président du Pai
lement de Bordeaux, qui rend compte à Colbert de l'em
pressement de la bourgeoisie et de la résistance de la Cou
des Aides ; du marquis de Saint-Luc, gouverneur d
Guyenne, opposant la bonne volonté du Tiers-Etat à l
passivité du clergé et de la magistrature de sa province
de l'archevêque de Rouen, qui cite la générosité de so
Parlement (2). Quant à la ville de Lyon, elle a dépass
toutes les espérances ; le 28 novembre 1664, son arche
vêque écrivait à Colbert : « Je vous dis, Monsieur, en pre
nant congé de vous que j'espérois qu'elle (la souscription
seroit de 5 à 600.000 livres ; nous avons si bien faict qu
je puis vous assurer d'un million, à condition qu'il y aur;
icy une chambre de direction particulière, ainsy qu'elle ;
esté promise par la compagnie de Paris à M^r nostre prévos
des marchans, sans quoy peu de négocians s'y seroien
engagez » (3).

(1) Voir également dans les *Mélanges Colbert* : t. 121 *bis*, p. 968
lettre du bailli de Dunkerque, 27 juin 1664, il rend compte du bo
accueil fait aux propositions du roi ; t. 121 *bis*, p. 777, lettre des éche
vins de Dieppe, 21 juin 1664, ils préfèrent réserver leurs fonds pour l;
Compagnie des Indes occidentales ; t. 121, p. 201, lettre de l'archevê
que de Rouen, 5 juin 1664, les Rouennais hésitent, ils lui ont remi
deux mémoires, dont « le premier regarde la Compagnie de négociant;
dans le Cap-Vert et dans le Sénégal, qui craignent que l'augmentatior
que vous voulès faire d'une plus considérable ne peine leur traffic ».
D'autres lettres font connaître que la réunion prescrite a eu lieu
mais qu'il ne s'est pas présenté de souscripteurs : t. 121 *bis*, p. 1 12(
lettre des échevins de Caen, 30 juin 1664 ; t. 122, p. 78, lettre d
Bernier, maire d'Auxerre, 1er juillet 1664 ; t. 122, p. 236, lettre de
échevins d'Orléans, 6 juillet 1664.
(2) Depping, t. III, p. 363 et suiv.
(3) Depping, t. III, p. 369.

Mais Colbert ne rencontra pas partout le même enthousiasme et beaucoup ne répondirent pas à son appel : Montpellier, Grenoble, Pézenas, Saumur, Dinan, Soissons ne purent réunir des sommes présentables (1). Plusieurs donnèrent, mais bien à contre-cœur : Brûlart, premier président du Parlement de Bourgogne, déclare (2) qu'il a eu bien du mal à obtenir ce qu'on désirait. Il n'y a pas que l'ignorance et le manque de bonne volonté qui font refuser les souscriptions, il y a aussi la misère : voyons plutôt cette lettre adressée à Colbert le 15 juillet 1664 par le bailli et les jurats de Saint-Jean-de-Luz et de Sibourre :

« Nous avons reçeu naguère un pacquet par ordre exprès du Roy, dans lequel nous avons trouvé une lettre de Sa Majesté, une autre de Messieurs les syndicqs de la Compagnie des Indes orientales, avec les articles et un discours des advantages de ladite compagnie. Suivant le commandement de Sadite Majesté, nous avons représenté le mieux qu'il nous a esté possible à nos habitans, dans les assemblées que nous avons tenues à cest effet, l'honneur et l'utilité qu'ilz reviendront de ce négoce puisque Sa Majesté a la bonté de s'y intéresser, de l'apuyer et protéger ; les ayant sollicités de s'y associer chacun suivant ses facultés, ilz nous ont respondeu qu'ilz n'ont pas le moyen et que leur impuissance est cause qu'ilz ne peuvent prétendre aux advantages et proffits qui reviendront de ce commerce. En effet, Monseigneur, les habitans de cette contrée sont si malheureux et leurs moyens si diminués, qu'ilz n'ont pas la force de continuer mesme leur navigation et d'occuper leurs mariniers, sy Vostre Grandeur,

(1) Depping, t. III, p. 360 et suiv.
(2) Depping, t. III. p. 363.

par sa bonté ordinaire, ne leur procure quelque soulage-
ment en leurs maux » (1).

Il est également regrettable que les bornes aient été
dépassées et qu'en mettant à exécution les instructions de
Colbert, les intendants aient souvent commis des excès de
zèle. Ils avaient à cette époque des pouvoirs très étendus (2) et, pour obtenir les faveurs du ministre, pour réunir d'imposantes souscriptions, plusieurs exercèrent une
réelle pression, firent acte d'autorité et forcèrent la main
à ceux qu'ils n'avaient pu convaincre. Cette manière d'agir
ne fut pas sans soulever des plaintes et des récriminations.
A titre d'exemple, voici ce qu'un anonyme écrivait à Colbert : « Cependant plusieurs murmurent et trouvent à y
redire ; les officiers, entre autres, se plaignent qu'on les
force d'y entrer ; ils publyent que c'est un piège pour mettre à la taille les nobles et tous autres exempts, qu'on for-
cera tout le monde d'y entrer, l'église, la noblesse et le
tiers ; qu'ensuite, on les taxera tous les ans, qu'on leur
fera nouvelles demandes, toutes soubs prétexte de quelque
perte arrivée ou de quelque entreprise à faire, utile en
apparence ; et qu'enfin le Roy se saisira de tout quand on
y pensera le moins, comme des recettes de l'hostel de
ville, des domaines, etc. Ces discours refroidissent tout le

(1) Depping, t. III, p. 384.
(2) « Les intendants, dit Michelet, dans son *Histoire de France*, ces
commis dictateurs, créés par Richelieu, furent l'instrument unique de
Colbert. Administration, finances, travaux publics, mouvements de
troupes, même affaires du clergé, tout passa dans leurs mains. Ils do-
minèrent les Gouverneurs, les Parlements. Sous Colbert, ils prennent
encore un pouvoir qu'ils n'eurent pas sous Richelieu — le pouvoir judiciaire. Il ne leur manqua presque rien de l'autorité illimitée qu'eurent
en 93 les représentants en mission. » Michelet, *Histoire de France*,
t. IV, p. 425.

monde ; ceux même qui sont persuadés que l'entreprise est bonne et qui voudroient en estre, ne l'osent témoigner ; les officiers tiennent pour ennemis ceux qui ne font seulement qu'en parler en bons termes, et, comme vous le sçavez, Monseigneur, les officiers en France sont craints et redoutés ; ils sont les plus forts en crédit, en biens et authorité ; ils donnent le branle et tout dépend d'eux » (1).

Sans anticiper sur les événements, nous devons dire que cette pression excessive des autorités eut les résultats les plus nuisibles à l'avenir de la compagnie. Les souscriptions avaient atteint 11 millions qui devaient être versés en trois fois. Le premier versement produisit 2.385.000 livres, le second 626.000 livres, le troisième 16.000 livres. Les chiffres des derniers versements montrent clairement que beaucoup de souscripteurs regrettèrent d'avoir ainsi donné leur signature et préférèrent se retirer en perdant le bénéfice des sommes déjà déposées.

Nous allons examiner maintenant en détail les chartes que le Roi venait de concéder aux deux compagnies. Ces

(1) Depping, t. III, p. 374. — Voir également cette lettre anonyme d'un habitant de l'Auvergne : « Notre intendant ne se contentant pas de ce que les compagnies ont voulu donner de gré, après avoir pourtant fait un effort considérable pour elles, il est revenu à la charge, disant qu'il avoit vos ordres pour les obliger à faire plus. Il s'est servi du mesme prétexte pour y contraindre les villes, en se rendant le maître de leur taxe, et, sans considérer leur pouvoir, les a mis dans l'impossibilité de la payer, à moins d'y employer le ministère des dragons, comme il commence de faire ; il a obligé des particuliers de venir dans sa maison, où, estant allé à la bonne foy, il les a contraint de signer pour le commerce ce qu'il a voulu ; et à ceux qui s'en vouloient deffendre, il leur a dit qu'ils ne sortiroient pas de chés luy qu'ils ne se fussent engaigés » (*Ibid.*, p. 372, t. III).

chartes sont identiques et ne diffèrent que par deux ou trois points que nous signalerons au passage (1).

Elles débutent (art. 1), en indiquant le but théorique de l'œuvre entreprise : « Comme nous regardons dans l'establissement des dites colonies, principalement la gloire de Dieu en procurant le salut des Indiens et sauvages auxquels nous désirons faire connoître la vraie religion. » La compagnie était tenue, tant pour assurer aux colons l'exercice du culte catholique que pour travailler à la conversion des indigènes, de faire passer aux colonies le nombre nécessaire d'ecclésiastiques ; leur nomination et leur choix lui appartenaient et elle devait subvenir à leurs besoins ; mais elle ne pouvait changer aucun des curés ou des prêtres alors en fonctions. Elle devait également assurer la contruction et l'entretien des églises et des édifices religieux.

Ces premières clauses n'ont rien qui doive nous étonner en ces temps de foi profonde et absolue ; veiller à la conversion des sauvages, n'était-ce pas le premier devoir de toute nation colonisatrice, de la France surtout, la fille aînée de l'Eglise ? de tous les moyens, n'était-ce pas le meilleur pour amener ces populations à la civilisation, pour les calmer après les inévitables brutalités de la conquête, pour les rapprocher de nous ? En 1663, un Carme déchaussé, Dom Bernard de Sainte-Thérèse, évêque *in partibus* de Babylone, avait créé, à Paris, dans les terrains lui appartenant, rue du Bac, un séminaire destiné à former les jeunes prêtres qui devaient aller prêcher la

---

(1) Les textes de ces chartes se trouvent à la *Bibliothèque nationale* « Collection des actes royaux » : charte de la Compagnie des Indes occidentales, pièce 755 ; charte de la Compagnie des Indes orientales, pièce 767.

parole du Christ, dans les pays lointains. Les intérêts religieux allaient donc pouvoir marcher parallèlement aux intérêts commerciaux. En nous plaçant à un point de vue moins élevé, cet article 1er avait encore pour objet de concilier aux compagnies nouvelles, la protection ou au moins la neutralité du Saint-Siège, arbitre tout-puissant du monde chrétien et qui, à la rigueur, aurait toujours pu nous opposer, en faveur du Portugal et de l'Espagne, la bulle « inter cetera », dont nous avons parlé en son temps.

De la religion réformée, il n'était pas question, la charte ne parlait que de la religion catholique, apostolique et romaine, seule religion reconnue par l'Etat. Cependant, le 11 juillet 1664, lors de l'enregistrement de la charte de la Compagnie des Indes occidentales par le Parlement de Paris, le premier président avait fait insérer qu'il ne pourrait y avoir dans les pays concédés d'autre exercice que celui de la religion catholique, et pour empêcher la contravention, qu'aucun ministre réformé ne pourrait passer aux colonies.

Le jour même, Béchameil écrivait à Colbert pour lui rendre compte de cette modification apportée au texte officiel et lui disait ces paroles fort sages. « Cette addition, qui est parfaitement inutile, puisque le Roy n'admet pas la concession que la vraie religion éloignera non seulement les François qui sont de la religion prétendue réformée, mais encore plus les étrangers qui en sont presque tous, lesquels, voyant leur religion si maltraitée, n'entreront pas dans cette compagnie, quoique cela ne regarde que ceux qui passeront auxdits pays. Il me semble, Monsieur, que pour répondre au zèle de M. le Premier Président, qu'il est plus advantageux d'attirer des huguenots parmi des catholiques dont l'exemple les peut convertir que de les laisser dans leur pays vivre dans l'erreur. Je tâcherai de faire demain retrancher cette modification quoique M. le Premier Président y paroisse fort attaché » (1).

La prohibition de la religion réformée ne fut pas insérée dans les chartes et aucune défense spéciale concernant les protestants n'y figure. Mais Colbert, eut à ce sujet, beaucoup de peine à venir à bout du zèle intempestif du Parlement (2).

Les compagnies comprenaient tous ceux qui dans les quatre mois suivant l'ouverture de la souscription voulaient bien s'inscrire — et cela, de quelque qualité qu'ils fussent et sans distinction de condition ; les nobles pouvaient y entrer sans déroger et sans perdre leurs privilèges : tous les étrangers pouvaient également y être admis (art. 2 et 3).

Certains privilèges personnels étaient consentis aux souscripteurs (art. 4, 5, 6, 7). Ceux qui mettaient de 10 à 20.000 livres dans la compagnie, pouvaient assister aux assemblées générales et y avoir voix délibérative, même les étrangers. Ceux qui mettaient 20.000 livres et plus pouvaient devenir directeurs généraux et acquérir le droit de bourgeoisie dans telle ville qu'il leur plaisait de résider. Quant aux étrangers qui avaient versé la somme de 20.000 livres, ils étaient réputés régnicoles tant qu'ils résidaient en France ; cette qualité leur était définitivement acquise lorsqu'ils avaient fait partie de la société pendant vingt ans ; leurs parents, bien qu'étrangers, pouvaient recueillir

(1) *Mélanges Colbert*, vol. 122, p. 353.
(2) Voir lettres des 12 et 14 juillet 1664, de Béchameil à Colbert. *Mélanges Colbert*, vol. 122, p. 407 et 465.

intégralement leur succession, le Roi, renonçant en leur faveur à tout droit d'aubaine. Enfin les officiers entrant pour 20.000 livres dans la compagnie étaient dispensés de résider dans la localité où les appelaient leurs fonctions, et continuaient néanmoins à recevoir leurs gages ; les actions pouvaient être vendues et cédées par les intéressés comme bon leur semblait.

Quant aux Français passant aux colonies, ils continuaient à jouir des mêmes libertés et franchises que s'ils étaient restés en France; leurs enfants, ainsi que les sauvages convertis au catholicisme, étaient censés et réputés régnicoles, et, comme tels, capables de tous droits de succession. Les artisans ayant exercé pendant dix années leur profession aux colonies et munis de certificats des gouverneurs et des directeurs de la compagnie étaient réputés maîtres, pouvaient s'établir dans toute ville du royaume et étaient dispensés du chef-d'œuvre (art. 35).

Il y avait là de très sérieuses dérogations aux lois en vigueur et aux coutumes admises par tous : le Roi dispensait les officiers de la résidence. alors, qu'à la suite de nombreux abus, il venait de leur en imposer l'obligation par sa déclaration de décembre 1663 ; de même, si l'on considère la toute puissance des corporations à cette époque, l'octroi de la maîtrise sans subir les stages et les épreuves ordinaires, pouvait passer à juste titre pour une faveur exceptionnelle.

Voyons maintenant comment fonctionnaient ces compagnies, quel était leur mode d'administration intérieure.

L'article 8 des chartes, instituait à Paris, pour chacune des deux compagnies, une chambre de direction générale composée de neuf directeurs généraux élus par la compagnie pour trois ans. Trois de ces directeurs au moins devaient être négociants. Des chambres de direction particulière pouvaient également être établies en province partout où la compagnie le jugeait nécessaire : dans ce cas, elle fixait alors elle-même le nombre de ces directeurs particuliers, qui tous, devaient être négociants et appartenir à la province. Ils pouvaient être choisis parmi les associés ayant versé moins de 10.000 livres. Le secrétaire et le caissier général étaient également nommés par la compagnie.

Le 1ᵉʳ juillet de chaque année avait lieu une assemblée générale dans laquelle les directeurs généraux et particuliers étaient élus à la pluralité des voix. Ces directeurs étaient renouvelés par tiers tous les ans (art. 9) (1).

Les directeurs généraux nommaient les officiers, commandants et commis de la compagnie, ordonnaient les achats, fixaient les gages de chacun. Ils pouvaient agir les uns en l'absence des autres, les ordonnances de dépense devant toutefois être signées de quatre directeurs au moins (art. 13). Les comptes des chambres de direction particulière étaient rendus de six mois en six mois, ceux de la chambre de direction générale d'année en année. Les profits étaient partagés tous les ans, sauf pour les deux premières années où aucun dividende n'était réparti (art. 14). Enfin les règlements et statuts pour la direction des affaires étaient rédigés et arrêtés par la compagnie, le Roi se réservant de les confirmer par lettres patentes. Ces règlements et statuts avaient alors force d'arrêts de Cour souveraine (art. 36). En somme, toutes ces mesures étaient fort judicieuses et ne pouvaient qu'être approu-

(1) Par mesure exceptionnelle, trois des directeurs nommés à la première assemblée générale devaient rester en fonctions pendant cinq ans, et trois autres pendant quatre ans.

vées : elles laissaient aux compagnies une autonomie presque absolue et permettaient cependant au pouvoir royal d'exercer son contrôle.

Suivent maintenant un certain nombre de privilèges d'une nature particulière et qui créent déjà aux compagnies une situation à part.

D'abord « les directeurs généraux et particuliers ne pourront, dit l'article 8, être inquiétés en leurs personnes ni en leurs biens pour raison des affaires de la compagnie ». C'était, certes, un moyen de permettre aux directeurs d'agir avec toute l'audace nécessaire aux entreprises coloniales. Mais alors, s'il se commettait des inconséquences dans l'impulsion donnée au commerce — en réalité il s'en commit beaucoup — si, comme cela eut lieu, la chambre de direction générale engageait sans enquête les capitaux de la compagnie dans une expédition irréfléchie et mal préparée, quel serait le coupable, quel serait le responsable? Les actionnaires allaient donc se trouver désarmés et sans moyens d'action vis-à-vis de leurs administrateurs.

Les chartes confiaient ensuite aux compagnies le droit de nommer les gouverneurs des colonies : les directeurs généraux choisissaient ces gouverneurs, les présentaient pour la forme au Roi qui leur expédiait des lettres de provisions. Si les compagnies le jugeaient utile, elles pouvaient sans autres formes de procès destituer elles-mêmes ces gouverneurs, en nommer d'autres à leur place, qui, sur simple commission des directeurs, prenaient immédiatement le pouvoir et le conservaient six mois, voire même un an, en attendant que le Roi eut ratifié leur nomination (art. 27). Cette mesure était une conséquence de l'abandon des droits souverains consentis par le Roi aux compagnies dans certains articles des chartes. Malheureusement les gouverneurs avaient des devoirs de direction et d'administration qui auraient toujours dû rester aux mains du pouvoir central ; avant tout ils devaient être considérés comme les représentants de l'Etat. N'allait-on pas nommer comme gouverneurs des gens prêts à sacrifier les intérêts généraux de la colonisation et du pays aux intérêts des compagnies ? Le Roi semblait donc abandonner trop facilement les moyens qu'il avait d'exercer son contrôle loin de la métropole. Dans le même ordre d'idées, comme seigneur haut justicier, les compagnies pouvaient établir des juges partout où besoin était, les déposer et les destituer comme bon leur semblait ; ces juges connaissaient de toutes les affaires de justice, police, commerce et navigation, tant civiles que criminelles ; nommés et présentés par les directeurs généraux, ils recevaient du Roi leurs lettres de provision (art. 33). Ils devaient se conformer dans leurs arrêts aux lois et ordonnances du royaume et à la coutume de la prévôté et vicomté de Paris, sans que l'on puisse introduire aucune autre coutume : et cela pour éviter la diversité et la confusion dans la jurisprudence.

On a parfois vivement critiqué l'introduction de la coutume de Paris (1) aux colonies, disant, avec quelque raison sans doute, que rédigée pour une région donnée, elle ne pouvait avoir d'autorité hors des pays qui l'avaient vue naître. Il faut néanmoins remarquer qu'au xviie siècle la

---

(1) La coutume de la vicomté et prévôté de Paris avait été rédigée en 1510 et réformée en 1580 par une commission présidée par de Thou. La coutume de 1510 s'appelle la vieille coutume, c'est celle sur laquelle Dumoulin a fait son commentaire en latin ; celle de 1580 s'appelle la nouvelle coutume.

coutume de Paris était fort répandue en France, et qu'en l'absence de textes, pour les cas non prévus par les coutumes locales, c'est toujours à elle qu'on avait recours ; il valait encore mieux s'adresser à cette coutume qu'à toute autre ; sans être parfaite, elle était plus complète, mieux rédigée et connue de tous. Si de nos jours on a jugé nécessaire d'établir aux colonies quelques points de droit par des textes spéciaux, c'est que notre empire colonial a pris un développement considérable, et que nous voulons tenir compte des droits des indigènes, droits dont il ne pouvait être question au xviie siècle. L'article des chartes faisait ressortir à juste titre que la coutume de Paris était adoptée aux colonies pour éviter la diversité ; c'était un premier pas vers l'uniformité. A quelle coutume aurait-il fallu recourir dans ces pays nouveaux où aucune tradition n'était encore établie et où les colons étaient originaires de toutes les provinces de France ? Enfin — dernier argument — la coutume de Paris était déjà en usage dans nos établissements, son introduction remontait à la première colonisation. Elle avait été observée par la Compagnie des Cent-Associés, en même temps que la coutume de Vexin-le-Français (1). Au Canada, on la trouve citée dans des inféodations de 1637 et de 1640 (2) et l'édit de 1663, qui créait le Conseil souverain de Québec, y renvoyait, tant pour les jugements que pour l'institution de juges (3).

Le Roi accordait ensuite une protection spéciale aux effets de la compagnie et aux parts et portions appartenant aux intéressés. Considérant les fonds prêtés aux compagnies comme employés à une œuvre nationale, et désirant à ce

____

(1, 2 et 3) M. Lareau, *Histoire du droit canadien*, t. I, p. 139.

titre leur donner la plus grande sécurité, le Roi déclarai (art. 11) que les effets de la compagnie et les parts des souscripteurs ne pourraient être saisis par les officiers royaux pour dettes envers l'Etat ; le même article garantissait les parts appartenant à des étrangers : elles ne pouvaient être saisies par l'Etat pour faits de guerre ni par mesure de représailles. Le privilège, ainsi accordé par le pouvoir royal aux étrangers souscripteurs, était très réel ; aujourd'hui, cette question ne nous paraît même pas discutable ; nous admettons que les particuliers ne sauraient en aucun cas être inquiétés dans leurs biens à la suite d'une rupture internationale, mais l'idée contraire était admise par tout le monde sous Louis XIV : les étrangers qui, jusque-là n'avaient jamais eu de sécurité absolue, ni pour leurs personnes, ni pour leurs biens, allaient donc jouir de la tranquille propriété des parts souscrites par eux dans les compagnies. Ce progrès avait une cause intéressée, mais c'était néanmoins un progrès.

Ces mêmes effets, dit l'article 12, ne pouvaient être saisis par les créanciers pour dettes personnelles : les dividendes seuls pouvaient être saisis et arrêtés entre les mains du caissier général, à condition que ces saisies soient vidées dans les six mois. Bien que destinée à protéger le capital de la compagnie, cette mesure ne saurait être approuvée comme la précédente. En effet, si le Roi a bien voulu faire momentanément abandon des droits de l'Etat sur les parts des intéressés, c'est que, comme monarque absolu, il peut disposer des deniers de l'Etat comme des siens. En étendant cette faveur aux dettes contractées par les actionnaires vis-à-vis des particuliers, le Roi dépassait assurément la mesure et créait aux créanciers une situation très désavantageuse. Il retirait de plus aux souscripteurs le moyen de contracter des emprunts sur leurs parts avec toutes les facilités désirables, et ainsi diminuait leur crédit.

Si l'on considère que les compagnies semblaient avoir une existence à part au milieu de l'Etat et qu'on leur donnait le droit de créer aux colonies des tribunaux analogues à ceux de la métropole, on s'explique assez facilement le privilège de juridiction qui leur était accordé ainsi qu'aux associés pour leurs affaires spéciales. Les différends entre directeurs et associés, ou les différends des associés entre eux pour affaires concernant les compagnies et leur commerce, étaient jugés à l'amiable, dans le délai d'un mois par trois directeurs choisis par les parties ; et s'il ne pouvait être fait accord sur le choix des membres de ce tribunal, la chambre de direction générale désignait elle-même trois directeurs pour en faire l'office. Les décisions de ces arbitres devaient être considérées comme arrêts de Cour souveraine et le refus de s'y conformer entraînait pour le contrevenant la perte de son capital au profit de l'acquiesçant (art. 37). Quant aux différends survenus entre les directeurs et les particuliers non intéressés dans les compagnies, ils étaient jugés, par les juges-consuls, souverainement jusqu'à 1.000 livres, et au delà avec appel devant les juges compétents (art. 38). Les matières criminelles où les compagnies se trouvaient parties, étaient jugées par les juges ordinaires sans qu'en aucun cas le criminel pût attirer le civil (art. 39).

Les différentes clauses que nous avons examinées et analysées jusqu'à présent : constitution, administration, insaisissabilité des effets et des parts, privilèges de juridiction, avaient pour but de donner des garanties de sécurité aux actionnaires, et d'établir fortement les compagnies au milieu de la société française. Restait à les armer contre leurs concurrents commerciaux et contre nos ennemis en leur accordant des privilèges commerciaux et des privilèges politiques.

A l'exclusion de toute personne ne faisant pas partie de leur société, les compagnies devaient seules faire tout le commerce et toute la navigation dans les pays concédés (art. 15). Ce privilège était accordé pour 40 ans à la Compagnie des Indes occidentales, et pour 50 années à celle des Indes orientales. Quiconque cherchait à enfreindre ce monopole était puni, au profit des compagnies, de la confiscation de ses vaisseaux et de ses marchandises. Exception était faite néanmoins pour la pêche qui restait permise à tous les Français.

Mais réciproquement — bien que les chartes n'énoncent pas cette obligation et n'y fassent même pas allusion — nous estimons que les compagnies s'engageaient à faire tout ce commerce ; si elles n'assuraient pas ce service d'une manière complète et permanente, il y avait inexécution de leurs obligations, inexécution pouvant entraîner résiliation du contrat ou de cette clause particulière du contrat, ou permettant au moins sa modification. Sans cela, les compagnies auraient pu, par leur inertie, arrêter tout développement commercial dans nos colonies.

Voilà donc un article capital : monopole absolu et du commerce et de la navigation ; interdiction à tout Français d'enfreindre cet ordre, tout le commerce était aux mains des compagnies. Des étrangers, il n'est naturellement pas question, les prohibitions faites aux Français s'appliquant à eux à plus forte raison.

Non content des privilèges excessifs qu'il venait d'accorder aux compagnies, et redoutant pour elles les grandes dépenses qu'allaient occasionner l'entretien des colonies, leur administration, leur mise en valeur, la création des flottes de guerre et de commerce, le Roi, par l'article 16, promettait encore des primes à l'importation et à l'exportation. Les vaisseaux des compagnies, armés, équipés et chargés dans les ports de France, qui feront le voyage des colonies avec des marchandises françaises et qui rapporteront dans les ports français des marchandises provenant des colonies, toucheront, savoir : pour la Compagnie des Indes occidentales, 30 livres par tonneau de marchandises portées aux colonies, et 40 livres par tonneau rapporté ; et pour la Compagnie des Indes orientales, 50 livres par tonneau pour les marchandises françaises exportées aux colonies, et 25 livres par tonneau pour les marchandises coloniales importées en France — et cela, quelle que soit la valeur de la cargaison, sur simple certificat des directeurs faisant connaître la quantité des marchandises transportées.

Comment devons-nous envisager ces nouveaux privilèges ? Les primes ainsi accordées allaient être payées sur les deniers de l'Etat, c'est-à-dire sur le produit des impôts payés par tout le monde. Mais l'impôt n'est dû qu'à l'Etat et pour justifier ces mesures, il devient nécessaire de considérer les compagnies comme des entreprises, qui, bien que privées, présentaient néanmoins un intérêt général ; la réussite, la prospérité de ces compagnies importaient au plus haut point au pays — c'est ainsi, du moins, que Colbert les envisageait. Une partie des impôts allait donc être réservée aux compagnies, parce qu'elles étaient les auxiliaires d'une œuvre nationale. Ces primes étaient aussi un encouragement accordé à la marine marchande, dont la reconstitution tenait tant au cœur de Colbert. Dans la lutte économique qu'il voulait entreprendre contre la Hollande, la marine marchande était appelée à jouer le rôle capital ; ces primes alors constituaient beaucoup moins une faveur qu'une indemnité pour les services qui pourraient être rendus à l'Etat par les vaisseaux des compagnies.

On peut également se placer à un autre point de vue. Ces primes ne devaient pas être un profit net, elles n'étaient pas destinées à enrichir uniquement les compagnies. Assurées déjà d'un premier bénéfice pécuniaire, elles pouvaient, en agissant sagement, diminuer leurs prix de vente. tant dans la métropole qu'aux colonies, ou se montrer plus généreuses en payant leurs achats. Le consommateur et le producteur y trouveraient leur intérêt. Mais pour que cette mesure de bienveillance donnât tous les résultats qu'on était en droit d'attendre, il aurait fallu surveiller de très près la conduite des compagnies, leurs prix de vente et d'achat, de manière que les primes accordées, que les sacrifices consentis ne fussent pas entièrement absorbés par les compagnies, qu'ils ne fussent pas dans leur totalité un bénéfice supplémentaire pour les actionnaires. Dans la pensée intime de Louis XIV et de Colbert, ces primes devaient servir à aplanir les difficultés du début et à donner l'impulsion première à un commerce nouveau dont la nation entière devait ressentir les effets bienfaisants.

Comme disposition complémentaire, il était décidé (art. 17) que les marchandises provenant des colonies, apportées en France sur les vaisseaux des compagnies, pour être ensuite réexpédiées à l'étranger par voie de terre ou par voie de mer, ne paieraient aucun droit d'entrée ou de sortie, sur la présentation d'un certificat émanant des

directeurs, et constatant que ces marchandises n'étaient
pas destinées à être consommées en France ; elles pouvaient alors être admises à l'entrepôt dans les magasins
des douanes. Les marchandises ayant acquitté les droits
d'entrée en France et qui, par la suite, se trouvaient destinées à un envoi à l'étranger, ne payaient aucun droit de
sortie (art. 18). Même faveur était accordée aux sucres de
provenance coloniale, mais raffinés en France, à condition
qu'ils soient chargés sur des vaisseaux français pour être
expédiés hors du royaume. Enfin, les compagnies étaient
exemptes de tous droits d'entrée ou de sortie sur les munitions de guerre et les vivres nécessaires à leurs vaisseaux, ainsi que sur les matières premières utilisées pour
la construction, l'armement et l'équipement de leurs flottes
et de leurs équipages (art. 19).

Dans les limites territoriales que nous avons énoncées
au début de ce chapitre, les compagnies possédaient en
toute seigneurie, propriété et justice (art. 20) toutes les
terres qu'elles pourraient conquérir et habiter dans un
délai fixé à 40 ans, pour la Compagnie des Indes occidentales, et à 50 ans pour celle des Indes orientales (1). Tous
ces pays, disent les articles 20 et 21 des chartes, toutes
ces îles et terres, ces places et ces forts étaient donnés,
octroyés et concédés aux compagnies pour en jouir en
toute propriété, seigneurie et justice, le Roi ne se réservant aucun droit et devoir que la seule foi et hommage-

---

(1) Remarquons que la Compagnie des Indes orientales est toujours
favorisée ; ses privilèges lui sont accordés pour 50 années, les primes
accordées à l'exportation sont plus fortes que celles accordées à la Compagnie des Indes occidentales En toutes circonstances, le roi et Colbert
la considèrent avec plus de complaisance.

ligé avec une couronne d'or à chaque mutation de roi.
Les compagnies pouvaient vendre ou inféoder les terres à
elles concédées au prix qu'elles voulaient et aux personnes qu'elles choisissaient.

A l'expiration du privilège, s'il n'était pas renouvelé,
toutes les terres que les compagnies avaient habitées ou
fait habiter, leur demeuraient à perpétuité, en toute propriété, pour en disposer en toute liberté comme de leur
propre héritage (art. 41). Le Roi renonçait d'avance à toute
prétention sur la succession des compagnies à condition
qu'elles ne pourraient vendre aucune terre à des étrangers
sans la permission expresse du pouvoir royal.

Quelle était la nature du droit des compagnies sur les
terres ainsi concédées? Nous estimons qu'elles les tenaient en fief simple, c'est-à-dire qu'elles devaient la foi
et l'hommage, mais sans aucun devoir professionnel ou
militaire, qu'il n'était attaché aucune dignité, aucun honneur à leurs concessions.

Les domaines ainsi affectés aux deux compagnies passaient donc entre leurs mains, ne restant réunis à la couronne de France que par le lien féodal ; ce lien constituait
là seule dépendance sous laquelle les compagnies tenaient
leurs territoires du Roi, qui devenait ainsi leur seigneur
dominant. Ce lien féodal devait être respecté par les compagnies en toutes occasions, dans les aliénations qu'elles
pouvaient consentir comme dans les distributions de
terres.

Ces grands fiefs qui venaient d'être concédés aux compagnies ne devaient pas rester incultes entre leurs mains,
elles devaient habiter ou faire habiter (art. 20 et 41) ;
ainsi le voulaient les chartes ; elles étaient en un mot te-

nues de se jouer de leur fief (1). « Le jeu de fief, dit
M. Henrion de Pansey, est une espèce d'aliénation par
laquelle le propriétaire d'un fief en sépare le titre et le
corps, par la réserve de la foi et l'aliénation du domaine,
et subalterne la partie qu'il aliène à celle qu'il retient, par
l'imposition d'un droit ou d'un devoir seigneurial » (2).

Les compagnies avaient donc pleine propriété des territoires concédés, mais sous condition de coloniser ; elles
devaient concéder leurs terres par sous-inféodation. Cette
obligation, n'eût-elle pas été imposée par les chartes, n'en
eût pas moins existé par la force des choses. On se figure
mal, et même on ne se représente pas, des compagnies
propriétaires de territoires et ne les mettant pas en valeur.
Cette mise en valeur était leur raison d'être et le but
principal de leur création. Il faut conclure pour les mêmes
raisons que les particuliers auxquels de vastes concessions
étaient accordées par les compagnies et qui se trouvaient
dans l'impossibilité de les défricher ou de les cultiver
eux-mêmes, étaient soumis à la même obligation, que
cette obligation fût inscrite ou non dans leurs titres de
concession ; car le lien féodal devait être suivi et respecté
avec toutes ses charges, à tous les degrés de la hiérarchie ; l'obligation de sous-concéder atteignait donc les
vassaux des compagnies comme les compagnies elles-
mêmes. S'il en avait été autrement, si les premiers concessionnaires avaient pu conserver leurs terres sans les
défricher ou les faire défricher, l'objet de la charte n'aurait

(1) Le jeu de fief était autorisé par l'article 51 de la coutume de
Paris moyennant trois conditions : la rétention de la foi, la rétention
d'un droit domanial ou seigneurial, et enfin, s'appliquer au plus aux
deux tiers du fief.

(2) M. Henrion de Pansey, *Dissertations féodales*, t. II, p. 363.

pas été accompli, son but n'aurait pas été atteint. Les compagnies ne pouvaient pas d'ailleurs accorder à leurs concessionnaires des exemptions dont elles-mêmes ne jouissaient pas. Le jeu de fief, qui était facultatif dans la métropole, allait donc devenir obligatoire dans nos établissements d'outre-mer. Nous insistons spécialement sur ce fait, car nous aurons à y revenir plus loin (1).

Quant aux droits antérieurement acquis sur les terrains concédés par les particuliers et les compagnies précédentes, les chartes fixaient ainsi qu'il suit la façon dont les uns et les autres seraient désintéressés. Les nouvelles compagnies n'étaient tenues d'aucun remboursement ou dédommagement envers les anciennes compagnies, le Roi se chargeant de liquider lui-même toutes les indemnités à leur accorder (2). Les nouvelles compagnies étaient subrogées aux anciennes dans toutes leurs concessions « pour jouir de tout ce contenu en icelles ainsi et comme si elles étaient particulièrement exprimées » (art. 22). Quant aux particuliers qui, entre 1648 et 1653, avaient acheté certaines Antilles, les compagnies devaient les rembourser du prix d'achat et des améliorations qu'ils avaient faites (art. 20), mais en leur laissant la jouissance des habitations qu'ils avaient établies depuis l'acquisition de ces îles (3). La liquidation devait être faite par des commissaires désignés par le Roi.

Les compagnies jouissaient des droits seigneuriaux présentement établis dans les colonies par leurs prédécesseurs, sans pouvoir les augmenter, mais avec faculté de pouvoir les modifier pour soulager les habitants

(1) Voir *infrà*.
(2) Voir *suprà*, p. 87.
(3) Voir *suprà*, p. 87 et suiv. et 93.

(art. 23) ; elles pouvaient exploiter les mines situées dans leurs concessions sans acquitter aucun droit de souveraineté (art. 25) ; elles avaient le droit de construire des forts pour la défense de leurs établissements, de fondre des canons, de fabriquer de la poudre, de forger des armes ; le Roi les autorisait à lever des soldats en France en prenant la permission accoutumée (art. 26). C'était donc une organisation militaire complète, les compagnies allaient pouvoir faire face à la défense des colonies confiées à leurs soins — du moins on pouvait l'espérer.

Après la puissance militaire, c'était la puissance maritime. Les compagnies pourront armer et équiper en guerre, tel nombre de vaisseaux qu'elles voudront, tant pour la défense de leurs possessions que pour la sécurité de leur commerce. Comme les vaisseaux du roi, les flottes des compagnies pourront arborer le pavillon blanc aux fleurs de lys d'or, elles seront commandées par des officiers nommés par les compagnies, et le Roi ne pourra utiliser ces vaisseaux en temps de guerre, sans avoir préalablement obtenu le consentement des compagnies (art. 28). Nous remarquions plus haut que celles-ci n'étaient tenues d'aucun devoir militaire vis-à-vis du Roi, leur suzerain, en raison de leurs possessions ; cet article 28 est le corollaire de celui auquel nous faisions alors allusion, et il est d'autant plus curieux, que quelques lignes plus loin, le Roi s'engage par l'article 31, à défendre les compagnies de ses armes et de ses vaisseaux, à ses frais et à ses dépens, si elles viennent à être troublées par les ennemis de l'Etat dans la possession de leurs terres ou dans leur commerce.

Le Roi abandonnait aux compagnies (art. 29) les prises qu'elles pouvaient faire sur les vaisseaux ennemis dans les eaux des pays concédés, le Roi se réservant uniquement le droit de l'amiral.

Les compagnies pouvaient, au nom du Roi, signer des traités de paix et d'alliance avec les princes des pays concédés, ces traités devant être sanctionnés par le Roi (art. 30). En cas d'insulte, elles pouvaient déclarer la guerre à ces princes indigènes, les attaquer et se défendre par la voie des armes. On exagère donc un peu aujourd'hui quand on dit que, sous l'ancien régime, les compagnies avaient le droit de conclure des traités, de faire la paix ou la guerre ; ce n'est exact que dans une certaine limite, du moins pour les compagnies de 1664. Des traités pouvaient bien être conclus par les compagnies, mais avec les princes indigènes seulement et ils devaient être soumis à la sanction royale. De même, elles pouvaient faire la guerre, mais toujours avec ces seuls chefs indigènes et uniquement au cas d'insulte. Néanmoins, comme dans certaines colonies, au Canada par exemple, nous nous trouvions en contact direct avec des établissements européens en voie de formation comme les nôtres, et qui, tous, cherchaient à agir sur les populations indigènes, il paraissait peu prudent de donner ainsi aux compagnies le moyen d'engendrer des conflits qui pouvaient entraîner la métropole dans des complications dangereuses.

Le Roi donnait enfin des armoiries aux deux compagnies et décidait qu'aucune lettre d'Etat, de répi ou de surséance ne serait accordée aux actionnaires pour régler le montant de leurs souscriptions ; la contrainte pourrait être employée contre eux pour les obliger à acquitter leurs dettes (art. 40).

Nous croyons qu'aucune autre compagnie, ni en Hollande, ni même en Angleterre ne fut dotée de privilèges souverains aussi complets, aussi étendus que ceux énon-

tion immédiate de la grande île, et l'installation, sous le nom de Conseil particulier, d'un gouvernement provisoire chargé de prendre possession des établissements fondés par l'ancienne Compagnie de Ricault et de la Meilleraye (1). Le plan d'une première expédition était arrêté ; le commandement en était confié au sieur de Beausse, qui recevait en même temps la présidence du Conseil particulier. De Beausse était un vieux savant, très fatigué, et qui avait passé son existence à rechercher la pierre philosophale ; il n'avait aucune aptitude à diriger une entreprise semblable ; avant son départ, il reçut des syndics des instructions fort intéressantes car elles constituaient un grand progrès moral. Rompant définitivement avec l'ancienne politique coloniale, politique de violences et de brutalités, la compagnie veut attirer à nous les indigènes par des procédés pleins d'humanité, par une justice absolue, par l'attrait des échanges et la sécurité des transactions. Plusieurs « brigades » seront donc envoyées, qui devront parcourir l'île et informer les habitants de nos intentions pacifiques. Et comme il devenait nécessaire de doter ces principes d'équité d'une sanction législative, les syndics rédigèrent un règlement (3) fixant la situation respective

---

(1) Ces établissements étaient Fort-Dauphin, le fort Dymours et le fort de la vallée d'Amboule.

(2) La compagnie ne possédant pas de flotte, il avait fallu acheter en toute hâte des vaisseaux en Hollande. — Voir *Mélanges Colbert*, t. 121 *bis*, p. 941, lettre de La Garde-Belin, 26 juin 1664 ; t. 121 *bis*, p. 966, lettre de Nacquart, 27 juin 1664.

(3) Statuts, ordonnances et règlements que la Compagnie establye pour le commerce des Indes orientales veut et entend être gardez et observez dans l'isle de Madagascar et adjacentes, et dans tous les lieux à elle concédez par Sa Majesté. Charpentier, *Relation de l'establissement de la compagnie*, p. 77.

des Français et des indigènes dans l'étendue des possessions de la compagnie. C'est qu'en effet, la coutume de Paris, à laquelle devaient se conformer les nouveaux magistrats qui allaient entrer en fonctions, était muette sur ce point ; les droits des indigènes n'avaient jamais été pris en considération dans nos colonies ; c'étaient des sauvages, des païens, des esclaves ; on pouvait les égorger, dévaster leurs villages. Mais puisque nous voulions nous installer à Madagascar et vivre en bonnes relations avec les habitants, il fallait, par la rédaction de sages mesures, prévenir les conflits qui pourraient naître des méfaits ou des déprédations des Européens. La charte disait bien qu'aucune coutume autre que celle de Paris ne serait introduite aux colonies, mais elle ne pouvait défendre l'application d'un règlement destiné à remédier à l'absence des textes.

La compagnie, par l'article 12 de ces statuts, interdisait « de vendre aucuns habitans originaires du païs, comme esclaves, ou d'en faire le traffic, sous peine de vie ». Le commerce des esclaves, que toutes les nations civilisées admettaient à cette époque, qui même était le but et la raison d'être de plusieurs grandes compagnies de commerce, était donc prohibé ; non pas qu'il fut défendu d'introduire des esclaves à Madagascar, ce qui n'était guère à supposer, mais la liberté des habitants de l'île devait être respectée. Quant aux Français qui voudront louer et employer des indigènes à leur service, ils devront « les traiter humainement, sans les molester, ni les outrager, à peine de punition corporelle, s'il y échet ».

L'article 7 défendait de faire aucun tort aux habitants, de leur dérober quoi que ce soit, à peine de restitution du double et de punition exemplaire en cas de récidive. Les statuts prévoyaient également le cas d'union entre un

européen et une femme indigène : le mariage n'était autorisé que si la femme était convertie à la religion catholique et baptisée ; mais alors sa situation se trouvait garan-
tie par les lois du royaume, car, disait l'article 5 : « Un
François, estant marié à une fille ou femme originaire de
l'isle ne pourra quitter ou délaisser sa femme, sous quelque prétexte que ce soit, sinon aux cas de séparation qui
se pratiquent dans le Royaume de France, et la séparation, ayant esté jugée, le mari pourra laisser sa femme,
sans que pendant sa vie il puisse convoler à de secondes
nopces. » D'autres articles interdisaient encore le blas-
phème, le scandale, le meurtre, le vol, le duel, et les pu-
nissaient de peines diverses, entre autres de la confiscation des biens du condamné au profit de la compagnie.

Nous ne pouvons assurément qu'accorder pleine approbation aux auteurs de ce règlement, pour les mesures de
protection prises en faveur des indigènes. C'était un excellent moyen de les amener à nous, de faciliter notre établissement pacifique dans la grande île et d'en préparer le
peuplement. Les syndics reconnaissaient donc certains
droits à ces indigènes que jusqu'alors toutes les nations
avaient mis hors la loi ; il existait donc des principes de
justice applicables à tous, et, en les rédigeant, la compagnie faisait le plus noble usage des pouvoirs si étendus
que le Roi lui avaient conférés. Notre pays venait de donner ainsi une belle leçon d'humanité aux nations civilisées.

Mais, si nous nous reportons au texte même de la
charte, n'y aurait-il pas lieu d'affirmer que la compagnie
outrepassait ses droits quand elle édictait, dans certains
cas, la peine de mort, dans d'autres des châtiments cor-
porels ou la confiscation des biens ? Voilà qui n'est pas

certain. Comme seigneur haut-justicier (art. 33 et 34), la compagnie pouvait établir des juges partout où besoin était, les déposer, les destituer ; ces juges connaissaient de toutes les affaires de justice, de police, etc... ils devaient néanmoins dans leurs arrêts se conformer aux lois et ordonnances du royaume et à la coutume de Paris. — Mais le droit de faire la loi — la compagnie ne le possédait pas, et cependant plusieurs mesures adoptées par les syndics et auxquelles nous venons de faire allusion dépassaient les limites d'un simple règlement.

Pour expliquer cet abus de pouvoir, nous devons nous hâter d'ajouter que le règlement en question fut rédigé à Paris en octobre 1664 et que le Roi en eut assurément connaissance, puisqu'il surveillait de très près tous les actes de la compagnie naissante, par lui-même d'abord, et ensuite par Colbert, qui était président à vie de la compagnie. Nous croyons même assez volontiers, bien qu'aucun document n'en fasse foi, que Louis XIV fut l'inspirateur de ces statuts, et nous voulons y voir une preuve du très vif désir qu'avait la monarchie de coloniser Madagascar et d'en assurer le peuplement dans les conditions les meilleures.

Les syndics chargeaient également de Beausse et les membres du Conseil particulier de se livrer à une enquête complète dès leur arrivée dans l'île, en la faisant parcourir dans tous les sens par des brigades d'exploration. Les chefs de ces petits groupes devaient tenir un journal de marche, relever les noms des localités, décrire le pays et ses productions naturelles, observer les mœurs et les coutumes des habitants, se rendre compte de leur religion et des relations qu'ils entretenaient entre eux, voir s'il y avait des mines d'or ou d'argent, des carrières de marbre ou de pierre à bâtir, recueillir des échantillons de tous les produits intéressants; «en un mot, faire d'amples relations de toutes les choses dignes de remarque, afin de les envoyer à la compagnie, qui prendra ensuite des résolutions selon ce qu'elle trouvera le plus à propos » (1).

Cette première entreprise de la Compagnie des Indes orientales avait donc un caractère tout particulier : munie, d'une part, d'instructions très humanitaires pour les relations avec les indigènes, elle avait, d'autre part, une mission scientifique à remplir ; par ces deux particularités, elle marque un sensible progrès sur les entreprises précédentes qui trop souvent n'avaient été que des équipées d'aventuriers : les gouvernements habiles ne procèdent pas encore autrement aujourd'hui, lorsqu'ils veulent préparer une importante expédition coloniale.

Poussés par Louis XIV, les syndics hâtèrent le départ de M. de Beausse : il quitta Brest le 7 mars 1665, emmenant avec lui 500 personnes environ, tant hommes d'équipage qu'artisans ou colons (2). La flottille arriva le 10 juillet de la même année devant Fort-Dauphin.

L'histoire de ce voyage d'études nous est racontée tout au long par Souchu de Rennefort, secrétaire du Conseil particulier (3). Fort-Dauphin et ses environs immédiats furent occupés, on exécuta les reconnaissances prescrites par la compagnie, mais aucune entreprise de colonisation ou de commerce ne fut tentée : colons et artisans eurent toutes les peines à assurer leur existence matérielle.

(1) Charpentier, *Relation de l'établissement de la compagnie*, p. 84.
(2) Des affiches assez curieuses avaient été apposées dans Paris pour recruter des artisans..., En voir le texte dans Charpentier, *Relation*, p. 23.
(3) Souchu de Rennefort, *Relation du premier voyage de la Compagnie des Indes à Madagascar*.

Les reconnaissances envoyées dans l'intérieur rapportèrent de nombreux renseignements et des échantillons
intéressants : de Beausse expédia ces derniers en France,
sur le navire *La-Vierge-de-Bon-Port* et confia à Souchu de
Rennefort le soin de les présenter à la compagnie. — Or, à
la fin de 1666, on apprit à Paris, que *La-Vierge-de-Bon-
Port* avait été coulée en vue des côtes de France par deux
frégates anglaises : Souchu de Rennefort était lui-même
retenu prisonnier en Angleterre. Louis XIV et les syndics
comptaient beaucoup sur ces échantillons pour trouver de
nouveaux actionnaires : tout était malheureusement
perdu, sauf les renseignements qu'apporta plus tard Souchu de Rennefort.

Les voyageurs, raconta ce dernier, n'avaient pas trouvé
à Madagascar les splendeurs et la vie facile annoncées par
l'académicien Charpentier dans son « Discours ». La population y était guerrière et farouche, rusée, cruelle, affectant
un mépris absolu de la mort ; elle pratiquait la polygamie
et il paraissait difficile de faire disparaître cet usage, nos
missionnaires devaient s'attendre à de grandes difficultés.
Néanmoins, l'île offrait des ressources : troupeaux nombreux, gibier, bœufs sauvages, abeilles et vers à soie ; la
terre donnait sans peine deux récoltes par an ; on pouvait
y cultiver la canne à sucre, le tabac, la vigne, le coton ; on
avait rencontré des mines de charbon, de fer, de salpêtre.
En résumé, une expédition sagement conduite, pouvait,
mais avec beaucoup de patience arriver à de bons résultats. Ces précieux renseignements arrivèrent trop tard :
Souchu de Rennefort n'avait été mis en liberté qu'en avril
1667 et la compagnie avait, depuis un an déjà, fait partir
une expédition nouvelle, beaucoup plus considérable que
la première.

Mais pourquoi avait-on agi avec une telle précipitation ?
C'est que Louis XIV venait d'amener les syndics à adopter
définitivement ses projets de colonisation de Madagascar
par la compagnie ; le Roi voulait que cette œuvre fût entreprise sans plus tarder afin que les directeurs, lors de
leur prochaine nomination, ne puissent donner un autre
emploi aux capitaux fournis par les actionnaires. Le premier versement ayant été opéré sans difficulté, tout semblait devoir réussir, et les syndics avaient commencé sans
trop hésiter les préparatifs de la seconde expédition, préparatifs qui s'annonçaient comme devant être particulièrement longs, puisqu'il allait falloir recruter de nombreux
colons et réunir dix ou douze vaisseaux pour le transport
tant du personnel que des marchandises.

Le principe de la colonisation et du peuplement ayant
été admis, deux questions fondamentales, deux opinions
contraires avaient été formulées et discutées au sujet de
la mise en valeur de Madagascar. Fallait-il que la compagnie exploitât elle-même l'île, c'est-à-dire qu'elle prît à
son service des ouvriers qui, moyennant salaire, cultive-
raient la terre, creuseraient les mines, éléveraient le bétail, feraient le trafic, tous les bénéfices de l'entreprise
restant alors acquis à la compagnie ? Cette solution était
évidemment opposée aux vues du Roi qui voulait créer une
colonie de peuplement, c'est-à-dire de propriétaires fonciers. Ou bien fallait-il « y transporter des colonies et distribuer aux nouveaux habitans qu'on y envoyeroit, des
terres qui leur appartiendroient en propre sous de certaines redevances » (1). Cette seconde opinion l'emporta.
On fit valoir, avec juste raison, que c'étoit là le moyen le

____

(1) Charpentier, *Relation*, *etc.*, p. 100.

meilleur pour attirer « un nombre infini de pauvres familles pour y aller habiter et tascher à trouver une vie plus douce et plus aisée ; que quand un homme y auroit transporté sa femme et ses enfants il considéreroit ce pays comme le sien propre » (1).

Voulant mener à bien cette question du peuplement, la compagnie n'hésita pas à demander au Roi une faveur nouvelle. C'était le droit de pouvoir « bâiller les terres... sous des titres honorables de marquisats, comtés, vicomtés, baronnies, chastellenies, avec justice haute, moyenne et basse, droit de présentation aux bénéfices, vacations advenant, pouvoir d'y bastir des maisons, chasteaux à pont-levis, afin de se fortifier ès dits lieux, les décorer et les rendre plus advantageux pour ledit establissement ; à la charge que les lettres d'érection et concession des titres et qualités desdites terres dont ils conviendront avec les particuliers avec lesquels ils feront des contrats, seront registrées au Conseil souverain de ladite isle ; et pourront les propriétaires desdites terres après avoir demeuré cinq ans actuellement en ladite isle, estant de retour en France, prendre les titres et qualités desdites terres et porter les armes qui y sont attribuées, tout ainsy que ceux qui ont des terres avec pareils titres dans le Royaume » (2). Louis XIV ne refusa pas ce privilège. C'était un encouragement ingénieux qui pouvait décider bien des gens en flattant leur amour-propre ; c'était aussi le moyen, d'assurer dans nos colonies la création d'une noblesse féodale nécessaire pour encadrer l'élément roturier (3).

<hr>

(1) *Ibid.*, p. 102.

(2) Cité par M. Pauliat, *op. cit.*, p. 167.

(3) On eut également recours à d'autres procédés pour assurer le peuplement de Madagascar, ainsi que nous le montre une lettre adres-

Toutes ces dispositions étant adoptées les syndics purent remettre leurs pouvoirs, le 19 mars 1665, après une séance mémorable dans laquelle il fut procédé à l'élection des directeurs (1).

Or, la situation financière de la compagnie, fort belle dans les débuts, ne tarda pas à devenir moins brillante. Le premier versement (décembre 1664) avait donné 2.385.000 livres ; le deuxième versement (décembre 1665) ne donna plus que 626.000 livres, au lieu de 2.726.000 qu'on avait annoncées — soit un déficit de plus de 2 millions. Le total des versements, au 1er janvier 1666 atteignait donc 3 millions seulement. L'expédition de M. de Beausse avait coûté 500.000 livres, et la seconde expédition, alors en préparation, devait, d'après tous les calculs se monter à plus de 2 millions. Malgré son influence, le Roi ne pouvait empêcher les actionnaires de refuser d'o-

sée par Guy Patin à Falconnet le 9 juin 1665 : « On cherche icy des gueux et des misérables, tant hommes que femmes, pour les envoyer à Madagascar, afin d'y travailler et d'y peupler le pays : cela débarrassera un peu la France de tant de gens oiseux qui y abondent. » M. P. Clément, *Lettres de Colbert*, t. III, 2e partie, p. 415, en note.

(1) Les actionnaires furent invités à choisir douze directeurs sur une liste de 104 personnes qui leur fut soumise Le billet portant les noms choisis devait être revêtu des armes de celui qui l'avait rédigé. Le vote eut lieu au Louvre dans l'appartement du Roi et en sa présence ; aucune discussion ne fut possible. « Une fois que les billets eurent été déposés dans les urnes, le Roy leva la séance et rentra dans son cabinet en ordonnant d'apporter les urnes, afin de faire le scrutin en sa présence. » Colbert fut nommé président, sur la demande du Roi, le prévôt des marchands vice-président, de Thou, Berryer et les syndics furent élus directeurs. Telle est du moins la version de Charpentier, développée par M. Pauliat, version à laquelle il paraît prudent de n'accorder qu'un crédit fort modeste. Charpentier (*Relation*, etc., p. 113).

pérer leur second versement en faisant abandon des sommes déjà versées (1). Quant au capital social, il restait encore pour près de 7 millions de livres d'actions à placer.

Malgré ces symptômes alarmants, Colbert avait activé les préparatifs du grand armement qui devait enfin porter à Madagascar un nombre considérable de colons. Dans son impatience, il avait dès le 24 juillet 1665, envoyé deux navires, *le Saint-Louis* et *le Saint-Jacques* à l'île Dauphine, afin d'avertir M. de Beausse de se tenir prêt à recevoir la grande expédition qui se préparait.

Le commandement en était confié au marquis de Lopis de Montdevergue, ancien colonel des dragons de Mazarin, alors gouverneur de Château-Renault et de Clinchamps. Il était investi du titre de vice-roi et avait été appelé à ces fonctions par la compagnie, mais sur la proposition plus ou moins officielle du Roi. Louis XIV, en effet, pouvait difficilement consentir, malgré les promesses de la charte de 1664, à laisser le gouvernement de Madagascar aux mains d'une personne qui fut totalement indépendante de lui. Aussi, pressentis par Colbert, les syndics avaient remis au Roi le choix de celui qui devait exercer le haut commandement. « Cette résolution de faire des colonies, dit Charpentier, ayant fait connoistre qu'il n'y avoit rien désor-

---

(1) A ce sujet, Colbert écrivait le 11 février 1667, à Nicolas Brûlart, Premier Président au Parlement de Dijon : Sa Majesté a fait savoir « qu'elle distingueroit bien ceux qui marqueroient leur zèle en ce rencontre par une exacte ponctualité, d'avec les autres qui se mettroient moins en peine de sortir de leur engagement ; à quoy mesme elle a ajouté que, sans se servir des menaces sans effet, elle avoit résolu d'exclure de l'annuel, lorsqu'on viendra à le renouveler, tous ceux qui auroient négligé de luy plaire dans une occasion comme celle-là, qui luy est si à cœur et qui est advantageuse à l'Estat. » M. P. Clément *Lettres de Colbert*, t. II, 2e partie, p. 439.

mais de plus important que de choisir une personne de qualité et de mérite, de qui l'expérience et l'authorité pust fortement appuyer ce dessein ; qui pust maintenir les gens de guerre dans l'obéissance, entretenir l'ordre dans les colonies, en faciliter le maintien et l'accroissement, il fust proposé, quelques jours après, de sçavoir s'il seroit choisi par la compagnie ou demandé au Roy ; et chacun demeura d'accord que, comme en cette rencontre, ils avoient besoin d'un homme de naissance qui eust eu desjà des commandements considérables dans les armées et de qui la prudence fust connue, il n'y avoit point de difficultés qu'ils ne le trouveroient bien plus facilement en le demandant au Roy qu'en se chargeant de le choisir et que ce choix venant purement de Sa Majesté, il imprimeroit sur cette per·sonne un certain charactère qui attireroit sur elle plus de respect et feroit mieux exécuter ses ordres » (1).

Louis XIV ne pouvait confier les fonctions de vice-roi à plus digne que Montdevergue : Issu d'une famille appartenant à notre vieille noblesse, soldat connu de l'armée entière pour son mérite et son honnêteté, il nous apparaît au cours de cette expédition, comme un des caractères les plus hauts et les plus fiers de son époque. Si, vers la fin de son séjour à Madagascar nous le voyons faiblir, c'est que les événements contraires semblent s'acharner contre son œuvre et que le Roi son maître méconnaît ses services : l'infortune ajoute alors à ses traits une gravité nouvelle sans pouvoir porter atteinte à son inébranlable fidélité.

Montdevergue recevait l'ordre de créer des établissements à l'île Dauphine en cinq points différents : à Fort-

____

(1) Charpentier, *Relation de la Compagnie française pour le commerce des Indes orientales,* p. 105.

Dauphin, à Galemboule, dans les baies d'Antongil et de Saint-Augustin et à l'île Sainte-Marie. Il devait ensuite expédier une partie de sa flotte aux Indes avec mission d'y fonder des comptoirs, puis de pousser jusqu'en Chine.

Comme personne en France ne connaissait le commerce des Indes, Colbert avait cru que le meilleur moyen était de se procurer, parmi les étrangers, des hommes capables de diriger nos premiers établissements : cinq agents de la Compagnie hollandaise des Indes passèrent ainsi au service de la Compagnie française, en qualité de marchands ; à chaque employé hollandais était adjoint un employé français du même grade qui devait profiter de l'expérience de son compagnon pour se mettre au courant des affaires, les employés français conservant néanmoins le pas sur les employés hollandais. Des lettres de naturalisation étaient accordées à ces derniers et on leur laissait le droit de pratiquer en toute liberté la religion réformée. La situation mal définie de ces agents devait être une cause de rivalités et avoir de fâcheuses conséquences.

La direction du commerce était confiée à M. de Faye : à ses côtés prenait place Caron, ancien agent de la Compagnie hollandaise. Le choix de ce dernier devait avoir sur notre politique une réelle influence. Descendant de protestants français réfugiés dans les Pays-Bas, mais Hollandais d'origine, Caron, parti des emplois les plus modestes (1),

____

(1) Caron s'était, paraît-il, embarqué en 1629, comme aide cuisinier, à bord d'un navire hollandais en partance pour le Japon. Il fut engagé par Colbert aux appointements annuels de 18.000 livres. Ce fut d'Estrades, notre ambassabeur à la Haye qui signala Caron à l'attention du ministre. Caron, écrit d'Estrades « ne seroit pas éloigné de prendre parti au service de S. M. s'il y trouvoit ses advantages... si on le pouvoit enguager au service du Roy, il ameneroit avec luy tous les meilleurs mettres de navires et pilotes qui sont accoustumez de naviguer auxdites

après vingt-deux années passées au service de la Compagnie hollandaise, était arrivé aux plus hauts grades par ses aptitudes et par son travail. En 1641, il avait été appelé au Conseil des Indes, et, l'année suivante, nommé Directeur du commerce à Batavia. Mécontent de n'avoir pas obtenu le poste de gouverneur général, il abandonna la Compagnie hollandaise et accepta les offres de Colbert. C'était un travailleur ponctuel, doué d'une ambition sans bornes ; souple et habile, il aspirait à occuper dans la Compagnie française cette première place que ses compatriotes lui avaient refusée. Ce caractère peu sympathique allait se heurter à la rigidité militaire et à la droiture de Montdevergue. Le vice-roi, investi aux Indes du pouvoir souverain, désirant en user comme son maître en usait en France, ne pouvait qu'avoir en médiocre estime cet homme d'affaires, qui par intérêt venait de trahir sa patrie d'adoption ; et, de son côté, Caron n'ayant en vue que des bénéfices matériels, allait difficilement supporter les observations d'un supérieur plus soucieux de la dignité de son pays et de son roi que du succès d'une entreprise commerciale.

L'expédition partit de la Rochelle le 14 mars 1666 (1). Elle comprenait 10 navires portant 2.000 hommes et avait

Indes ; je ne doutterois pas qu'on l'attirast, si le Roy lui avoit parlé une fois... Je vous prie, Monsieur, de faire réflexion combien cela avanceroit l'affaire de la Compagnie des Indes ; l'argent et les vesseaux ne suffisent pas si vous n'avez des hommes expérimentés et capables de commencer un si grand ouvrage. Il est nécessaire de tenir tout ce que je vous écris du sieur Caron fort secret. » Lettre du 26 juin 1664, *Mélanges Colbert*, t. 121 *bis*, p. 943.

(1) V. lettre de Colbert à Colbert de Terron, 9 mars 1666 ; Clément, *Lettres, etc., de Colbert*, t. II, 2e partie, p. 437.

à son bord 4 compagnies d'infanterie destinées à la garnison de l'île Dauphine. La flotte se dirigeait sur Fort-Dauphin ; Caron devait sans désemparer cingler vers les Indes
pour y organiser les comptoirs. Quant à de Faye, il devai
reconnaître l'île Bourbon, créer le poste de Galemboule,
puis se diriger vers les Indes, où il remplacerait Caron ;
celui-ci se rendrait alors en Chine.

Un événement imprévu retarda le voyage. A hauteur
de l'équateur, la flotte resta immobilisée pendant un mois
par un calme plat ; puis une voie d'eau se déclara à l'un
des vaisseaux ; ne pouvant le réparer, ni l'abandonner
avec sa cargaison, Montdevergue décida que l'expédition,
profitant d'un vent d'est, se rendrait dans un port du Brésil pour y exécuter les réparations nécessaires. Arrivé le
25 juillet à Pernambouc, Montdevergue n'en put partir
qu'en novembre. Il arriva à Fort-Dauphin le 14 mars 1667,
après douze mois de voyage ; tous ses approvisionnements
étaient consommés.

Du moins le vice-roi espérait-il trouver à Madagascar
les vivres nécessaires aux colons qu'il amenait ; quel ne
fut pas son désespoir en trouvant les compagnons de
M. de Beausse eux-mêmes dans la plus absolue misère (1).
Un homme moins énergique que lui eût perdu tout courage ; Montdevergue, au contraire, se mit immédiatement à l'œuvre. Renonçant, faute de vivres, à envoyer de
suite Caron aux Indes et de Faye à Galemboule, il débarqua
tout son monde. Il eût été imprudent, en présence de
l'attitude hostile des habitants, de commencer la colonisation et le lotissement des terres ; il fallait aller au plus
pressé, c'est-à-dire assurer la subsistance du personnel,

____

(1) Souchu de Rennefort, *Histoire des Indes orientales*, p. 221.

au moyen de petites expéditions dans l'intérieur. Ceux qui
ne furent pas employés au réapprovisionnement de la
colonie entreprirent les premiers travaux d'aménagement
autour de Fort-Dauphin.

Grâce au concours dévoué d'un Français installé depuis
longtemps dans l'île et nommé Lacaze, Montdevergue entra en relation avec quelques chefs indigènes et fit la paix
avec eux. Alors seulement — vers le milieu de 1668 —
put-il commencer à distribuer des terres et à établir quelques plantations. Quant à Caron, après un séjour de sept
mois à Madagascar, il s'était embarqué pour les Indes, où
de Faye le rejoignait quelques mois plus tard. En résumé,
Montdevergue avait tiré le meilleur parti des événements
et, malgré les circonstances fâcheuses qui avaient accompagné ses débuts, il avait donné au plan du Roi un commencement d'exécution.

Néanmoins, pendant un an et demi Louis XIV dut attendre des nouvelles de l'expédition. Enfin, dans les premiers
mois de 1668, il reçut une lettre de Caron, lettre venant
des Indes et qui lui résumait les événements malheureux
survenus à Madagascar, condamnait toute idée de colonisation dans cette île, s'étendait avec complaisance sur les
richesses des Indes et donnait l'assurance de très sérieux
bénéfices dans le commerce de cette région. Caron, en même temps, annonçait le prochain départ d'un navire qui
devait apporter en France les échantillons des marchandises acquises par nos nouveaux comptoirs des Indes.

Encouragé par cette lettre, Louis XIV voulut tenter un
nouvel effort pour décider les actionnaires à apporter
leurs capitaux. Lui-même s'engageait à verser deux
millions de livres à la Compagnie, puis il essayait de faire
exécuter le troisième versement, bien que le premier ne

fut pas encore complètement effectué. Il était décidé que les retardataires seraient mis en demeure de solder leur arriéré, sous peine de poursuites judiciaires, et que tout désistement ne serait valable que signifié aux directeurs par acte authentique. Ces dispositions furent l'objet d'un arrêt du Conseil du 21 septembre 1668.

Ces mesures vigoureuses donnèrent un nouvel essort au crédit de la compagnie et tout permettait d'espérer la rentrée des capitaux. Une lettre de Montdevergue, lettre désespérante et qu'il fut impossible de laisser ignorer au public, vint encore une fois paralyser les efforts du Roi Montdevergue montrait la situation de l'île Dauphine sous son jour véritable : la colonie n'existait pour ainsi dire pas, Fort-Dauphin n'était qu'un village misérable, l'île était malsaine, les habitants féroces, toute idée de colonisation devait être écartée.

Un découragement semblable étonne chez un soldat aussi énergique que Montdevergue. Certes, il avait eu à lutter : relégué seul au bout du monde, usant son activité dans un travail obscur et pénible, loin des siens, il s'était rendu un compte exact des insurmontables difficultés qui attendaient nos colons. Mais Louis XIV ne prit pas en considération les motifs qui avaient déterminé Montdevergue à dévoiler ces tristes réalités. Toute son irritation se tourna contre lui, il le rendit responsable des retards de l'expédition, des lenteurs de la colonisation, de la mauvaise volonté des actionnaires, et en somme, de l'échec de la compagnie Aussi, dans la lettre que Louis XIV lui adresse, Montdevergue est-il blâmé de tout ce qu'il a fait, aucun de ses actes ne trouve grâce ; mais surtout ce que le Roi ne saurait lui pardonner, c'est d'avoir jeté le trouble dans l'esprit des actionnaires. « Je vous diray en premier lieu, lui écrit-il (1), que je fus étonné d'abord que toutes vos lettres et les discours que vostre Envoyé a faits partout, dans les Cours, dans les antichambres et par toute la ville, ne tendissent à autre fin qu'à faire connoistre à tout le monde que tout estoit désespéré tant dans l'isle Dauphine que pour la Compagnie des Indes, ce qui avoit produit un si meschant effet que si je n'avois soustenu de ma puissante protection cet Establissement, cette double faute estoit capable de faire abandonner toutes choses, et par conséquent, de vous laisser périr dans l'isle sans aucun secours. Je ne doute point qu'en lisant cecy, vous ne connoissiez parfaitement l'embarras dans lequel vous nous aviez mis, et que vous ne preniez en bonne résolution de taire à l'avenir le désordre que vous connoistrez, affin de ne pas faire perdre le courage à tous ceux qui sont sous vous. »

Quant à Colbert, la lettre du vice-roi dut être pour lui une révélation. Alors que Louis XIV s'obstine encore dans ses projets de colonisation, Colbert voit tout ce que cette entreprise comporte de difficilement réalisable et il est prêt à apporter à ses premiers projets les modifications nécessaires. Aussi, tandis que Louis XIV écrivait à Montdevergue cette lettre sévère et injuste, Colbert, de son côté, lui envoyait de nouvelles instructions rédigées sur le ton le plus calme. Colbert, assurément, voulait atténuer les reproches du Roi : « Vous trouverez, disait-il (2), la

____

(1) Cité par M. Pauliat, *op. cit.*, p. 272. — Voir aussi dans Clément, *Lettres.... etc. de Colbert*, t. III, 2ᵉ partie, *Lettres de Louis XIV à Montdevergue*, 9 mars 1669, p. 427 ; *ibid.*, 30 mars 1669, p. 431.

(2) Cité par M. Pauliat, *op. cit.*, p. 285 et suiv. Cette lettre est du 19 janvier 1669. — Voir également dans Clément : *Lettres.. etc.. de Colbert*, t. III, 2ᵉ partie, p. 434 ; lettre de Colbert à Montdevergue, 30 mars 1669.

lettre que Sa Majesté vous a escrite un peu forte... Aussy vous pouvez être asseuré que les mesmes raisons qui l'ont portée (Sa Majesté) à le récompenser (M. de Tracy) si bien et si advantageusement, la porteront à vous récompenser aussy à proportion de l'establissement que vous ferez, qui est tout ce qu'Elle désire de vous. » Et Colbert terminait par ces paroles d'encouragement : « La lettre de Sa Majesté vous instruisant de ses volontés à fonder, j'adjousteray seulement que pourveu que vous nous donniez les moyens de vous servir auprès d'Elle, vous ne devez pas douter que, comme nous en avons la volonté, nous ne le fassions en telle sorte que vous en serez content. Mais pour nous le faciliter, il faut que vous quittiez vostre esprit de l'isle Dauphine qui paroist dans vos lettres. et que vous repreniez celuy que vous aviez en France. »

Par le même courrier, partait une lettre adressée à M. de Faye, alors à Fort-Dauphin, lui laissant toute liberté, soit pour conserver suivant les circonstances, le marquis de Montdevergue dans ses fonctions, soit pour lui signifier l'ordre du Roi de rentrer en France en le remplaçant par son lieutenant, M. de Champmargou.

Cependant à Paris, Louis XIV luttait pour obtenir de l'argent des actionnaires ; pour les convaincre, un dernier espoir lui restait. C'était ce fameux navire chargé des richesses de l'Inde dont Caron lui avait annoncé la venue et qu'on attendait toujours. Aussi, quelle ne fut pas la joie du Roi en apprenant son arrivée à Port-Louis (1), dans les

____

(1) Port-Louis et les terrains voisins avaient été donnés à la compagnie pour la construction d'un port de commerce : ce fut l'origine de notre ville de Lorient. La presqu'île lorientaise resta, jusqu'à l'arrivée des compagnies, une lande inculte occupée par le village de Kervéro. Cette lande appartenait à la seigneurie de Faouédic-Livisy, relevant.

premiers jours de février 1669. Le commandant de ce navire fut mandé à Versailles ; il apportait des Indes les meilleures nouvelles ; il s'était, au passage, arrêté à Fort-Dauphin et avait pu apprécier les réels efforts tentés par Montdevergue. Aussi, à ses récits, une détente se produisit-elle dans l'esprit du Roi : de suite il écrivit à Montdevergue, lui répétant les instructions qu'il lui avait envoyées quelques jours auparavant, mais sur un tout autre ton : « Les premières lettres qui m'ont esté rendues de vostre part depuis vostre arrivée en l'isle Dauphine et les discours qu'avoit tenus celuy que vous en aviez chargé avoient persuadé tous ceux qui avoient pris interest dans la Compagnie des Indes orientales et presque mon Royaume entier que cette entreprise ne pouvoit réussir. Mais encores que par l'arrivée du vaisseau *le Saint-Jean*, chargé d'une assez bonne quantité de marchandises de Surate, cette opinion se soit dissipée, ceux qui, comme moy, ont pénétré les principales et les plus considérables fautes qui ont été faites dans les commencements, ne laissent pas

---

du fief de Tréfaven, possédé par un Rohan-Guéméné. Cependant une partie des terrains était vague et appartenait à la Couronne. La Compagnie la Meilleraye fit arriver en 1656 ses vaisseaux sur la rade du Blavet, à laquelle elle donna le nom de Port-Louis ; mais elle céda ses droits à la Compagnie des Indes orientales, qui fixa son siège à Port-Louis. Le Faouédic devait servir à l'établissement des chantiers de construction. L'ordonnance de concession du Scorff et du Faouédic, titre originaire de Lorient, fut signée par Louis XIV le 24 juin 1666. Dès l'année suivante, on avait construit deux frégates en ce lieu dit d'Orient, ou l'Orient, du nom des contrées où se faisait le négoce. Sa prospérité et son agrandissement furent rapides. Le plan en fut tracé en 1670. Lors de la guerre de Hollande en 1671, la compagnie y concentra ses établissements d'une manière définitive. Bientôt la marine de guerre commença à s'y établir côte à côte avec la marine marchande. Les progrès de Lorient ont été constants malgré les fluctuations des compagnies.

de douter toujours du succès, particulièrement si on y apporte promptement les remèdes convenables » (1).

Cependant le Roi n'abandonnait toujours pas ses projets de colonisation et il terminait sa lettre en disant : « Je désire qu'aussy tôt que vous aurez reçeu cette lettre, vous travailliez à faire les establissements de la baie Saint-Augustin et d'Anton-Gil et tous les autres que vous estimerez pouvoir faire. »

L'arrivée du *Saint-Jean* avait donné quelque tranquillité aux actionnaires : le commerce des Indes était enfin organisé et des résultats réels étaient acquis ; tout péril financier semblait donc écarté, mais ce n'était qu'une apparence. Une affaire, d'importance secondaire, vint précipiter les événements et hâter la chute de Montdevergue.

Nous avons vu qu'une sourde rivalité existait entre le vice-roi et Caron : cette rivalité devait éclater un jour ou l'autre.

L'autorité de Caron aux Indes était presque absolue, il pouvait prononcer contre ses agents directs telle peine qu'il jugeait utile, et ses décisions ne pouvaient être infirmées que par le Conseil souverain résidant à Fort-Dauphin. Dès le début, Caron voulut établir son indépendance et affirmer que ses décisions ne pouvaient qu'être ratifiées par le Conseil souverain. Montdevergue avait naturellement jugé ces prétentions inadmissibles et plusieurs arrêts de Caron avaient été cassés, un surtout, auquel Caron tenait tout particulièrement, car il visait un de ses ennemis personnels, le Persan Marcara. Nous ne pouvons entrer

(1) M. Clément, *Lettres... etc... de Colbert* : lettre du Roi à Montde-vergue, 9 mars 1669, t. III, 2ᵉ partie, p. 427.

dans les détails de cette affaire (1), il nous suffit de savoir que Marcara, condamné et chassé par Caron, avait été acquitté par le Conseil souverain et réintégré dans ses fonctions aux Indes sur l'ordre de Montdevergue.

Caron saisit l'occasion d'adresser une réclamation à Paris. Montdevergue, disait-il, était la cause des retards apportés à ses succès dans les Indes ; le vice-roi cherchait à entraver son action, à diminuer son autorité et sa considération. Il terminait en demandant, soit le rappel de Montdevergue, soit, au moins un blâme officiel, donnant à entendre que, s'il ne recevait pas satisfaction, il enverrait sa démission.

Cette lettre produisit à Paris un réel émoi, tout le monde considérait Caron comme un homme fort habile. « Caron d'autre part, dit M. Pauliat, représentait aux yeux des actionnaires le commerce des Indes, tandis que Montdevergue personnifiait plus spécialement la colonisation de l'île Dauphine. Puis, en somme, il n'y avait que Caron qui eût jusque-là donné des satisfactions. Le chargement du *Saint-Jean* avait effectivement enlevé tous les esprits » (2).

Aussi, non seulement on réclama la destitution de Montdevergue, mais on alla plus loin, on demanda l'abandon de Madagascar, la compagnie ne devant plus s'occuper que du commerce des Indes.

- En septembre 1669, l'assemblée des actionnaires décida la rétrocession de l'île Dauphine au Roi moyennant une

______

(1) Sur l'affaire Marcara, voir M. Castonnet des Fosses, *L'Inde avant Dupleix*, p. 78. — Voir également Clément, *Lettres,... etc. de Colbert*, t. III, 2ᵉ partie, p. 435 : lettre de Colbert à Montdevergue, 30 mars 1669 ; p. 437, lettre de Colbert à Caron, 31 mars 1669 ; p. 441, lettre de Colbert à de Faye, 31 mars 1669.

(2) Pauliat, *Louis XIV et la Compagnie des Indes orientales*, p. 300.

indemnité de 1 million, ce qui portait à 6 millions l'argent déboursé par Louis XIV. L'île se trouvait donc réunie à la Couronne ; les navires de la compagnie se rendant aux Indes devaient désormais faire escale à Bourbon (1).

C'était donc pour notre politique coloniale un échec terrible et complet. Mais quelles en étaient les causes ? L'avance de nos rivaux n'avait certes pas été suffisante pour nous arrêter dès les premiers pas. Le génie français répugnait-il à toute entreprise de colonisation ? Le choix des directeurs et des agents avait-il été précipité ou malheureux ? Ou bien, était-il difficile de mener de front des entreprises lointaines, des rêves de conversion religieuse, et en même temps sur le continent, des guerres dynastiques ?

Toutes ces raisons peuvent être invoquées. Mais ne serait-il pas rationnel de chercher l'origine de nos échecs dans une cause d'ordre plus général. « C'est que l'homme ne crée rien de toutes pièces. Il est dans l'ordre qu'une entreprise de commerce se développe à la façon d'un organisme, qu'elle parte de petits commencements, s'essaie peu à peu à vivre, se rende un compte exact et patient dès dangers qui l'attendent et des chances qui la favorisent ; qu'elle ne se paie pas de vastes espoirs, qu'elle poursuive les résultats proches et certains. Mais l'absolutisme prétendait faire grand et vite. Ce triste orgueil, cette ambition d'étonner font peine lorsqu'on relit les pompeux

(1) Colbert avait déjà envisagé cette éventualité. Le 31 mars 1669 il écrivait en effet à de Faye : « C'est l'establissement d'un entrepost d'icy aux Indes, en cas que celuy de l'isle Dauphine, par les raisons que nous ne voyons que trop, ne puisse servir à cet usage, soit parce qu'il est trop reculé, soit parce que les vents y portent trop difficilement, soit parce que le commandement des armes ne s'accorde pas assez avec le commerce. » M. Clément, *Lettres,... etc.*, t. III, 2e partie, p. 440.

préambules des édits et ordonnances qui n'ont produit que pertes matérielles ou déceptions morales. Les exordes ampoulés ne valent pas mieux en politique commerciale qu'en littérature » (1).

(1) Article de M. Monin, *Grande Encyclopédie*, t. XII, p. 162.

CHAPITRE II

ANTILLES ET AFRIQUE OCCIDENTALE.

Doctrines économiques en faveur au xviiᵉ siècle. — Le pacte colonial.
— Situation nouvelle créée aux colonies par la charte de 1664. —
Modifications apportées aux privilèges de la compagnie et à son
monopole commercial par les règlements du 17 mars 1665 et du
18 octobre 1666, et par les arrêts du 10 septembre 1668 et du 12 juin
1669. — La compagnie et nos possessions de l'Afrique occidentale.

La nouvelle Compagnie des Indes occidentales, à laquelle
revenaient toutes nos possessions d'Amérique et de la
côte occidentale d'Afrique, allait, dès les premières heures,
rencontrer des obstacles, se heurter à des difficultés que
la Compagnie des Indes orientales n'eut jamais à connaître. C'est que les Antilles, comme le Canada, étaient des
colonies de peuplement, que ces établissements, vieux d'un
siècle, possédaient déjà des sociétés en voie de formation ;
les intérêts matériels de ces sociétés devaient se trouver
lésés par les privilèges de la compagnie : de tout côté, le
colon allait s'élever contre ces privilèges et entrer en lutte
pour retrouver quelque liberté commerciale. Aussi, la
compagnie, qui s'était constituée d'une façon si rapide et
si facile, ne tarda pas à faire petit à petit l'abandon de ses
monopoles, puis à disparaître elle-même.

Quelle était, en effet, la situation faite par la charte de

1664 à nos colonies d'Amérique, colonies dont nous avons déjà constaté la vitalité et le développement ?

Il nous faut d'abord rappeler en quelques mots quels étaient les principes de politique commerciale admis par Colbert et par tous ses contemporains, et voir comment ces principes pouvaient entrer en combinaison avec les privilèges accordés à la Compagnie des Indes occidentales par la charte de 1664.

Colbert veut acheter peu aux nations étrangères, mais il veut leur vendre beaucoup, et cela, pour qu'il sorte peu d'argent du royaume, et qu'il y en rentre beaucoup — car, dit-on à cette époque, l'argent n'est pas seulement l'instrument de l'échange, il est aussi et surtout l'objet de l'échange, il est une richesse par lui-même, et la plus précieuse de toutes : telle est la théorie des mercantilistes (1).

Mais dans notre commerce international, les produits et les sommes que nous recevons de l'étranger font équilibre aux produits et aux sommes que nous lui donnons, comme si ces deux quantités se trouvaient placées sur les plateaux d'une balance : c'est la théorie de la balance du commerce.

Si donc, nous pouvons donner à l'étranger beaucoup de produits et peu d'argent, mais recevoir de lui quelques produits seulement et beaucoup d'argent, la balance nous sera favorable, car nous aurons augmenté notre encaisse monétaire, qui, répétons-le, n'est pas seulement utile pour

---

(1) On appelle quelquefois le mercantilisme : Colbertisme, « mais ce serait une erreur de croire que le ministre français en avait accepté les dogmes d'une façon absolue. Il ne considérait les mesures prises que comme temporaires, et comparait les droits de protection à des béquilles à l'aide desquelles les fabricants devaient apprendre à marcher pour les rejeter ensuite au loin ».M. K. Ingram, *Histoire de l'économie politique,* p. 61.

les échanges, mais qui constitue elle-même une richesse réelle : c'est l'application des théories de l'école mercantile à la théorie de la balance du commerce.

Voilà les principes fondamentaux sur lesquels repose tout le système commercial du XVIIe siècle. Pour arriver au résultat poursuivi, une nation ne doit donc pas consommer de denrées étrangères, ou doit en consommer le moins possible, et alors, aller les chercher elle-même aux pays d'origine et les payer de préférence avec ses produits. Elle doit également vendre à l'étranger le plus de denrées de sa production.

Nous n'avons pas à entreprendre ici la critique ou l'étude de ces principes économiques. Leur application au régime commercial des colonies donna lieu au XVIIe siècle à une conception spéciale, appelée le pacte colonial, et qui peut être définie : l'exploitation méthodique des colonies par la métropole. Les colonies constituent un champ nouveau pour l'activité industrielle, elles créent un débouché et un marché de matières premières, elles ouvrent de nouvelles sources de production où les articles peuvent être obtenus en plus grand nombre et à meilleur marché que partout ailleurs, grâce aux ressources du climat et à la fécondité d'un sol encore vierge. Sous un régime de liberté, ces avantages peuvent profiter à tous, même à ceux qui ne possèdent pas de colonies : d'où, pour chaque métropole, le légitime désir d'exploiter elle-même ses colonies, à l'exclusion de toute autre puissance, d'en garder pour elle tous les avantages, d'ériger ses possessions en fermes. L'application de ces principes fut même considérée comme le véritable but de toute colonisation ; au XVIIe siècle on en fit un système de politique. Cette manière de faire ne fut pas spéciale à la France : appliquée d'abord presque instinctivement par le Portugal et par l'Espagne, elle le fut ensuite d'une manière raisonnée par l'Angleterre.

Les nations européennes considéraient donc leurs colonies comme une source de revenus pour elles, de la même façon qu'un particulier peut considérer une exploitation agricole qui lui appartient. La colonie est un pays sacrifié, elle n'a pas de droits par elle-même ; elle doit avant tout dispenser la mère-patrie de payer tribut à l'étranger en lui achetant des denrées exotiques ; ces denrées, c'est la colonie qui les fournira à la métropole, mais elle n'en pourra fournir qu'à la métropole, celle-ci se réservant le droit de revendre elle-même, non seulement à l'étranger, mais même à ses autres colonies, le surplus des denrées coloniales qu'elle ne pourra ou ne voudra pas consommer. La métropole seule fournira la colonie d'objets manufacturés et de produits nationaux, mais s'engageant par contre à n'acheter de denrées coloniales qu'à sa colonie. Parfois même, le régime de prohibitions va plus loin : les navires métropolitains peuvent seuls faire le commerce de la colonie, l'intercourse leur est réservée, ils peuvent être obligés de faire retour à leur port de départ pour faciliter la surveillance. Ou bien encore il est interdit à la colonie de manufacturer elle-même ses propres produits. (Cette mesure ne fut jamais appliquée dans les colonies françaises.)

Prenons maintenant la situation faite à nos colonies par la charte de 1664, elle peut se résumer de la façon suivante : les colons ne peuvent vendre tous leurs produits qu'à la Compagnie des Indes occidentales ; ils ne peuvent se fournir d'aucun produit ailleurs qu'à la compagnie ; la navigation entre les colonies et la France est assurée

par les vaisseaux de la compagnie à l'exclusion de tous
autres ; la compagnie a le monopole de la fourniture de
la métropole en denrées coloniales, mais elle ne doit s'en
procurer que dans nos colonies. Ces principes paraissaient
d'autant plus pénibles aux colons, que, dans les débuts,
l'État était décidé à en exiger l'application de la façon la
plus stricte. C'était donc la mise en vigueur du pacte colonial, mais avec l'adjonction d'une restriction nouvelle.
Nos colons ne pouvaient plus vendre ou acheter aux seuls
négociants français, mais bien à la seule Compagnie des
Indes occidentales et à ses représentants.

Les mesures prohibitives du pacte colonial portaient un
très grave préjudice au Canada et aux Antilles, préjudice
que venaient aggraver les mesures complémentaires prises
en faveur de la compagnie. Sans nous arrêter à ces mesures complémentaires, considérons le pacte colonial en lui-
même (1). Il va nous montrer la situation de nos établissements pendant la période comprise entre la dissolution
des précédentes compagnies et la création de la compagnie
de 1664.

D'abord l'expression de pacte colonial, qui est aujour-
d'hui consacrée par l'usage, est impropre. Qui dit pacte,
dit en même temps contrat synallagmatique ; or, en l'espèce, nous ne trouvons pas de contrat bilatéral, mais bien
des mesures établies par la métropole, imposées par elle
et presque toutes à son avantage.

En prohibant l'importation étrangère dans les colonies,
chaque métropole prétendait donner à ses négociants la

____

(1) Nous n'examinons ici que les mesures en vigueur dans les colonies
françaises au xviiᵉ siècle.

suprématie commerciale en leur assurant le monopole du marché colonial. Mais, par contre-coup, elle produisait aux colonies un renchérissement général de toutes les denrées, même des denrées de première nécessité, et amenait un ralentissement de la production chez ces jeunes sociétés parce qu'elle les maintenait à l'état d'enfance et paralysait leur essor. Le développement des colonies étant retardé, elles arrivaient plus difficilement à la richesse, les articles métropolitains n'y trouvaient donc qu'un faible débouché et s'y vendaient moins qu'ils ne s'y fussent vendus sous un régime plus libéral. De plus, lorsque la métropole ne tenait pas en Europe la première place dans la fabrication d'un objet ou d'un produit, les colons étaient obligés de se contenter d'objets ou de produits inférieurs ; or il est impossible qu'une nation tienne la première place dans tous les genres de fabrication. L'état de choses engendré par cette mesure fut un vif stimulant pour la contrebande, qui ne cessa jamais d'être aux colonies une industrie facile et florissante, malgré la coûteuse surveillance que s'imposèrent les métropoles.

Quant à la limitation de la vente des produits coloniaux au seul marché métropolitain, elle avait été établie pour procurer à la mère-patrie des denrées coloniales à meilleur marché, comme compensation aux dépenses faites pour la fondation et la mise en état de défense des colonies. Mais alors, la production elle-même se trouvait restreinte dans les limites des besoins métropolitains, et, par le fait de cette limitation, les prix se trouvaient renchéris. Cette mesure n'offrait donc qu'un avantage relatif.

La réserve de l'intercourse coloniale aux bâtiments français paraîtrait plus rationnelle ; elle favorisait en effet le développement des armements maritimes nationaux.

Mais, au cas d'infériorité de notre marine, elle pouvait avoir l'inconvénient d'augmenter le prix du fret, et cette différence, qui est tout entière supportée par le producteur, n'était pas un profit net pour nos armateurs : elle résultait en grande partie de cette infériorité relative de notre marine, incapable d'effectuer ses transports à aussi bon compte que telle ou telle marine étrangère : c'était donc une perte pour la nation.

L'interdiction de la vente des denrées coloniales étrangères dans la métropole formait la contre-partie des mesures que nous avons examinées et semblait être une compensation et un acte de justice à l'égard de nos colonies. Ces droits prohibitifs élevaient naturellement le prix des denrées dans la métropole, ils pouvaient même arriver ainsi à en interdire l'usage aux classes peu aisées. Les colonies profitaient du privilège qui leur était accordé pour amener la substitution progressive de denrées médiocres ou inférieures aux denrées de bonne qualité. Ce monopole a d'ailleurs été funeste aux colonies elles-mêmes. S'il a favorisé un instant leur essor, il a nui à leur développement normal en donnant à la production une direction artificielle. Plusieurs colonies ont complètement négligé les cultures vivrières de première nécessité pour ne plus s'occuper que des produits donnant un fort rapport.

En résumé, le pacte colonial et les prohibitions qui l'accompagnaient, agissaient, dit Adam Smith (1), à la façon d'un poids mort qui pèse sur les ressorts : la restriction générale de la production et de la consommation avait pour résultat une diminution générale d'industrie et de jouissance.

____

(1) Adam Smith, *Richesse des nations*, liv. IV, ch. VII.

La charte de 1664 fut loin d'apporter un remède à la situation peu brillante des colons. D'abord toutes les terres qui avaient été acquises par des Français rentraient, après indemnité, dans le domaine de la Compagnie, les propriétaires ne conservant plus que la jouissance de leurs habitations (1). Pour bien apprécier cette mesure, il faut se rappeler que la terre appartenait à un nombre très restreint de grands propriétaires fonciers qui ne cultivaient pas eux-mêmes. Vis-à-vis du petit colon, la Compagnie prit la place du grand propriétaire, c'était un simple changement de maître.

Mais ce qui allait soulever l'indignation de tous les colons, c'était la concession à la Compagnie du monopole de tout le commerce. Toute concurrence disparaissait, et les agents de la Compagnie allaient pouvoir à leur gré fixer les prix de vente et d'achat. Que se passerait-il si, comme cela devait arriver, la Compagnie se trouvait dans l'impossibilité de donner satisfaction aux demandes des colons ? Nos établissements se trouveraient dépourvus des denrées de première nécessité et ils ne pourraient se les procurer, même aux prix les plus élevés. Faudrait-il donc avoir recours à la contrebande ? Et si la Compagnie refusait d'acheter tel produit, ne pourrait-on pas s'en défaire, même aux conditions les plus désavantageuses ? Nos colonies ne couraient-elles pas le risque de rester privées de toute communication avec la métropole ?

Au premier examen, rien ne laissait supposer que la Compagnie n'userait pas de ses privilèges pour établir un commerce des plus actifs. La facilité avec laquelle elle avait été constituée, la haute protection dont l'honorait le

____

(1) Article 20 de la Charte.

Roi, les capitaux puissants dont elle disposait, son organisation officielle, tout faisait espérer qu'une ère nouvelle de prospérité s'ouvrait au Canada et aux Antilles. Mais ceux-là surtout qui étaient les plus intéressés, c'est-à-dire les petits colons, déjà fort indisposés contre cette nouvelle puissance privilégiée, n'étaient pas sans crainte pour l'avenir. Par malheur, les événements devaient leur donner raison.

Voyons ce qui se passa aux Antilles et quel emploi la Compagnie sut faire de ses privilèges dans ces établissements.

Une forte escadre, réunie à La Rochelle par Colbert de Terron, partait le 26 février 1664, pour les Antilles, sous le commandement du marquis de Tracy (1), gouverneur général des îles, chargé d'opérer l'occupation effective des Antilles (2). Cette escadre arrivait le 15 mai à Cayenne (3),

(1) Le marquis Alexandre de Prouville de Tracy avait déjà été appelé plusieurs fois à d'importantes missions. En 1646, il avait fait en Allemagne des levées de troupes et avait été nommé maréchal de camp. En 1647, il avait été chargé par Turenne de négocier une trève avec la Bavière. Il joua un rôle très actif pendant la Fronde, aux côtés de Mlle de Longueville.

La façon dont il s'acquitta de la mission qui lui était confiée en Amérique valut à de Tracy la faveur du Roi. Ecrivant le 30 mars 1669, à Montdevergue, Colbert s'exprime ainsi : « L'exemple de M. de Tracy, vous en doit entièrement persuader. Il est demeuré quatre ans dans les isles de l'Amérique où il a parfaictement bien servy, restably activement ces pays-là et leur a donné une nouvelle vie. » Clément, *Lettres..., etc. de Colbert*, t. III, 2e partie, p. 434. — V. dans le même volume : Lettre de Colbert à Caron, 31 mars 1669, p. 437 ; Lettre de Colbert à de Faye, 31 mars 1669, p. 441.

(2) Pour la composition et le départ de cette flotte, voir la lettre adressée à Colbert, le 26 février 1664, par Colbert de Terron, *Mélanges Colbert*, vol. 119 *bis*, p. 917.

(3) Pour ce voyage, l'état de la Guyane et des Antilles, les disposi-

en repartait le 27 mai pour arriver le 2 juin à la Martinique.

Une seconde flotte abordait dans cette île en février 1665. Elle amenait M. Magon de Clodoré, nouveau gouverneur de la Martinique, M. de Chambré, intendant et représentant général de la Compagnie aux îles, les sieurs Dubuc et Romelet commis généraux de la Compagnie pour la Martinique et la Guadeloupe, cinq cents hommes de troupe et plusieurs agents subalternes de la Compagnie.

Désirant s'attirer une clientèle nombreuse, les commis de la Compagnie ouvrent de suite un crédit illimité aux acheteurs ; mais, en même temps, ils émettent la prétention d'établir eux-mêmes les tarifs, tant de vente que d'achat. Les craintes et les soupçons de la population redoublent, et, au bout de deux mois à peine, de graves réclamations arrivent au gouverneur général (1). Voulant ramener le calme dans les esprits des colons et faire aux Antilles un essai loyal du nouveau système imposé par le Roi, M. de Tracy fit paraître le 17 mars 1665 un règlement assez complet fixant les rapports de la Compagnie et de ses agents avec les habitants :

« Désirant empêcher les différends et contestations qui pourroient naître entre lesdits habitans demeurant en cette isle (Martinique), les étrangers y résidens, et entre les officiers et messieurs de la Compagnie des Indes occi-

tions des gouverneurs et des habitants, voir dans les *Mélanges Colbert* : Lettre de du Lion à Colbert, 16 juin 1664, vol. 121 *bis*, p. 582 ; Lettre de de la Barre à Colbert, 15 août 1664, vol. 123, p. 349.

(1) V. Du Tertre, *Histoire générale des Antilles*, t. III, p. 193 ; Clément, *Lettres... etc.* : lettre de Colbert à Clodoré le 7 mai 1665, t. III, 2e partie, p. 397.

dentales... nous avons, sur les articles, fait le règlement qui les suivent :

« ART. 8. — Qu'il y aura des jaugeurs et des visiteurs comme par le passé.

ART. 9. — La taxe des marchandises sera faite tous les ans par les marchans (de la Compagnie) et quelques habitans idoines.

« ART. 10. — Chaque habitan ne paiera pour tous droits que cent livres de tabac, de 15 à 55 ans.

« ART. 11. — Les gentilshommes d'extraction ne paieront pas la capitation cette année, et pour l'avenir il y sera pourveu par le Roy.

« ART. 13. — Attendu que suivant l'édit du Roy du mois de mai 1664, il est seulement permis à MM. les membres de la Compagnie des Indes occidentales de faire le commerce en cette isle, et qu'il n'est loisible à qui que ce soit d'y faire apporter aucunes marchandises, ni de s'embarquer que dans ses vaisseaux ; ladite compagnie sera tenue d'en avoir nombre suffisant en cette dite isle en temps convenable, et d'y embarquer pour le compte desdits habitans et particuliers, pour rendre dedans les ports, hâvres de France, les sucres, pétuns et autres marchandises dont ils seront requis, en payant le frêt que nous avons réglé, du consentement de M. de Chambré, intendant, et desdits habitans, à 7 livres, monnoie de France, pour 100 pesant net de sucre, pétun et indigo qui seront rendus aux ports de France où les Aides et Droits d'entrée ont cours ; moyennant quoy, MM. de la Compagnie acquitteront lesdits habitans de tous droits d'entrée du Royaume dus à Sa Majesté, en considération de ce que, par son édit du mois de mai 1664, elle remet à ladite compagnie moitié desdits droits, pour lui donner moyen de gratifier les habitans sur ledit frêt, ce qu'ils font par ladite convention de 7 livres par quintal, ou 100 pesant, ce qui leur est beaucoup plus advantageux, lesdits droits par eux acquittés, que celles qui leur étoient ci-devant accordées par les François et Etrangers ; et, quant aux autres ports dudit Royaume, où les Aides n'ont cours à dix deniers en monnoie de France, pour chacune livre desdites marchandises nettes, Poids du Roy en France, lesquelles marchandises desdits habitans seront rendues à leurs correspondans, douze jours après que les vaisseaux seront arrivés aux ports du Royaume.

« Art. 15. — Quiconque fait transporter quatre mille livres de tabac, a droit à son passage personnel gratuit.

« Art. 18. — Les habitans peuvent avoir barques, canots et embarcations.

« Art. 19. — Ceux qui construiront de nouvelles sucreries auront droit à deux ans d'exemption de tous droits.

« Art. 20. — Ceux qui introduiront de nouvelles manufactures seront exempts de tous droits. Les fonctionnaires seront continués dans leurs charges et privilèges et continueront à être nommés par le Roy. Les concessions de terre sont continuées (1). »

Ce règlement est suffisamment clair pour se passer de tout commentaire ; en tous les cas les articles cités laissent voir sur quels points avaient porté les prétentions de la Compagnie.

Une complication nouvelle et d'un genre tout particulier, sur laquelle nous devons attirer l'attention vint encore entraver l'activité des transactions aux Antilles et leur retirer toute souplesse. Désirant, ainsi que nous l'a-

(1) Moreau de Saint-Méry, *Lois et constitutions des îles françaises de l'Amérique sous-le-Vent*, t. I, p. 141.

vons déjà expliqué un peu plus haut, éviter à la métropole toute perte, toute sortie de numéraire, Colbert avait
prescrit que le trafic serait fait aux colonies par le moyen
de simples échanges, l'emploi de la monnaie étant rigou-
reusement proscrit. Les produits coloniaux devaient donc
être échangés par les colons aux agents de la compagnie
contre les objets apportés de France par la compagnie.
C'était, poussée à ses dernières limites, l'application des
principes du système mercantile. On en revenait au troc,
moyen primitif abandonné depuis des siècles. Peut-être
Colbert espérait-il, par ce moyen, forcer la main aux con-
sommateurs. Tout producteur ne pourrait écouler ses produits qu'à la condition de débarrasser la compagnie d'une
quantité équivalente de produits apportés de France (1).
Ce commerce sans intervention de monnaie s'opérerait

(1) L'application du commerce par échanges, comme celle des tarifs
de prix fixés pour tous les objets, souleva de nombreuses difficultés.
Colbert ne se tint pas pour battu et revint à la charge. Le 16 septembre
1668 il écrivait à de Baas, gouverneur et lieutenant général des îles
d'Amérique : « Sur ce fondement, il agira en toutes choses de concert
avec les directeurs de la compagnie, tant pour bien parvenir à restablir
son commerce, sans que, néanmoins, cela tourne à la foule des habitans, que pour régler le prix de vente des vivres et marchandises qui
sont portées de France dans les Isles, et de celles qui s'y recueillent et
surtout maintiendra, autant qu'il sera dans la possibilité, l'échange et
le troc des marchandises et denrées sans souffrir que le trafic des habitans se fasse avec de l'argent. » M. Clément, *Lettres, Instructions
et mémoires*, t. III, 2e partie, p. 410. — Des reproches analogues furent
adressés au marquis de Montdevergue pour ne pas avoir maintenu à
Madagascar l'usage du troc. « Il est assez difficile, écrit Louis XIV, de
comprendre quelle utilité, vous et les directeurs, avez cru pouvoir retirer en introduisant l'argent dans l'isle, vu qu'il n'y avait que 40 ou 50
François qui n'en avoient point vu depuis qu'ils y estoient habitués, et
les naturels beaucoup moins qu'eux. » Lettre du 9 mars 1669. *Ibid.*,
2e partie, p. 428.

dans les magasins généraux que la compagnie devait avoir dans chacune des îles et suivant certains tarifs rédigés par Colbert et imposés par lui aux concessionnaires. Cette mesure tyrannique, loin de produire l'effet espéré, ne pouvait avoir que de mauvais résultats.

En s'établissant, la compagnie venait de faire d'énormes dépenses, tant pour indemniser les ci-devant propriétaires des îles que pour transporter son nouveau personnel administratif : il fallait donc chercher à rentrer rapidement dans l'argent ainsi dépensé. C'est pourquoi, au mépris des tarifs établis par Colbert et rappelés par le règlement du 17 mars 1665, les marchandises importées aux îles par la compagnie se trouvèrent taxées à des prix exorbitants par les agents inférieurs. Par contre, les denrées offertes par nos colons n'étaient estimées par les mêmes agents qu'à des prix d'un bon marché ridicule. L'éloignement du pouvoir central rendait toute surveillance bien difficile. La compagnie semblait n'avoir qu'un seul but : vendre très cher, acheter très bon marché, exploiter le colon, retirer de lui les plus grands bénéfices afin de pouvoir payer les dépenses premières et distribuer des dividendes aux actionnaires.

La situation devenait intolérable et elle ne pouvait durer plus longtemps. La première idée des colons fut d'avoir recours à la contrebande. Nos voisins les Anglais et les Hollandais étaient tout désignés pour nous rendre ce service (1). Puis des révoltes se produisirent, les commis de la compagnie furent maltraités, des plaintes plus nombreuses et plus amères montèrent jusqu'à l'autorité — et,

---

(1) V. M. Clément, t. III, 2ᵉ partie, p. 398. Instructions du 1ᵉʳ octobre 1667 données par Colbert au sieur de la Rabesnières de Treillebois, capitaine de vaisseau, pour la répression de la contrebande.

dès 1666, c'est-à-dire après une expérience d'un an environ, il fallut renoncer à l'application stricte des principes
de la charte de 1664.

Voici d'abord une première pièce que nous a conservée
Moreau de Saint-Méry et qui porte une singulière atteinte
aux privilèges de la compagnie. C'est un règlement en
date du 18 octobre 1666, intervenu entre M. de la Barre,
lieutenant général des îles et chargé de pouvoir, M. Magon
de Clodoré, gouverneur de la Martinique et M. de Chambré, agent général, au nom de la compagnie. Ce règlement
rétablit partiellement la liberté des transactions et donne
quelques garanties aux colons.

« Sur ce qui a été représenté...... que la Compagnie des
Indes Occidentales.... avoit eu bien du déplaisir d'apprendre les plaintes continuelles des habitans de cette isle,
tant de la qualité des marchandises qu'elle leur faisoit
fournir, prix et païement d'icelles, que du frêt des marchandises, qu'ils font embarquer dans les navires et autres choses concernant son commerce, qu'elle avoit envoyé
ensuite des ordres de Sa Majesté.... décide....

« Art. 2. — Que les habitans pourront pareillement
faire venir leurs provisions et celles de leurs habitations,
de France ou d'autres lieux de son alliance en ladite isle de
la Martinique, sans qu'ils soient tenus d'aucuns droits
envers ladite Compagnie, mais seulement du frêt d'icelles,
en cas qu'ils se servent de ses vaisseaux.

« Art. 3. — Que tous les François auront le trafic libre
en ladite isle de la Martinique, où ils feront venir telles
marchandises que bon leur semblera, dont ils pourront
remporter le produit en marchandises du pays en tels
lieux qu'ils voudront de l'alliance françoise, en payant
seulement à ladite compagnie 2 1/2 0/0 de l'entrée des-

dites marchandises et 2 1/2 0/0 de la sortie du produit.

« Art. 4. — ..... permis aux étrangers..... de faire aussi le même commerce dans ladite isle et aux mêmes conditions, excepté qu'ils seront tenus de payer à ladite compagnie 5 0/0 d'entrée de leurs marchandises et 5 0/0 du produit d'icelles.

« Art. 5. — Que les habitans traiteront de gré à gré pour le frêt de leurs marchandises avec ceux qui leur en feront le transport ; mais n'en pourront embarquer aucune, qu'au préalable ils n'aient fait apparoir qu'ils ne doivent rien à la compagnie.

« Art. 6. — ..... Qu'il sera élu des officiers et marchans qui visiteront les marchandises, lesquels en feront le prix et taxe de gré à gré avec les marchans.....

« Art. 7. — Que les taxes qui seront ainsi faites.... seront affichées au greffe, lieux principaux et magasins de l'isle (1). »

Ce qu'il y a de très important à remarquer dans ce règlement, c'est qu'il établit dans nos colonies un régime de liberté presque complète. La compagnie faisait abandon de son monopole et de ses privilèges et permettait à tout Français de faire, parallèlement à ses agents et commis, le commerce des îles, à condition d'acquitter une certaine redevance. Voilà une innovation, la compagnie ne conserve plus ses privilèges dans leur intégralité, car les Français n'ont pas besoin d'une permission expresse pour se livrer au trafic, le règlement les y autorise sous la seule condition de payer un droit de 2 1/2 0/0. Il va même beaucoup plus loin : les Français pourront faire transporter leurs marchandises par des vaisseaux n'appartenant pas à la

____

(1) Moreau de Saint-Méry, *op. cit.*, t. I, p. 157.

compagnie. Le règlement ne dit même pas par des vaisseaux français. Il faut néanmoins l'entendre ainsi, car si la compagnie pouvait, en faveur des colons, renoncer à ses privilèges, elle ne pouvait modifier un principe établi par la métropole et admis depuis longtemps déjà. Quant aux étrangers, ils pourront être autorisés « à faire aussi le même commerce et aux mêmes conditions », sauf à acquitter un droit plus fort. — Mais ici, Colbert intervint.

Car, si le pouvoir royal pouvait consentir à l'abandon par la compagnie de son monopole au profit des colons français, sans que cela portât atteinte à notre commerce national, il ne croyait pas devoir tolérer que le trafic des îles pût, à un moment donné, passer aux mains de nos ennemis les Anglais ou les Hollandais.

Et ce danger se manifesta d'une façon d'autant plus évidente que, dès la publication du règlement du 18 octobre 1666, les commerçants étrangers se présentèrent en grand nombre aux Antilles et commencèrent à faire à la compagnie une concurrence des plus sérieuses. Le manque de surveillance aidant, beaucoup d'étrangers se dispensèrent de l'autorisation préalable et du paiement des droits exigés. Un arrêt du Conseil d'Etat, en date du 10 septembre 1668, vint mettre ordre à cet état de choses en décidant que le commerce des îles ne serait plus fait que par la compagnie ou par des négociants et des bâtiments français autorisés par elle :

« Le Roy ayant été informé....... que la Compagnie auroit....... accordé diverses permissions auxdits étrangers d'y aller négocier moyennant un certain droit qu'elle auroit pris pour cesdites permissions, ce que ladite compagnie auroit depuis continué à faire ; mais lesdits étrangers, poussés du désir de reprendre ledit commerce, ne se seroient pas contentés d'y envoyer les vaisseaux pour lesquels ils ont obtenu les permissions de ladite compagnie, ils y sont allés de leur propre mouvement, et les gouverneurs desdites isles, méprisant les ordres qui leur ont été donnés de n'en souffrir aucun sans permission de ladite compagnie, ont reçu indifféremment tous ceux qui y ont été et laissé traiter librement leur marchandise. ...... Sa Majesté, considérant combien il est important pour le bien de l'Estat et l'establissement du commerce dans le Royaume, que celuy desdites isles de l'Amérique .... demeure aux François seuls et que les étrangers soient exclus ainsi qu'ils le pratiquent à l'égard de leurs colonies... ... Sa Majesté....... veut et entend que ledit commerce des isles d'Amérique, et des autres pays concédés à ladite compagnie soit fait par elle seule et par les particuliers françois sous ses permissions ; pour lesquelles elle pourra tirer le droit qui a été ou sera ci-après réglé ; que ladite compagnie et lesdits particuliers feront tous les équipemens et retours de leurs vaisseaux dans les ports de France où ils pourront décharger les.... marchandises venant des pays de leur concession, pour les renvoyer ensuite dans les pays étrangers, sans payer aucuns droits que ce qui sera consommé dans le Royaume...... fait Sa Majesté très expresses défenses à ladite compagnie de donner à l'avenir aucune permission aux étrangers d'envoyer aucuns vaisseaux auxdits pays sous peine d'être privée des privilèges que le Roy lui a concédés : et aux gouverneurs, commandants et officiers qui y seront establis de les y recevoir ni souffrir qu'il en soit déchargé ni rechargé aucunes marchandises à peine de désobéissance, et d'être punis comme réfractaires aux ordres de Sa Majesté (1). »

(1) Moreau de Saint-Méry, *op. cit.*, p. 174.

Ainsi se trouvait établi et réglementé pour la première fois dans nos colonies le régime des permissions. Les mesures adoptées par l'arrêt de 1668 sauvegardaient complètement le monopole et les privilèges de la compagnie et maintenaient intacts les principes du pacte colonial. La compagnie restait libre d'exiger l'application absolue des clauses de la charte de 1664 : il lui suffisait pour cela de refuser toute permission, car si elle avait le droit d'autoriser les Français à trafiquer, elle n'était nullement tenue de le faire (1). Selon l'état de ses affaires et la prospérité de son commerce, elle pouvait augmenter ou diminuer le nombre de ces permissions. Mais la situation peu brillante de la compagnie, l'hostilité qu'elle rencontra partout aux Antilles, sa mauvaise administration, les exactions et les abus d'autorité commis par ses agents, ne lui permirent jamais de faire acte d'autorité. Non seulement elle dut, pour assurer la subsistance des îles, accorder de nombreuses permissions de commerce, mais elle en accorda plus qu'il n'était nécessaire (2). L'autorité royale encore une fois dut intervenir. Un nouvel arrêt du Conseil d'Etat, du 12 juin 1669 vint lui retirer le droit d'accorder ces permissions :

« ...... Sa Majesté estant en son Conseil a ordonné et ordonne que tous les passeports portant permission de faire

____

(1) La compagnie essaya à plusieurs reprises de ne pas tenir ses engagements avec les armateurs qui avaient obtenu des permissions. Voir *Lettre de Colbert*, août 1669, aux maires des villes maritimes. Clément, *Lettres..... etc. de Colbert*, t. II, 2ᵉ partie, p. 487.

(2) Colbert écrit le 24 juin 1669 à Colbert de Terron : « Je suis résolu de donner à l'avenir moy-mesme les passeports, pour empescher que la compagnie ne diminue ce commerce par les préférences qu'elle s'est données jusqu'à présent. » Clément, *Lettres..... etc. de Colbert*, t. II, 2ᵉ partie, p. 473.

le commerce dans lesdites isles, seront donnés par Sa
Majesté, sur les certificats des directeurs de la Compagnie
des Indes occidentales, aux François seuls, à l'exclusion
de tous les étrangers, avec clause expresse qu'ils ne seront
valables que pour huit ans seulement, que ceux qui les
obtiendront donneront caution....... de charger en France
dans le port qu'ils indiqueront ou dans l'un des autres du
Royaume.......... veut et ordonne que dans tous les gref-
fes des amirautés du Royaume il soit tenu un registre du
départ des vaisseaux qui auront lesdites permissions et
dès leur retour, ensemble de la charge et décharge des
marchandises qu'ils ont portées ou qu'ils auront apportées (1). »

Telle était la situation des Antilles en 1669. La compagnie avait abusé de ses droits. Après quatre années d'existence, elle avait vu le pouvoir royal lui retirer son monopole. Ses débuts avaient d'ailleurs été singulièrement
difficiles : d'abord la lutte contre les contrebandiers hollandais, puis contre les flibustiers anglais établis à Saint-Christophe. Ce fut ensuite la guerre portée par nos armes au
sein même des possessions anglaises, l'occupation de
Saint-Eustache, de Tabago, d'Antigoa que nous devions
garder jusqu'au traité de Bréda. De telles circonstances
n'étaient pas faites pour favoriser le commerce des îles.

Ce qu'il faut retenir, c'est que le monopole créé par la
charte n'avait été mis en vigueur que pendant une année,
au bout de laquelle la compagnie elle-même y avait re-
noncé. A ce monopole, l'Etat substituait le système des
permissions, système meilleur, mais encore insuffisant. Il
devenait évident qu'un régime de liberté plus grande s'im-

____

(1) Moreau de Saint-Méry, *op. cit.*, t. I, p. 178.

posait, et pouvait seul permettre aux Antilles d'atteindre une réelle prospérité.

La Charte de 1664 avait également confié aux soins de la compagnie, nos établissements de la côte occidentale d'Afrique, depuis le Cap Vert jusqu'au Cap de Bonne-Espérance.

La compagnie pouvait — et Colbert le désirait vivement — tirer d'importants revenus du commerce des nègres destinés aux travaux agricoles des colonies françaises d'Amérique et même des colonies espagnoles. Un tel trafic avait déjà enrichi des compagnies hollandaises et anglaises, il ne tenait qu'à nous d'en faire autant.

Mais absorbée par l'exploitation des Antilles, la compagnie délaissa presque complètement ce négoce et ne s'occupa pas de nos comptoirs d'Afrique.

Colbert envoya cependant deux expéditions dans ces contrées. La première, commandée par Villaret de Bellefond, visita en 1667 la côte de Guinée, la seconde, sous les ordres de Lemaire, remonta le Sénégal ; tous deux rapportèrent d'utiles renseignements.

Vers la même époque, les quelques Français installés sur la côte d'Afrique enlevèrent aux Hollandais, l'île de Gorée, Rufisque, Portudal, Joal et Arguin (1). La possession de ces comptoirs nous fut confirmée plus tard par le traité de Nimègue.

Quant au commerce des esclaves, la compagnie n'usa guère de son monopole et laissa les marchands de Saint-Malo recruter sur les côtes de Guinée quelques noirs qui furent conduits en Amérique (2)

(1) Tardieu, *Sénégambie et Guinée*, p. 77 en note.
(2) *Lettres de Colbert à d'Argouges*, 6 novembre 1670 et 13 novembre 1670 ; Depping, t. III, p. 532.

CHAPITRE III

L'intendant Talon. — Campagne contre les Iroquois et pacification de
la colonie. — La Compagnie et les Canadiens. — Arrêt du 8 avril
1668. — Progrès économiques du Canada. — Commerce du Canada
avec les Antilles. — Colonisation pénale et colonisation militaire : le
régiment de Carignan-Salières. — Les concessions de terrain et les
arrêts de retranchement. — Rôle effacé de la Compagnie des Indes
occidentales.

L'histoire du Canada présente un aspect quelque peu
différent de celle des Antilles. Beaucoup moins riche que
celles-ci, proportionnellement moins peuplé qu'elles (1),
habité par une population très clairsemée et s'occupant
uniquement d'agriculture, le Canada était pour la compagnie une proie moins facile que les riches plantations
des Antilles.

L'Etat, au contraire, devait accorder à cette colonie une
attention particulière et pouvait fonder sur elle de vastes
espérances. La superficie du Canada était, en effet, immense, nous pouvions nous étendre indéfiniment vers
l'Est ; malgré le rude climat, les cultures vivrières de
France y réussissaient, nous n'y étions pas entourés de
tous les côtés par des voisins remuants et agités comme
les aventuriers des Antilles ; en un mot, le Canada était

(1) Il n'y avait encore en 1663 que 2.300 Français au Canada (Lavisse et Rambaud, *Histoire générale*, t. VI, p. 945, en note).

dans les meilleures conditions pour devenir une grande colonie agricole, laborieuse, sérieuse, faisant revivre de l'autre côté de l'Océan, les solides qualités du paysan français. Le but que l'Etat devait se proposer était donc de diriger vers le Canada un fort courant d'émigration, qui permit la mise en exploitation de toutes ces terres sans maître.

Lors de la dissolution de la Compagnie des Cent-Associés, Colbert avait envoyé dans la colonie un commissaire royal, le sieur Gaudais, chargé de le renseigner sur la situation du Canada et sur les ressources qu'il présentait ; en même temps arrivaient à Québec le nouveau gouverneur, M. de Mézy et François de Laval-Montmorency, évêque de Pétrée. Ce prélat se querella bientôt avec le gouverneur et, lorsqu'au début de 1665 mourut M. de Mézy, son rappel était décidé à Versailles. Quand fut créée la Compagnie des Indes occidentales, le Roi envoya au Canada M. de Tracy, vice-roi d'Amérique, M. de Courcelles, gouverneur de la colonie, et l'intendant Jean Talon (1). Tous ces agents avaient été mis au courant de la situation par Colbert, et avaient reçu de lui des instructions détaillées sur la conduite qu'ils avaient à tenir, sur le but qu'ils devaient poursuivre.

Un de ces fonctionnaires, l'intendant Talon, est peut-être l'homme de tous les temps qui a le mieux compris le Canada et le mieux connu les besoins des Canadiens et leur caractère. Colbert avait en lui la confiance la plus absolue ; il soutint toujours Talon dans ses entreprises, l'appuya de son autorité, l'encouragea de ses conseils. Colbert et Talon étaient de ceux que Louis XIV écoutait vo-

____

(1) Il était alors intendant de la province de Hainault.

lontiers et dont il suivait les avis. Cette confiance décida
le Roi à faire étudier la situation du Canada par cet homme
expert en la matière, au lieu de s'en tenir aux lettres ano-
nymes, aux plaintes, aux réclamations et aux cabales des
partis qui se disputaient la colonie. « Talon, dit Sulte, fit
en quelque sorte table rase du vieux système ; il balaya
tous ceux qui gouvernaient par la ruse et sous de faux pré-
textes, il prêta l'oreille aux plaintes des habitants, ce qui
n'est pas peu dire à sa louange. L'intendant envisageait
les choses au point de vue canadien d'abord, français ensuite...... il n'hésita pas à recommander l'établissement
de manufactures, afin, disait-il avec courage, que les habitants cessent un jour d'acheter dans la mère-patrie des
articles qu'ils pourraient se procurer chez eux (1). »

C'était de la politique sage et désintéressée, servant à
souhait les intérêts de la colonie, comme ceux de la métropole. En agissant de la sorte, l'intendant Talon ne faisait d'ailleurs que se conformer strictement aux ordres du
pouvoir royal. Voici, en effet, ce que nous pouvons lire
dans les instructions que lui adresse Colbert le 27 mars
1665, avant son départ de France : « Le sieur Talon s'é-
tudiera uniquement à soulager les habitans en toutes
choses, et à les exciter au travail et au commerce qui seuls
peuvent attirer l'abondance dans le pays et rendre les familles accomodées. Il observera que l'un des plus grands
besoins du Canada est d'y establir des manufactures et d'y
attirer des artisans pour les choses qui sont nécessaires à
l'usage de la vie ; car jusqu'icy, il a fallu porter dans ce
pays des draps pour habiller les habitans, et même des
souliers pour les chausser, soit qu'estant obligés de cultiver

____

(1) Sulte, *Histoire des Canadiens Français*, t. IV, p. 123.

la terre pour leur subsistance et celle de leur famille, ils en ayent fait leur seule et plus importante occupation, soit par le peu de zèle et d'industrie de ceux qui les ont gouvernés jusqu'à présent.

« ..... Par tous les rapports qui ont esté faits du Canada, il est constant qu'il s'y trouve une très grande quantité de bois propres à toutes sortes d'usages, et mesme à la construction de toutes les parties d'un vaisseau, et qu'il y a des arbres de la grosseur et de la hauteur nécessaire pour master. Comme c'est un trésor qu'il faut soigneusement conserver et qu'on pourra avec le temps dresser quelques ateliers pour y bastir des vaisseaux pour le Roy, le sieur Talon rendra au Roy un service qui lui sera agréable, s'il peut disposer les habitans les plus accomodés à entreprendre quelques bastiments pour eux » (1).

De Tracy, après avoir fait escale à Cayenne et aux Antilles, débarquait à Québec en juin 1665. Désirant commencer au plus tôt son œuvre de colonisation, de Tracy était avant tout décidé à assurer rapidement la pacification du pays, à imposer la crainte et le respect aux Iroquois, qui jusqu'alors avaient été une perpétuelle menace pour les colons.

Des milices régulières et des corps francs avaient déjà été organisés à Québec et à Montréal par d'Ailleboust et par Chomédy de la Maisoneuve (2). Quatre compagnies du régiment de Carignan-Salières avaient débarqué le 17 juin 1664 à Québec ; elles furent renforcées par quatre autres compagnies que M. de Tracy ramenait des îles. Le

(1) M. Pierre Clément, *Lettres de Colbert*, t. III, 2ᵉ partie, p. 395.
(2) Voir pour l'organisation de ces milices l'ouvrage de M. Georges Tricoche, *La vie militaire à l'étranger ; les milices françaises et anglaises du Canada,* p. 9 et suiv.

19 août 1665, M. de Salières, colonel du régiment de Carignan, débarquait avec quatre compagnies, le lendemain quatre autres compagnies arrivaient à Québec, puis, en septembre, huit autres compagnies du même régiment. Ces troupes venaient d'Europe où elles avaient fait la campagne contre les Turcs et venaient de prendre une part brillante à la bataille de St-Gothard. Par les mêmes transports arrivaient un grand nombre de familles, quantité d'artisans, des engagés, les premiers chevaux qu'on ait vus au Canada, des bœufs, des moutons, en un mot une colonie plus considérable que celle qu'on venait renforcer (1).

Une première expédition fut dirigée contre les Iroquois en juillet 1665. Commandée par le capitaine de Tilli de Répentigny, et composée des troupes ramenées des Antilles par M. de Tracy, elle dégagea les environs de Québec et permit la rentrée des moissons.

Puis, quelque temps après, lorsqu'arriva le gros des forces du régiment de Carignan-Salières, M. de Tracy partit à la tête de trois compagnies, remonta la rivière Richelieu et fit élever trois forts pour contenir les indigènes. Les deux premiers prirent les noms des capitaines commandant les compagnies qui les construisirent, ce furent les forts Sorel et de Chambly. Le troisième, le fort Sainte-Thérèse, fut construit sous la direction du colonel de Salières lui-même.

En décembre 1665, trois des cinq tribus iroquoises envoyèrent une députation à Québec pour demander la paix. Deux tribus seules restaient hostiles : c'étaient les Agniers et les Onneyouths. Pour les réduire, M. de Tracy forma

(1) Le Père de Charlevoix, *Histoire et description générale de la Nouvelle France*, t. I, p. 381.

deux colonnes dont il confia le commandement à MM. de Courcelles et Sorel. A la nouvelle de ces préparatifs, les Onneyouths se rendirent, et la première colonne se mit seule en marche en janvier 1666.

Après une marche des plus pénibles dans la neige, et pendant laquelle plusieurs hommes périrent de froid, M. de Courcelles portant lui-même ses armes et ses provisions comme un simple soldat, arriva aux villages des Agniers qu'il trouva déserts : l'ennemi avait pris la fuite sans attendre notre arrivée.

Espérant être plus heureux, M. de Tracy, bien que septuagénaire, prit lui-même le commandement d'une forte colonne comprenant 600 hommes du régiment de Carignan, 600 miliciens canadiens, 100 indigènes et 2 pièces de canon ; mais, comme M. de Courcelles, il trouva les campements abandonnés. Irrité de ce contretemps, il incendia les huttes des sauvages et ravagea leurs cultures. Peut-être eut-il le tort de ne pas s'assurer la possession du pays par la construction de nouveaux forts ; mais, redoutant l'approche de l'hiver, il battit en retraite sur Québec. Epouvantés par ces mesures énergiques et ces déploiements de force, les Iroquois n'inquiétèrent plus nos colons, bien qu'aucun traité de paix n'ait été signé avec eux (1). Cette situation tranquille devait durer jusqu'en 1684.

En 1667 M. de Tracy s'embarquait pour la France, car il n'avait reçu l'ordre de demeurer au Canada « qu'autant de temps qu'il seroit nécessaire pour régler toutes choses dans cette colonie pour l'establir solidement en dedans et

______

(1) D'après le Père de Charlevoix, *op. cit.*, t. I, p. 376. — Au contraire, d'après MM. Lavisse et Rambaud un traité de paix aurait été signé en 1666 avec les Iroquois, *Histoire générale*, t. VI, p. 946.

pour l'assurer au dehors en mettant les Iroquois à la raison » (1).

Ceux-ci ne vinrent plus d'ailleurs inquiéter les colons
dans leur travail, mais les Français durent néanmoins toujours rester sur le qui-vive. Dans une lettre que Colbert
adressait en 1669 à M. de Courcelles (2),il lui recomman-
dait au nom du Roi, d'entretenir les colons dans l'exercice
des armes,de les maintenir dans l'habitude de la discipline
militaire, pour être prêts à repousser toute incursion des
Iroquois ou des colonies voisines. M. de Courcelles pren-
drait lui-même tous les deux ans le commandement des
reconnaissances qui devaient parcourir les régions habitées par les sauvages « estant certain qu'il faut establir
dans l'esprit de ces nations une grande opinion de la nostre, pour les contenir dans leur devoir, et cette grande
opinion ne pourra jamais estre establie assez fortement
jusqu'à ce qu'ils ayent vu trois, quatre, peut-être cinq ou
six fois toutes les forces françoises dans leur pays ».

Nous avons dit que le Canada devait être, pour la compagnie, d'une exploitation beaucoup moins commode que
les Antilles ; nous avons montré les raisons de cette difficulté. Cependant, du jour de sa création, la compagnie
voulut faire usage de ses droits, mais les colons canadiens
avaient déjà connu la pleine liberté commerciale et ne paraissaient pas disposés à se soumettre aux exigences et
aux vexations des commis. En France, on fondait de belles espérances sur la compagnie des Indes occidentales,
mais, dit le Père de Charlevoix, elle ne prit guère plus à

______

(1) Père de Charlevoix, *op. cit.*, t. I, p. 380.
(2) Lettre du 15 mai 1669, Clément, *Lettres*, etc., t. III, 2ᵉ partie,
p. 449.

cœur les intérêts de la Nouvelle-France, que n'avait fait la Compagnie des Cent-Associés.

La compagnie, bien qu'elle eût, d'après sa charte, le droit de nommer les gouverneurs et les autres officiers, n'usa pas de ce privilège, durant sa courte existence, du moins quant aux charges de gouverneur et d'intendant. Les nominations de ces deux fonctionnaires continuèrent à être faites directement par le Roi, qui, par là, retint en quelque sorte la haute main sur l'administration de la colonie. « Comme cette nouvelle compagnie, dit Colbert, n'avoit pas encore assez de connoissance des sujets propres à remplir les premiers postes, elle supplya le Roy d'y pourvoir jusqu'à ce qu'elle pût être en estat d'user du privilège que Sa Majesté avoit eu la bonté de lui accorder » (1). Rappelons que la Compagnie des Indes orientales avait agi de la même façon et que le marquis de Montdevergue avait été nommé par le Roi.

Quant au nouveau système commercial, son application se trouva retardée par les habitudes des négociants et les difficultés que suscita l'attitude hostile des colons. La compagnie avait été constituée par édit du 28 mai 1664, confirmé par lettres patentes du 11 juillet. Entre temps, afin d'uniformiser, par tout le pays, le prix des denrées importées de France, le conseil souverain de Québec rendit, le 30 juin, un arrêt ordonnant qu'il serait accordé aux marchands 55 0/0 sur les marchandises sèches, 100 0/0 sur les liquides qui n'excédaient pas 100 livres le tonneau. Cette somme, ajoutée aux prix des factures de France, déterminait le prix de vente dans la colonie. A plusieurs reprises, le conseil limita ainsi le prix des denrées dont

____

(1) Lettre de Colbert, citée par le Père de Charlevoix, *op. cit.*, t. I, p. 379.

la compagnie avait le monopole ; immédiatement ces denrées disparurent du marché et il devint impossible de se
les procurer.

L'intendant Talon aurait voulu, ainsi que c'était son
devoir, concilier les intérêts de chacun, exiger l'application de la charte et en même temps empêcher la compagnie de dépasser les limites qui lui étaient assignées. Mais
avant tout, il voulait la prospérité du Canada : aussi les
protestations des habitants qui arrivèrent jusqu'à lui ne
le laissèrent-elles pas indifférent. Il vit bientôt que l'application du nouveau système conduisait la colonie à un
désastre, et il signala ce danger dans le rapport qu'il
envoya en France le 4 août 1665 : « Si Sa Majesté veut
faire quelque chose du Canada, il me paroît qu'elle ne
réussira qu'en le retirant des mains de la Compagnie des
Indes occidentales et qu'on y donne une grande liberté de
commerce aux habitans, à l'exclusion des seuls étrangers.
Si, au contraire, elle ne regarde ce pays que comme un
lieu de commerce, propre à celui des pelleteries et au débit
de quelques denrées qui sortent du Royaume, l'émolument
qui en peut revenir ne vaut pas son application et mérite très peu la vostre. Ainsi, il sembleroit plus utile d'en
laisser l'entière direction à la compagnie, en la manière
qu'elle a celle des isles. Le Roy, en prenant ce parti, pourroit compter de perdre cette colonie ; car sur la première
déclaration que la compagnie a faite, de ne souffrir aucune
liberté de commerce et de ne pas permettre aux habitans
de faire venir pour leur compte des denrées de France,
mesme pour leur subsistance, tout le monde a esté révolté.
La compagnie, par cette conduite, profitera beaucoup en
dégraissant le pays et non seulement lui ôtera le moyen
de subsister, mais sera un obstacle essentiel à son establis-

sement, et dans dix ans il sera moins peuplé qu'il ne l'est aujourd'huy » (1).

Les prétentions de la compagnie et de ses agents allèrent en s'accentuant. Mille-Claude Le Barroys, conseiller du Roi et agent général de la compagnie, demanda et obtint de siéger avec voix délibérative au conseil de la colonie, immédiatement après l'intendant. En même temps, Colbert constatait que les mêmes réclamations lui arrivaient du Canada comme des Antilles (2). Ses agents lui signalaient un arrêt du trafic et une diminution générale du commerce. Il savait que la compagnie, ne possédant qu'une flotte insuffisante, n'était pas en état de remplir ses engagements et pouvait d'un jour à l'autre, laisser la colonie sans communications.

Que fallait-il faire ? Peut-être supprimer la compagnie et rendre toute liberté commerciale au Canada ? C'est ce que conseillait Talon dans son rapport de 1665. Colbert, redoutant les plaintes des actionnaires, recula devant l'emploi d'un moyen aussi radical et adopta une mesure intermédiaire : il retira à la compagnie la plus grande partie de ses privilèges, préparant ainsi sa future dissolution. Un arrêt du Conseil d'Etat du 8 avril 1668 rendit à la colonie la traite des pelleteries et la liberté du commerce avec la France et avec les indigènes. La compagnie obtenait le privilège de prélever un droit de 25 0/0 sur le prix de vente des castors, de 10 0/0 sur celui des produits ori-

(1) Cité par Sulte, *op. cit.*, t. IV, p. 43.

(2) Les prétentions de la compagnie étaient d'autant moins excusables qu'un arrêt du Conseil du 30 mai 1664 l'avait exemptée de la moitié du droit des fermes sur les marchandises qu'elle ferait porter aux pays de sa concession et sur celles qu'elle ferait venir de ces pays ; Moreau de Saint-Méry, *op. cit.*, t. I, p. 114.

ginaires du pays traités par les habitants et conservait la
jouissance exclusive de la traite de Tadoussac « à condition que les charges du pays de Canada soient par elle
acquittées sur le même pied que l'ancienne compagnie
(des Cents-Associés) ou que la communauté (des habitants) les payoient ci-devant, qui montent à 48.450 livres (1) ».

La compagnie se rendait si bien compte de son incapacité qu'elle n'insista pas davantage pour conserver son monopole et ses privilèges. Mais son représentant à Québec,
Claude Le Barroys, soumit au conseil souverain dans sa
séance du 11 septembre 1668, des observations sur la
somme exigée de la compagnie et demanda la réduction
de cette somme à 29.200 livres. Cette réduction ne fut pas
accordée.

Ainsi donc, au Canada comme ailleurs, cette expérience
de quatre années avait été défavorable aux compagnies et
avait conduit Colbert à cette conclusion : abolition, ou au
moins réduction notable de leur monopole commercial et
de leurs privilèges.

Grâce aux rapports de Talon, le Canada échappait ainsi
à la tyrannie de la compagnie ; mais en même temps l'intendant avait dirigé son activité vers d'autres buts et, depuis son arrivée, il s'était très activement occupé de l'organisation économique du pays. Au commerce local, il
venait de rendre un service signalé en obtenant la liberté
du commerce dans l'intérieur de la colonie et avec la
France. L'agriculture, ne redoutant plus les incursions des
Iroquois, avait pris de sérieux développements ; des pêcheries prospères avaient été établies sur le Saint-Laurent,

____

(1) Sulte, *op. cit.*, t. IV, p. 42.

l'exploitation des forêts donnait de bons résultats, une tannerie avait été installée près de Québec.

Talon fit rechercher des mines dans la colonie. Lui-même, au cours d'un de ses voyages, s'était arrêté à Gaspé, où, sur le témoignage de quelques explorateurs, il croyait rencontrer des gisements d'argent. Ses recherches furent sans succès. Dès le mois d'août 1666, raconte le Père de Charlevoix (1), il avait envoyé M. de la Tesserie dans la baie de St-Paul ; cet ingénieur y découvrit une mine de fer qui lui parut très abondante. Talon étant retourné en France en 1668 (2), engagea Colbert à suivre ces découver-

(1) Le Père de Charlevoix, *op. cit.*, t. I, p. 390.

(2) Talon quitta le Canada sur sa demande en 1667, mais il devait y revenir bientôt. Il était appelé en France par des affaires de famille ; il désirait surtout s'éloigner de M. de Courcelles avec lequel il avait eu quelques difficultés. M. de Courcelles, en effet, parmi de très bonnes qualités, avait de graves défauts, dont un des plus marqués était de manquer quelquefois d'activité et de ne vouloir pas néanmoins qu'on y suppléât, lorsque les affaires le demandaient. Talon, de son côté, croyait devoir aller toujours son chemin, sans lui communiquer bien des choses, lorsqu'il croyait un retard préjudiciable au service du Roi et au bien de la colonie. Il paraît encore que M. de Courcelles n'était pas toujours d'un commerce aisé (Charlevoix, *op. cit.*, t. I, p. 405).

Talon fut remplacé au Canada par M. de Bouteroue qui continua son œuvre et suivit ses traditions. Colbert lui avait donné le 5 avril 1668 les instructions que voici : « L'augmentation de la colonie doit être la règle et la fin de toute la conduite de l'intendant, en sorte qu'il ne doit jamais être satisfait sur ce point et doit s'appliquer incessament à trouver tous les expédients imaginables pour la conservation des habitans et pour leur multiplication par les mariages et pour y en attirer de nouveaux. Exciter par tous les moyens possibles les peuples au travail, tant pour le défrichement des terres que pour la bonne culture, à l'establissement de manufactures et à faire quelque commerce par mer... Le commerce du vin et des eaux-de-vie avec les sauvages, ce qui s'appelle la traite des boissons, a esté un sujet de perpétuelles contestations entre les jésuites et l'évêque de Pétrée et les principaux habitans, et ceux qui trafiquent en ce pays-là. L'évêque et les jésuites ont prétendu

tes et le sieur de la Potardière fut envoyé au Canada à ce
dessein. A son arrivée à Québec, on lui présenta des
épreuves de deux mines situées aux environs de Champlain
et du cap de la Madeleine. « La Potardière se transporta
sur les lieux, et à son retour à Québec, il déclara qu'il
n'estoit pas possible de voir des mines qui promissent davantage, soit pour la bonté du fer, soit pour l'abondance. »

Mais où la bienfaisante initiative de Talon se fit sentir
de la façon la plus heureuse, c'est dans la direction qu'il
sut imprimer au commerce maritime. Nos établissements
des Antilles, plus rapprochés du Canada que la métropole,
uniquement occupés par la culture de la canne à sucre et
de quelques denrées tropicales, lui semblaient un excellent marché pour les produits canadiens. En 1667, il si-
gnalait à Colbert tous les avantages que lui offrait ce commerce. « La colonie du Canada, disait-il, peut aider par
ses productions à la subsistance des Antilles et leur devenir un secours asseuré si celuy de France venoit à leur
manquer ; elle pourroit leur fournir de la farine, du bois,
des huiles et d'autres choses qu'on n'a pas encore découvertes. A mesure qu'elle recevra des accroissements,
elle pourra, par ses peuples naturellement guerriers et
disposés à toutes sortes de fatigues, soutenir la partie
françoise de l'Amérique méridionale, si l'ancienne France
se trouvoit hors d'estat de le faire, et cela d'autant plus ai-

que ces boissons enivroient les sauvages, qu'ils n'y pouvoient prendre
aucune modération et que l'ivresse les rendoit paresseux à la chasse
et leur donnoit toutes sortes de mauvaises habitudes. Les principaux
habitans et trafiquans au contraire, prétendent que l'envie d'avoir des
boissons, qui sont troquées contre des pelleteries, oblige les sauvages
d'aller à la chasse avec plus d'application. Il faut bien examiner ces
deux sentiments et que l'intendant donne son avis raisonné. » M. Clément, *Lettres... etc.*, t. III, 2ᵉ partie, p. 403.

sément qu'elle aura elle-mesme ses vaisseaux. Ce n'est pas tout, si son commerce et sa population augmentent, elle tirera de la mère-patrie tout ce qui peut luy manquer, et par ses importations au Royaume elle contribuera à l'augmentation du revenu du Roy et accomodera les producteurs françois en achetant le surplus de leurs marchandises. Au contraire, si la Nouvelle-France n'est pas soutenue elle tombera entre les mains des Anglois ou des Hollandois ou des Suédois, et l'advantage que l'on perdra en perdant cette colonie n'est pas si peu considérable que la compagnie ne doive convenir que cette année il passe de la Nouvelle-France dans l'ancienne pour près de 550.000 livres de pelleteries » (1). Dans le voyage qu'il fit en France, Talon développa cette question auprès de Colbert et put sans peine le convaincre. Lorsqu'il repassa au Canada, les instructions qu'il reçut de Colbert lui prescrivaient d'établir le commerce avec les Antilles de la façon la plus suivie : « establir, disait Colbert, des relations avec les isles des Antilles, en y portant du poisson, des viandes et les bois dont elles ont besoin » (2).

A son retour, Talon se mit à l'œuvre et réussit pleinement. Par ses soins, un courant commercial relatif s'établit entre le Canada, la France et les Antilles, si bien que quelques mois plus tard, la Mère Supérieure du couvent de l'Incarnation pouvait écrire : « L'on introduit encore un triple commerce, en France, aux isles d'Amérique et à Québec. Trois vaisseaux, chargés de planches de pin, de bois et de blé d'Inde, vont partir pour aller aux isles ; là ils déchargeront leurs marchandises et se chargeront de sucre pour la France d'où ils rapporteront icy les choses

---

(1) Sulte, *op. cit.*, t. V, p. 27.
(2) P. Clément, *Lettres... etc.*, t. III, 2ᵉ partie, p. 403.

nécessaires pour fournir le pays et ce triple commerce se
fera en un an » (1).

L'attention de Colbert et de ses agents fut, dès le début,
sollicitée par une question de la plus haute importance
et à laquelle nous aimerions à donner un développement
plus considérable si nous ne devions nous restreindre au
cadre étroit de cette étude : c'est celle du peuplement. On
fit, en effet, deux essais au Canada : un essai de colonisation militaire et un essai de colonisation pénale. Ces méthodes qui, depuis, ont été employées à plusieurs reprises,
et qui n'ont pas toujours donné des résultats très satisfaisants, semblent, au contraire, avoir parfaitement réussi
au Canada.

Vers 1664, le fond de la population du Canada se com-
posait de familles d'agriculteurs français, originaires de
nos provinces occidentales : Normandie, Bretagne, Maine,
Poitou, Vendée et Saintonge. En plus de ces familles,
quelques isolés étaient venus au Canada après avoir con-
tracté un engagement de trois ans, puis s'étaient définitivement fixés dans la colonie.

Puisque le Canada nous offrait autant de terres culti-
vables que nous en pouvions désirer, il était de toute
nécessité de créer rapidement un noyau de population
assez fort pour résister aux attaques des indigènes, et pour
empêcher les Anglais et les Hollandais de constituer des
groupements sur les terrains voisins de ceux que nous
occupions déjà ; il fallait installer à la Nouvelle-France
un nombre de familles suffisant pour donner naissance à
une société complète, capable de vivre et de satisfaire par

(1) Sulte, *op. cit.*, t. V, p. 27.

elle-même à ses premiers besoins. En un mot, il fallait amener des colons — des deux sexes — et en grand nombre.

La question fut résolue par le licenciement de plusieurs compagnies du régiment de Carignan-Salières et par l'envoi de femmes provenant des hôpitaux et des maisons de repentir.

Le licenciement du régiment de Carignan n'a pas été amené par les circonstances, il fut l'exécution d'un projet arrêté d'avance et mûri depuis longtemps. Le gros du régiment arriva en effet au Canada par deux transports : soit, huit compagnies en août 1665, et huit compagnies en septembre. Or, dans le mémoire qu'il adressait à l'intendant Talon au mois de mars 1665, Colbert s'exprimait ainsi : « L'expédition contre les Iroquois estant achevée, le Roy désire que le sieur Talon, invite les soldats, tant du régiment de Carignan que des quatre compagnies d'infanterie qui ont d'abord passé en Amérique sous le commandement du sieur de Tracy, à demeurer dans le pays en faisant à chacun d'eux une légère gratification au nom de Sa Majesté pour leur donner plus de moyens de s'y establir, et qu'il leur procure mesme des anciens habitans quelques terres défrichées, outre celles qu'il pourra leur accorder pour les mettre en culture » (1). Le licenciement du régiment était donc décidé avant son départ.

Or, qu'était ce régiment de Carignan ; quelle était sa composition ? Questions fort malaisées à résoudre (2).

---

(1) M. Clément, *Lettres, instructions, mémoires*, III, 2° partie, p. 395.

(2) Sur Carignan-Salières consulter : commandant Susane, *Histoire de l'ancienne infanterie française*, t. V, p. 239 ; G. Tricoche, *Les milices française et anglaise au Canada*, 1ʳᵉ partie, *passim* ; Sulte, *Histoire des Canadiens français*, t. II et IV, *passim*.

Ce corps avait été levé en Savoie, vers 1636 par le prince de Carignan ; il avait servi à cette époque au siège de Valence, en Italie. Pendant les guerres de la Fronde, il se fondit en une sorte de brigade mixte avec un régiment allemand commandé par un officier allemand, nommé M. de Balthazard ; les deux chefs conservèrent leurs drapeaux et leurs compagnies colonelles, les commissions furent expédiées au nom. des deux colonels, et le régiment s'appela Carignan-Balthazard. A sa mort, M. de Balthazard fut remplacé par un officier de son régiment, M. de Chapelas de Salières, et le régiment prit le nom de Carignan-Salières. En 1652, Carignan prit part aux affaires du pont de Gergau et d'Etampes ; puis à celle du faubourg Saint-Antoine, où, placé à la gauche de l'armée royaliste, il figurait à côté des régiments d'Uxelles, de Turenne et de Clare. En 1659, à la paix des Pyrénées, le prince de Carignan, ne pouvant faire entretenir son régiment en Savoie, le donna à Louis XIV : le corps fut dès lors admis dans l'armée française, mais sur le pied étranger et à dix compagnies seulement. En 1664, Carignan fit la campagne de Hongrie sous le comte de Coligny et prit part à la bataille de Saint-Gothard. Après cette campagne, le corps fut réorganisé et son effectif porté à 1200 hommes par la fusion des compagnies du régiment allemand de Balthazard ; on l'expédia au Canada sous le commandement du colonel de Salières.

Dès la fin de la première campagne contre les Iroquois, on commença à distribuer des terres aux soldats. Plusieurs compagnies avaient été échelonnées le long de la rivière Richelieu, dans les forts Chambly, Sorel et Sainte-Thérèse. Les terres situées dans les environs immédiats de ces forts furent données aux officiers présents. Eux-mêmes, à leur tour, les divisèrent entre leurs hommes, ne conservant pour eux que ce qu'ils voulaient faire défricher. Les soldats concessionnaires, bien que libérés du service, devaient obéir à toute réquisition militaire, et formaient sur les marches de la colonie une milice toujours prête à prendre les armes.

Le baron de la Hontan, dans ses « Mémoires », raconte comment s'opéra le partage. « Tous ces nouveaux venus ne furent point embarrassés à trouver du fond ; on les mit à même de la haute futaie et on leur en donna tant qu'ils en voudroient défricher, car tout ce vaste continent n'est qu'une forêt. Les gouverneurs généraux leur donnèrent des concessions, pour trois ou quatre lieues de front et de la profondeur à discrétion ; en même temps ces officiers accordèrent à leurs soldats autant de terrain qu'ils en souhaitèrent, moyennant un écu de fief par arpent » (1).

En somme, on établit au Canada le même régime de terres qu'en France, c'était l'organisation féodale avec les officiers de Carignan comme seigneurs. L'Etat leur imposa l'obligation de défricher, mais dut, comme première mise, ajouter une gratification pécuniaire aux concessions immobilières. Le Roi donna cent livres à chaque soldat qui voulait s'établir, ou cinquante livres et des vivres pour un an ; aux sergents, cent cinquante livres ou cent livres avec des vivres pour l'année. Aux capitaines, lieutenants et enseignes des quatre compagnies, formant en tout douze officiers il accorda six mille livres à partager entre eux (2).

Tous les soldats de Carignan ne restèrent pas au Canada comme colons. D'abord, les deux compagnies colonelles

____

(1) Un outre-mer au XVIIe siècle, *Mémoires du baron de la Hontan*, p. 13.
(2) Sulte, *op. cit.*, t. IV, p. 91.

qui appartenaient au prince de Carignan et à M. de Salières et dont on ne pouvait disposer, rentrèrent en France.
D'autres compagnies accompagnèrent M. de Tracy à son
retour, et furent licenciées à leur arrivée dans la métropole. Un certain nombre de ces libérés furent de nouveau,
sur leur demande, envoyés au Canada comme colons militaires. Quant aux officiers qui avaient eu leur congé dans
la colonie et qui avaient reçu des concessions, ils se fixè-
rent pour la plupart dans le pays et les noms de plusieurs
villages canadiens : Sorel, Chambly, Saint-Ours, Contre-
cœur, Varennes, Verchères nous rappellent les officiers
de Carignan. Cependant plusieurs d'entre eux ne purent
s'accommoder à cette vie nouvelle et rentrèrent en France.
Colbert en conçut une vive irritation et envoya à Talon
des ordres très sévères. « Il s'est présenté à Paris, lui
écrit-il, quelques officiers des troupes restées en Canada.
Comme il importe au service de Sa Majesté qu'ils s'esta-
blissent dans ce pays et qu'ils servent d'exemple à leurs
soldats, il est bien nécessaire que vous empeschiez à l'avenir ces officiers de repasser en France. Faites leur comprendre que le véritable moyen de mériter les grâces du
Roy est de s'establir au pays et d'exciter fortement tous
leurs soldats à travailler au défrichement et à la culture
des terres ». (1)

Les Canadiens, qui sont très fiers de leur origine, ont
voulu démontrer que tous les soldats de Carignan étaient
français. Du moins ceux qui se marièrent au Canada n'é-
taient-ils point étrangers, puisque, d'après Sulte (2), aucun
nom étranger ne pourrait être relevé sur les registres des
paroisses. Il est vrai qu'à cette époque, beaucoup de sol-

(1) Cité par Sulte, *op. cit.*, t. IV, p. 121.
(2) *Ibid.*, t. IV, p. 47.

dats servaient sous des noms d'emprunt ou n'étaient connus que par des surnoms. Ce qui permettrait au contraire
de supposer que beaucoup étaient étrangers, c'est que
Carignan avait été créé en Savoie et qu'il comprenait plusieurs compagnies de l'ancien régiment allemand de Balthazard. De plus, on raconte, dit M. Tricoche, que la
plupart des soldats étant hérétiques, le clergé local se
mit en devoir de les convertir. Ses efforts ne paraissent
pas avoir été couronnés de succès, car le nouvel aumônier,
le Père Le Mercier, ne réussit à grand'peine qu'à baptiser
une vingtaine de ces soldats (1).

Quoi qu'il en soit, d'après le Père Le Clercq, le régiment
de Carignan donna plus de trois cents familles nouvelles
à notre colonie, ce qui était un fort beau résultat. De son
côté, M. Rameau prétend que le licenciement dut procurer
plus d'un millier de colons au Canada. En effet, les troupes amenées par M. de Tracy devaient comprendre
1.500 hommes, sur lesquels il faut déduire 300 soldats qui
restèrent au service, et autant environ pour les hommes
morts pendant la guerre et ceux qui purent retourner en
France (2).

Le second moyen mis en pratique par Colbert pour
amener le développement de la population au Canada, fut
d'envoyer dans cette colonie des femmes et des jeunes
filles dépourvues de moyens d'existence, ou recueillies
par la police ; puis de les marier, soit avec des colons, soit
avec des soldats. Quelques jeunes filles passèrent également au Canada sur leur demande et leur nombre en est
peut-être plus considérable qu'on ne croit généralement.

(1) M. Tricoché, *op. cit.*, 1re partie, p. 19.
(2) M. Sulte, *op. cit.*, t. IV, p. 122.

Néanmoins les prisons et les hôpitaux fournirent la majeure partie des émigrantes (1).

Ces convois furent dirigés de bonne heure sur Québec ; le Père Le Mercier signale un premier envoi en 1654 : « Le Roy, dit-il, y envoya ce primtemps dernier, quelque nombre de filles fort honnestes, tirées des maisons d'honneur ; on n'en reçoit point d'autres dans cette nouvelle peuplade » (2). Louis XIV portait un intérêt tout particulier à cette œuvre et en 1668 il préleva 40.000 livres sur sa cassette personnelle pour aider à l'envoi de jeunes filles au Canada. Jusqu'à cette époque, on n'eut pas recours aux maisons de repentir ni aux prisons, mais seulement aux hôpitaux qui se chargeaient de l'éducation des enfants sans famille ou abandonnées. Talon, s'adressant en 1668 à Colbert lui écrivait : « Entre les filles qu'on fait passer icy, il y en a qui ont de légitimes et considérables prétentions aux successions de leurs parens, mesme entre celles qui sont tirées de l'hospital général de Paris » (3).

(1) A cette époque, une tentative du même genre fut faite aux Antilles pour fournir des femmes aux boucaniers et aux flibustiers. Sur la demande du gouverneur le sieur d'Ogeron, cinquante personnes furent envoyées à l'île de la Tortue : « Ce nombre, dit M. Regnault, ne suffisait pas et une distribution arbitraire était impossible parmi des hommes tous égaux. Les nouvelles épouses furent donc mises à l'enchère, et chacune d'elles fut accordée à celui qui en offrait le plus haut prix. D'autres émigrations firent bientôt baisser le prix de la denrée matrimoniale. Malheureusement les femmes envoyées de la métropole ne pouvaient être que des créatures perdues. Quelques-unes d'entre elles ne voulurent pas même s'asservir au mariage, d'autres s'engageaient pour trois ans. On peut juger des désordres que durent présenter les commencements d'une colonie formée par des bandits associés à des filles publiques. » Elias Regnault *Histoire des Antilles*, p. 26.

(2) Sulte, *op. cit.*, t. III, p. 65.

(3) *Ibid.*, t. IV, p. 114.

Ces personnes n'étaient donc pas complètement dépourvues de fortune et d'éducation. Cependant, on ne tarda pas à envoyer tout ce qu'on pût réunir ; à la fin de cette même année 1668, la Mère Supérieure de l'Incarnation de Québec, parlant d'un vaisseau qui avait amené plusieurs femmes disait : « il y avoit aussy des femmes maures, portugoises, françoises, et d'autres pays, il est venu un grand nombre de filles et l'on en attend encore ». Naturellement ces personnes élevées dans les hôpitaux, ou réunies on ne sait trop comment n'étaient point faites pour la vie de dur labeur qui les attendait ; aussi, dans la lettre que nous venons de citer, la Mère Supérieure annonçait-elle que les Canadiens ne voulaient plus demander « que des filles de village, propres au travail comme les hommes ; l'expérience fait voir que celles qui n'y ont pas esté élevées ne sont pas propres pour icy, estant dans une misère d'où elles ne peuvent se tirer (1) ».

Ces doléances bien légitimes ne furent pas encore écoutées. A la suite du licenciement du régiment de Carignan, il fallait à tout prix trouver des femmes pour les nouveaux colons, et cette fois encore on dut envoyer tous les éléments, bons et mauvais, qui se présentèrent. La même religieuse écrivait en octobre 1669 : « M⁰ Bourdon a esté chargée en France, de cent cinquantes filles que le Roy a envoyées en ce pays par le vaisseau normand. Elles ne lui ont pas peu donné d'exercice durant un si long trajet, car, comme il y en a de toutes les conditions, il s'en est trouvé de très grossières et de très difficiles à conduire. Il y en a d'autres de naissance qui sont plus honnestes et qui lui ont donné plus de satisfaction..... il est vrai qu'il

____

(1) Sulte, *op. cit.*, t. IV, p. 116.

vient icy beaucoup de monde de France, et que le pays se peuple beaucoup ; mais parmi les honnestes gens il vient beaucoup de canaille de l'un et de l'autre sexe et qui cause beaucoup de scandale » (1).

Les résultats obtenus ne pouvaient pas être satisfaisants ; il était de tout intérêt pour la colonie et pour son avenir que ces envois prissent fin, et qu'on n'encombrât pas la colonie de femmes malades ou débauchées. Les soldats de Carignan, qui avaient accepté de mener la rude vie du colon et qui s'étaient expatriés, avaient le droit de se créer une famille et de la vouloir honnête et agréable. L'intendant Talon qui surveillait de très près tout ce qui se passait dans la colonie, se rendait fort bien compte de la mauvaise tournure que prenaient les choses. « Il faudrait fortement recommander, écrivait-il à Colbert, que l'on choisit des filles, qui n'aient aucune difformité naturelle, ni un extérieur repoussant, mais qui fussent fortes afin de pouvoir travailler dans ce pays et enfin qu'elles eussent de l'aptitude à quelque ouvrage manuel » (2).

Colbert, depuis longtemps édifié sur la valeur réelle de ses premiers envois, n'avait pas attendu la lettre de l'intendant pour agir. Il avait, en février 1670, chargé Mgr du Harlay, archevêque de Rouen, de chercher dans les paroisses de son diocèse des jeunes filles robustes consentant à s'expatrier. Il lui demandait de bien vouloir user de son autorité sur les curés placés sous ses ordres « pour voir s'ils pouroient trouver en chaque paroisse une

(1) Sulte, *op. cit.,* t.IV, p. 117.
(2) *Ibid.*, t. IV, p. 121, lettre du 10 novembre 1670.

ou deux filles disposées à passer volontairement en Canada » (1).

D'après les correspondances du temps, on peut estimer à 1.500 environ le nombre des femmes qui passèrent ainsi dans la Nouvelle-France. Si l'on y réfléchit, c'est un résultat considérable pour l'époque, résultat qui correspondait presque aux besoins de la colonie. La guerre de Hollande coupa court à ces émigrations par voie administrative. Le Roi envoya encore en 1673, soixante jeunes filles, ce fut à peu près sa dernière démarche en ce sens.

Dans ses « Mémoires », le baron de la Hontan, raconte d'une façon bien piquante, mais pas très exacte peut-être, l'accueil fait par les colons à leurs nouvelles compagnes. Il ne veut voir en elles que des prostituées ou des condamnées, surtout des prostituées. Le ton par trop fantaisiste de l'auteur ne nous permet pas de citer ce passage sans y faire quelques légères coupures (2). « Au bruit de cette nouvelle marchandise, tous les bien intentionnés pour la multiplication accoururent à l'emplette..... Le débit n'en fut pas moins rapide et en quinze jours, on enleva ces trois parties..... Ceux qui voulaient se marier s'adressèrent aux directrices, auxquelles ils étaient obligés de déclarer leurs biens et leurs facultés, avant que de choisir dans une de ces classes..... Les parties étant d'accord, le notaire écrivait le marché, le Père en faisait un sacrement, et elles commençaient à se connaître par le mariage. Le lendemain, le gouverneur général leur faisait distribuer assez

----

(1) M. Clément... *Lettres*... t. III, 2e partie, p. 476, lettre du 27 février 1670.

(2) De la Hontan, *op. cit.*, p. 15 et suiv. — L'auteur n'est d'ailleurs pas un témoin oculaire. Ce fragment fut écrit en 1684, quinze ans plus tard.

de provisions pour les encourager à mettre la voile sur cet océan orageux. »

La correspondance de Colbert contient quelques détails sur ces sujets : Talon reçut l'ordre de veiller à l'établissement rapide de ces femmes, il fallait pousser au mariage les colons et les soldats, et même user de rigueurs envers ceux qui ne se conformeraient pas assez rapidement sur ce point aux désirs du Roi : « Vous avez bien fait, lui écrit-il, de faire ordonner que les volontaires seroient privés de la traite et de la chasse s'ils ne se marioient quinze jours après l'arrivée des vaisseaux qui apporteront les filles » (1).

Ces menaces purent assurément produire quelque effet. Nous leur préférons cependant certaines mesures, inspirées par le même sentiment, poursuivant le même but, mais affectant une forme bien différente. Un édit royal du mois de novembre 1666 favorisait et facilitait les mariages dans la métropole : ses effets ne furent étendus au Canada qu'en 1670, par l'édit du 12 avril, qui contenait en outre d'autres dispositions spéciales à la colonie. Les garçons qui se mariaient avant vingt ans — les jeunes filles qui se mariaient avant seize ans — recevaient vingt livres, le jour de leur mariage à titre de « présent du Roy ». Par contre, des amendes pouvaient être infligées aux parents qui n'avaient pas marié leurs fils à vingt ans, leurs filles à seize ans. Enfin, pour venir en aide aux familles nombreuses, il était accordé 300 livres par an, aux pères de dix enfants et 400 livres aux pères de douze enfants (2).

_____

(1) Lettre du 11 février 1671 ; Clément, *Lettres...*, *etc. de Colbert*, t. III, 2ᵉ partie, p. 513.

(2) Ordonnance du Roi expédiée par Colbert le 5 avril 1669. — Voir P. Clément, *Lettres... etc...*, t. III, 2ᵉ partie, *Appendice*, p. 657.

Ces quelques documents que nous venons de citer nous laissent entrevoir l'activité déployée par Louis XIV, par Colbert, par Talon, par leurs agents, pour hâter le peuplement de la Nouvelle-France : des colons des deux sexes ont été dirigés sur la colonie, on a facilité leurs unions, on leur a donné l'argent et les vivres nécessaires à leur premier établissement. Nous avons vu les officiers et les soldats de Carignan-Salières recevoir des terres, de semblables concessions furent accordées aux autres colons, les uns comme les autres étant mis dans l'obligation « d'habiter et de cultiver ». Comment cette dernière clause fut-elle exécutée et quels furent les résultats obtenus ?

Quelques jours seulement après la dissolution de la Compagnie des Cent-Associés, un arrêt de retranchement en date du 21 mars 1663 avait révoqué les concessions de terres consenties auparavant et qui n'avaient pas encore été défrichées (1). Dans les débuts, les colons avaient voulu entreprendre un travail au-dessus de leurs simples forces ; pris d'un bel enthousiasme et désirant faire fortune, ils avaient demandé et obtenu de la compagnie des concessions très étendues, mais n'avaient pu les défricher en entier et les mettre en culture. Qu'était-il advenu ? Les parties défrichées et habitées se trouvaient isolées et séparées les unes des autres par d'immenses terrains sans culture et qui, appartenant déjà à un concessionnaire, ne pouvaient être affectés comme lot aux nouveaux arrivants. Dans cette situation, les colons ne pouvaient se prêter un mutuel appui et se trouvaient en but aux incursions des tribus sauvages ; les concessions ne pouvaient plus être accordées qu'au delà des zones concédées, échappant ainsi à la surveillance de l'autorité et à la protection

____

(1) *Edits et ordonnances concernant le Canada*, p. 33.

des troupes stationnées à Québec, ou dans les autres localités possédant une garnison.

Or, ainsi que nous l'avons expliqué plus haut (1), ces concessions n'avaient été accordées aux colons qu'à la condition de les faire défricher. Les colons ayant ainsi manqué à leurs engagements, l'Etat se trouvait en droit de leur retirer les parties non mises en culture et d'en disposer. Partant de ce principe, l'arrêt du 21 mars 1663 révoquait les concessions non défrichées, et ordonnait qu'à l'avenir les terres concédées soient défrichées dans le mois de la publication de la concession, sous peine de nullité de la dite concession et de sa distribution à d'autres postulants.

Cet arrêt ne fut pas mis à exécution. En 1664, la Compagnie des Indes occidentales étant devenue propriétaire du Canada, c'est en son nom que devaient désormais être faites les concessions de terres. Cependant il ne paraît pas qu'aucune concession ait été consentie , au nom de la compagnie avant l'arrivée, en 1665, de M. de Courcelles et de l'intendant Talon.

A ce moment, Colbert fait connaître à Talon d'une façon bien ferme les intentions du Roi à cet égard ; les défrichements devront être faits de proche en proche, comme il se pratique en France, les habitations seront groupées comme le sont nos villages. « L'une des choses, écrit Colbert, qui a apporté le plus d'obstacles à la peuplade du Canada, a été que les habitans ont fondé leurs habitations où il leur a plu et sans se précautionner de les joindre les unes aux autres et faire leurs défrichements de proche en proche pour s'entre-secourir. Ainsy, ces habitations estant

(1) Voir p. 124.

séparées de côté et d'autre, se sont trouvées exposées aux embûches des Iroquois. Pour cette raison, le Roy fit rendre il y a deux ans, un arrêt du Conseil par lequel il fut ordonné que, dorénavant, il ne seroit plus fait de défrichements que de proche en proche, et que l'on réduiroit nos habitations en la forme de nos paroisses et de nos bourgs, autant qu'il sera dans la possibilité, lequel, néanmoins est demeuré sans effets sur ce que, pour réduire les habitans dans ce corps de villages, il faudroit les assujettir à faire de nouveaux défrichements en abandonnant les leurs. Toutefois, comme c'est un mal auquel il faut trouver quelque remède pour garantir les sujets du Roy des incursions des sauvages, qui ne sont pas dans leur alliance, Sa Majesté laisse à la prudence du sieur Talon d'aviser avec le sieur de Courcelles et les officiers du Conseil souverain de Québec, à tout ce qui sera praticable pour parvenir à un bien si nécessaire » (1).

Ces principes étant posés, Colbert et Talon employèrent une méthode des plus sages. Elle consistait à donner une concession aux premiers colons, à la leur faire cultiver et en même temps à leur faire défricher les terres adjacentes qui devaient être affectées aux prochains arrivants. Nous avons vu les soldats de Carignan recevoir ainsi, non seulement des terres non défrichées, mais encore des terres qui avaient été cultivées par les habitants. Une fois son travail achevé, le colon préparait la concession voisine afin que, du jour de son arrivée, le nouveau colon pût se livrer à un travail rémunérateur. « On devroit toujours se préparer en bonne saison pour envoyer icy des familles l'année suivante : je puis assurer que leurs establissements

(1) Instructions à Talon du 27 mars 1665. M. Clément, *Lettres... etc.*, t. III, 2e partie, p. 393.

seront icy tout préparés ; et si le Roy veut en envoyer un
plus grand nombre la prochaine fois que les quarante pour
lesquels vous m'avez avisé de faire des préparatifs cette
année, je me tiendrai en mesure de les recevoir » (1).

Le colon qui a trouvé sa concession ainsi préparée
d'avance, doit à son tour rendre le même service à ceux
qui arriveront après lui ; comme les ressources de tous
ces nouveaux venus sont fort restreintes, l'intendant
donne une indemnité pécuniaire pour l'exécution de ces
premiers travaux, et pour ce faire, il a recours aux fonds
que le Roi lui a confiés pour la colonie et auxquels un
emploi spécial n'a pas été affecté par le pouvoir central.
Talon arrive ainsi à grouper autour des villes, des bour-
gades peuplées et nombreuses. Le terrain acquis de la
sorte nous était assuré et nous pouvions alors songer à
nous agrandir, car on peut se porter en avant et se permettre des conquêtes nouvelles lorsque tout le terrain qui
est en arrière est définitivement organisé. Ces villages,
grâce aux éléments militaires de leur population, pouvaient
offrir une résistance sérieuse aux attaques des Iroquois.
La lettre suivante, dont nous ne citons qu'un passage,
nous laisse voir comment Talon entendait le partage et la
préparation des concessions et quel usage il comptait faire
des colons semi-soldats, semi-agriculteurs, établis à la
Nouvelle-France : «Conformément à vostre idée, j'atta-
cherai au château Saint-Louis la mouvance des trois villages que je veux establir dans ce voisinage pourren forcer
le poste central par un grand nombre de colons : le Roy
ou la Compagnie, comme il plaira à Sa Majesté, restera le
seigneur propriétaire, concédant seulement le domaine

____

(1) Lettres de Talon à Colbert, 4 octobre 1665, citée par Sulte, *op.
cit.*, t. IV, p. 89.

utile et les droits qui auront esté stipulés dans les contra
aux soldats, aux familles récemment arrivées, et au
colons du pays qui auront épousé quelqu'une des jeune
filles que vous m'envoyez. J'ai fait préparer ces terrain
aux frais du Roy et les concéderai, à charge pour les oc
cupans d'en préparer autant d'icy trois ans pour les nou
velles familles qu'on enverra de France, supposant qu
d'icy-là, ce pays sera en estat de subvenir aux besoins d
la plupart des familles qui y seront establies. Mon but prin
cipal est de peupler ainsy les environs de Québec d'un bo
nombre d'habitans capables de contribuer à sa défens
sans que le Roy ait besoin de les payer. Je tâcherai d
pratiquer le même système dans tous les lieux où on fo
mera des villes ou des villages, mêlant ainsi les cultiva
teurs et les soldats, de façon qu'ils puissent s'instruire le
uns les autres dans la culture du sol et s'aider dans tou
les autres besoins de la vie » (1).

Enfin, comme l'avait déjà fait la Compagnie des Inde
orientales, Talon, pour compléter ces mesures, chercha
à stimuler le zèle des colons et des capitalistes de la mé
tropole par l'espoir d'une récompense royale. Si le simpl
ouvrier des campagnes pouvait, au Canada, s'établir e
devenir patron, il fallait également que les colons plu
fortunés puissent, à leur tour, s'élever d'un rang dans l
hiérarchie sociale. Dans une de ses lettres, Talon propo
sait donc à Colbert, d'attacher à certains établissement
des titres nobiliaires, de les accorder aux concessionnaire
qui se seraient distingués par leur zèle et leur intelligence
il demandait l'octroi de ces mêmes titres aux Françai
qui, continuant à résider dans la métropole, achetaier

(1) Lettre de Talon à Colbert, 27 octobre 1667, citée par Sulte, *o*
cit., t. IV, p. 90.

des terrains au Canada et les faisaient mettre en culture,
fournissant ainsi à la colonie l'appui de leurs capitaux.
« Afin de concourir par les faits, aussy bien que par les
conseils, à la colonisation du Canada, j'ai donné moi-mes-
me l'exemple en achetant une certaine étendue de terrain
couverte de bois, sauf deux arpents que j'ai trouvé défri-
chés. Je me propose de l'étendre encore de manière à
pouvoir y establir plusieurs hameaux ; il est situé dans le
voisinage de Québec et pourra être utile à cette ville. On
pourroit doter cet establissement d'un titre nobiliaire, si
Sa Majesté y consentoit et on pourroit même annexer à
ce fief, avec les noms qui pourront y convenir, les trois
villages que je désirerois y créer. On arriveroit ainsi, en
commençant par mon exemple, à faire surgir une certaine
émulation parmi les officiers et les plus riches colons, à
s'employer avec zèle à la colonisation de leurs terres, dans
l'espoir d'en estre récompensé par un titre. Vous savez que
M. Berthelot m'a autorisé, jusqu'à concurrence de 10.000
livres, à faire establir icy une ferme pour son compte ;
d'autres personnes de France m'ont adressé de pareilles
demandes, et la création de titres que je propose seroit un
moyen facile de faire progresser la colonie » (1).

Telle est l'histoire de notre colonisation au Canada jusqu'en 1669. On peut affirmer que grâce au zèle éclairé de
certains, que grâce à leur activité, notre colonie se trouvait dans d'assez bonnes conditions.

Mais, remarquons-le bien, ce zèle est déployé par Colbert et par Talon, et non pas par la compagnie et ses
agents. Aux premiers jours, cette fameuse compagnie a
fait beaucoup parler d'elle par ses exigences, mais depuis

(1) Lettre du 10 novembre 1667, citée par Sulte, *op. cit.*, t. IV,
p. 90.

deux années déjà il n'en est plus guère question. Menacé un instant dans sa prospérité matérielle, le Canada a recouvré une partie de ses libertés commerciales ; la compagnie n'a plus conservé que quelques privilèges dont elle tire toujours bénéfice, mais elle semble se désintéresser complètement de l'avenir de la Nouvelle-France. C'est Colbert qui a fait envoyer le régiment de Carignan-Salières, c'est lui qui tous les jours expédie les vaisseaux chargés de colons et de femmes ; c'est Talon, représentant officiel de l'autorité métropolitaine, qui dirige tous les services de la colonie, qui protège les industries naissantes, qui fait rechercher les mines, qui reçoit les émigrants, qui les conduit aux concessions préparées d'avance par ses soins ; c'est Talon qui, au nom du Roi, distribue les récompenses, promet les titres, remet les provisions et les gratifications pécuniaires.

Dès lors, puisque le rôle de la compagnie est si effacé, si précaire, si inutile, il n'y a plus lieu de lui conserver son monopole. Colbert est donc amené à réduire encore les privilèges déjà réduits de la compagnie. C'est ainsi que se préparera la dissolution de la Compagnie des Indes occidentales.

QUATRIÈME PARTIE

LA POLITIQUE COLONIALE FRANÇAISE DE 1669 A LA MORT DE COLBERT

CHAPITRE PREMIER

INDES ORIENTALES.

Nouvelles négociations avec le Sultan pour l'ouverture de la mer Rouge aux navires de la compagnie. — La Compagnie du Levant.— Négociation avec la cour de Lisbonne pour la cession des anciennes colonies portugaises. — Le mémoire du 8 mars 1669. — Le grand armement de l'amiral de la Haye. — Abandon et perte de Madagascar. — L'île Bourbon. — Relations de Caron avec le Grand-Mogol et le roi de Perse. — Les expéditions de Ceylan et de San-Thomé. — Baron et Martin. — L'Extrême-Orient. — Décadence de la Compagnie des Indes orientales. — Ses causes. — Suppression d'une partie de ses privilèges et monopoles.

Le grand essai fait en 1664 par la monarchie n'avait pas donné les heureux résultats attendus : d'un côté, la Compagnie des Indes orientales conservait son monopole, mais obligeait le Roi à la décharger de la colonisation de Madagascar ; d'autre part, l'incapacité dont avait fait preuve la Compagnie des Indes occidentales avait obligé la royauté à restreindre sensiblement ses privilèges.

Or, ce qui est particulièrement intéressant à étudier, c'est l'évolution accomplie dans l'esprit du Roi et de Colbert, c'est de voir pourquoi et comment, au régime des monopoles, dut être substitué un régime de liberté relative.

On pourrait croire que ces premiers échecs devaient décourager et abattre Louis XIV et son Ministre. Point du tout. Ils surent tirer des faits l'enseignement qu'ils comportaient et, sans plus attendre, se remirent à l'œuvre. Modifiant le plan primitif, ils décidèrent l'application à chaque colonie d'un régime spécial : les Indes, simples comptoirs de commerce, continueront à être exploitées par une compagnie privilégiée, avec monopole complet ; quant aux colonies de peuplement, on réduira le plus possible en leur faveur les avantages précédemment consentis à la compagnie, et, si ce procédé ne suffit pas, on aura recours à un moyen plus énergique encore, on supprimera la compagnie, on rendra au Canada et aux Antilles la plénitude de leurs libertés.

Débarrassée du souci de Madagascar, la Compagnie des Indes orientales pouvait donner tous ses soins au commerce de l'Inde ; nous avons déjà vu Caron débarquer à Surate et expédier en France un premier navire emportant une riche cargaison. Songeant à faciliter son œuvre, Colbert continua les pénibles négociations entamées à Constantinople pour ouvrir la mer Rouge à notre commerce, entra en pourparlers avec la cour de Lisbonne en vue d'en obtenir la cession des anciens comptoirs portugais en même temps que Louis XIV réunissait une escadre imposante, destinée à se rendre aux Indes et à frapper l'imagination des indigènes.

L'ambassade de la Haye-Vantelet à Constantinople, et celle de Suleïman-Aga à Paris n'avaient eu aucune suite heureuse, ni pour notre politique, ni pour notre commerce (1). Colbert revint à la charge. Les fonctions d'ambassadeur furent confiées au marquis de Nointel, gentilhomme intelligent, original et des plus brillants, ayant déjà voyagé en Orient, mais qui, faute de ressources pécuniaires, avait dû accepter un emploi dans la magistrature.

Colbert comprenait les difficultés que présentait un voyage aux Indes par le cap de Bonne-Espérance ; la route de la mer Rouge était plus courte et plus sûre. Dans ses instructions à Nointel, il répète ce qu'il a déjà dit à la Haye-Vantelet, mais en termes plus précis et plus pressants. L'accessibilité de l'Egypte à notre commerce ne sera donc pas simplement recommandée à la Sublime Porte comme un moyen avantageux, mais elle lui sera présentée comme la condition indispensable de notre amitié. « L'ouverture de la mer Rouge, dit M. Vandal (2), la faculté de transit entre Suez et Alexandrie, la réduction des droits de douane en Egypte au taux fixé pour les autres parties de l'Empire, durent figurer sous forme d'articles précis dans le projet de Capitulation à soumettre au vizir. La négociation relative à l'Egypte, au lieu de se poursuivre séparément, allait désormais se confondre avec celle qui s'engagerait pour le renouvellement des Capitulations ».

Après avoir rappelé à Nointel que le commerce des Indes se faisait autrefois par la mer Rouge et par la Perse, les instructions données par Louis XIV exposaient que

(1) V. *suprà*, p 136 et suiv.
(2) M. Vandal, *L'odyssée d'un ambassadeur*, p. 46.

tout commerce avait cessé dans ces régions, par la mauvaise volonté des Portugais, qui, maîtres du détroit de Bab-el-Mandeb, avaient interdit aux étrangers l'accès de la mer Rouge. Sa Majeté, disaient-elles, veut que l'ambasseur fasse connaître au grand vizir « l'advantage qui reviendroit au Grand Seigneur de rappeler ce commerce par la mer Rouge et la facilité que Sa Majesté auroit de le faire si le Grand Seigneur vouloit donner quelques préférences dans le commerce aux François, et les décharger de tous droits pour toutes les marchandises qu'ils transporteroient par cette voie, leur donnant la facilité de faire ce commerce à l'exclusion de tous autres. Et pour luy faire connoître la facilité de cet establissement, il pourra luy donner part de la grande et puissante Compagnie que le Roy a formée pour porter le commerce de ses sujets dans les Indes, des establissements qui y sont desjà faits, des forces maritimes au nombre de quinze grands vaisseaux qui y sont à présent et que Sa Majesté y entretiendra toujours pour protéger ce commerce, et de la facilité qui se trouve par l'advantageuse situation de son royaume pour transporter toutes les marchandises qui seront transportées à Alexandrie d'Egypte dans son Royaume, et de là dans toutes les provinces et Estats de l'Europe » ; et si Nointel éprouve quelques difficultés à convaincre le grand vizir : « Sa Majesté luy permet d'accorder un pour cent de toutes les marchandises qui passeront par cette voye, à condition que le Grand Seigneur donne l'exclusion de toutes les autres nations, et qu'il pourvoye aussy à la seureté des chemins depuis Suez jusqu'à Alexandrie » (1).

(1) Instructions du Roi au sieur de Nointel, ambassadeur à Constantinople, 12 juin 1670. Clément, *Lettres... etc.*, t. II, 2e partie, Appendice, p. 840.

Nointel partit le 21 août 1670. Rien n'avait été épargné pour donner à son ambassade tout l'éclat désirable. Quatre de nos plus beaux vaisseaux de ligne, commandés par d'Applemont, transportèrent l'ambassadeur, il était entouré d'une maison fastueuse et princière, accompagné d'une suite de secrétaires et de drogmans, escorté de gardes de la marine. Vingt-sept gentilshommes avaient pris place à ses côtés et devaient résider avec lui, à Constantinople. Colbert, toujours prudent et pratique, avait adjoint à Nointel un des directeurs de la compagnie, le sieur Magy, chargé de traiter avec une compétence spéciale les questions relatives à l'Egypte et à la mer Rouge, et, au besoin, de prêter à l'ambassadeur le secours de ses lumières.

L'escadre fit à Constantinople une entrée trop brillante, indisposant dès son arrivée les autorités par son refus de se soumettre aux exigences du protocole ottoman.

Le grand-vizir Kœprilü manda Nointel à Andrinople et lui accorda une audience. Comme Nointel faisait l'éloge du Roi, Kœprilü l'interrompit : « Le padishah de France, dit-il, est un grand souverain, mais son épée est encore neuve. » Puis comme l'ambassadeur rappelait l'ancienne amitié de la France et de la Turquie : « Oui, dit Kœprilü, mais nous vous trouvons toujours avec nos ennemis. » Enfin quand on en vint à la question de l'Egypte, le grand-vizir s'écria : « Comment est-il possible qu'un si grand padishah s'intéresse à une affaire de marchands ? »

Nointel attendit longtemps une réponse à Andrinople. Au bout de deux mois, Kœprilü fit connaître que la France devait consentir à la remise en vigueur pure et simple des stipulations antérieures, ou renoncer à tout renouvellement. Il terminait en donnant au Roi six mois pour se

prononcer, et, en attendant, envoyait Nointel « se repo-
ser » à Constantinople.

Quand cette réponse parvint à Paris, des bruits de guerre
circulèrent aussitôt ; mais Colbert, dans l'important mémoire qu'il adressa à Louis XIV, prêcha la modération et
fit ressortir nos torts (1). Kœprilü fut sommé de choisir
entre la concession des privilèges réclamés et le retrait
de l'ambassade. Le chevalier d'Arvieux partit à Constantinople porteur de cette sommation (6 octobre 1671).

C'est vers cette époque, en janvier 1672, que parvint à
la cour de France, le mémoire adressé par Leibnitz et dans
lequel le jeune philosophe exposait ses idées sur la conquête possible de l'Egypte par la France. Les propositions de Leibnitz ne furent jamais prises en considération
à Versailles ; la guerre de Hollande attirait d'ailleurs l'activité du Roi d'un autre côté.

L'ultimatum adressé à la Porte fit réfléchir Kœprilü : il
manda de nouveau Nointel à Andrinople. Celui-ci, croyant
déjà la partie gagnée, exagéra les prétentions de la France,
surtout pour ce qui concernait la protection des chrétiens
en Orient. Quant à la question commerciale, Nointel demandait que les Français soient autorisés à venir des Indes
à Suez, en faisant escale à Moka et à Djiddah, qu'ils puissent établir dans ces ports des consuls et des magasins, et
y jouir, aussi bien qu'au Caire ou à Alexandrie, des mêmes
exemptions que dans les autres Echelles.

D'interminables négociations s'engagèrent, dirigées par
le drogman grec Panaïotti ; l'ouverture de la mer Rouge
nous fut tour à tour accordée, puis refusée.

Enfin, avant son départ pour la campagne de Pologne, le

______

(1) Depping, *Correspondance administrative*, t. III, p. 167.

Sultan Mohamed IV, adressait les Capitulations à Nointel,
mais perfidement atténuées. Un article du texte nouveau
réglait la question de la mer Rouge, mais sans nous donner satisfaction : le passage était accordé aux marchandises venant des Indes, mais on ne parlait pas de celles expédiées de France à destination des Indes.

Nointel renvoya les Capitulations et les choses restèrent
en suspens pendant la campagne de Pologne. A son tour,
Mohamed IV, vivement impressionné par les succès de
Louis XIV en Hollande, appela une troisième fois Nointel
à Andrinople, et, en mai 1673, les Capitulations étaient
définitivement remises à notre ambassadeur.

La Porte donnait satisfaction à plusieurs de nos prétentions, mais on avait discrètement averti Nointel de ne
plus insister sur la question de l'Egypte et de la mer
Rouge. Consulté à ce sujet, le grand mufti s'était opposé à
toute profanation possible de la Mecque : « Il voulait, écrit
Nointel, emporter dans l'autre monde, le prétendu mérite
d'avoir protégé la péninsule arabique » (1).

Ces débats avaient fini par épuiser l'énergie de notre
ambassadeur : il donna sa signature et il ne fut plus question du commerce de la mer Rouge, ni de la réduction
des taxes qui pesaient en Egypte sur nos marchandises.
Nointel se réservait peut-être de revenir plus tard sur
cette question, espérant être plus heureux. « Sur ce point
spécial, conclut M. Vandal, mettant une habileté supérieure au service d'aveugles défenses, les Turcs avaient
réussi à écarter une proposition utile aux deux Etats et
sacrifié leurs intérêts à leurs préjugés » (2).

(1) Lettre de Nointel à Pomponne, 18 avril 1673, citée par M. Vandal,
op. cit., p. 109.
(2) *Ibid.*, p. 109.

Comme corollaire des négociations engagées en Turquie, nous devons mentionner ici la création, en 1670, de la Compagnie du Levant. La charte de 1664 donnait à la Compagnie des Indes orientales le monopole du commerce de tout l'Orient, mais dès 1665 (1), Colbert projetait déjà d'isoler le commerce de la Méditerranée et des Echelles du Levant en le confiant à une compagnie particulière. Ce commerce ne pouvait en effet que distraire la Compagnie des Indes orientales de son véritable but qui était le commerce des Indes.

La Compagnie du Levant fut instituée par arrêt du 18 juillet 1670 : c'est une compagnie de commerce, étrangère à toute idée de peuplement.

Plusieurs maisons de commerce du midi de la France avaient dans les Echelles, des comptoirs analogues à certains comptoirs des Indes, c'est-à-dire des établissements, des magasins, sans concessions territoriales, sans droits de souveraineté. Ce trafic était en grande partie aux mains des Marseillais qui, depuis des siècles, fréquentaient ces parages. Mais, par leur jalousie, ils entretenaient de perpétuelles querelles dans les ports du Levant et, par leur âpreté au gain, ils avaient fini par jeter le discrédit sur le commerce français. En formant une compagnie, Colbert espérait discipliner le commerce et lui donner une vigueur nouvelle.

Pendant plusieurs années, de 1666 à 1670, la question fut à l'étude. Un premier projet plaçait le siège de cette compagnie à Lyon (2). Les Marseillais s'émurent et crai-

____

(1) Voir *suprà*, p. 137.

(2) Voir Clément, *Lettres de Colbert*, t. II, 2ᵉ partie, p. 449 : « Mémoire pour expliquer ce que le Roy peut faire au lieu de l'exclusion demandée par le projet de la Compagnie à former pour le commerce du Levant. »

gnirent de se voir enlever le commerce du Levant ; ils étaient par avance hostiles à toute idée de compagnie et de monopole. La Chambre de commerce écrivait à son député à Paris : « Ce sont des monopoles que ces compagnies odieuses à Dieu et au monde, et comme il n'y a rien qui doive être plus libre que le négoce, il n'y a rien aussi de plus affligeant que de le voir retraint entre les mains de quelques particuliers » (1).

Colbert dut alors songer à constituer cette compagnie avec les commerçants de Marseille. Il chargea Arnould, intendant des galères, de leur faire des ouvertures à ce sujet. La proposition ne rencontra pas l'accueil attendu, si on en juge par le dépit qui perce dans la correspondance d'Arnould : « Vous ne ferez jamais dans Marseille par ceux de la ville, écrit-il à Colbert, ce beau et grand commerce qui se devroit et pour qui la nature semble avoir fait cette ville. Tant que l'on s'amusera aux Marseillois, jamais de compagnie ; ils sont tellement abâtardis à leurs bastides... qu'ils abandonnent la meilleure affaire du monde plutôt que de perdre un divertissement de la bastide » (2). « Comme ils sont sobres et fainéants, grands parleurs et diseurs de nouvelles, ils ne veulent plus rien faire que se promener sur le port, l'épée au côté, avec pistolets et poignards, à quoi il est bon de remédier (3) ».

Aussi la création de la compagnie fut-elle retardée jusqu'à 1670. L'arrêt du 18 juillet fixait le capital social à 3.000.000 de livres (4) ; le Roi prêtait 200.000 livres, pour six ans, sans intérêts, les pertes subies par la compagnie

(1) Cité par M. Masson, *op. cit.*, p. 181.
(2) 25 juin 1668, Depping, t. III, p. 403.
(3) 15 janvier 1667, *ibid.*, t. I, p. 772.
(4) M. Bonnassieux, *op. cit.*, p. 177.

pouvaient être prélevées sur cette somme. La compagnie était constituée pour huit années ; la direction résidait à Marseille.

Le Roi accordait certains privilèges à la compagnie, mais aucun monopole n'était créé en sa faveur : une prime de 10 livres était accordée pour chaque pièce de drap que la compagnie enverrait dans le Levant ; les munitions et les victuailles pour les vaisseaux de la compagnie étaient exemptes des droits d'entrée et de sortie : les marchandises étaient déchargées des impôts et octrois des villes ; les directeurs obtenaient le droit de bourgeoisie. La compagnie pouvait faire passer ses marchandises par transit et les faire décharger de bord à bord sans payer aucune taxe ; les effets de la compagnie ne pouvaient être saisis pour les dettes des particuliers. Le Roi promettait de protéger et de défendre la compagnie envers et contre tous, de fournir des vaisseaux de guerre pour escorter ses navires (1).

La compagnie, non contente de ces privilèges, en réclama de nouveaux. Les directeurs demandèrent à Colbert, et cela dès la formation de la compagnie, la création à Marseille d'une chambre générale d'assurances maritimes analogue à celle de Paris. Mais les Marseillais s'opposèrent vivement à l'octroi de ce nouveau privilège qui fut refusé à la compagnie (2).

Les primes promises pour l'envoi des draps dans le Levant furent régulièrement payées par le Roi : 6.560 livres en 1671, 6.150 en 1672, 9.930 en 1675, 3.620 en 1679 (3). Néanmoins, faute de fonds, la compagnie languissait ; bientôt la production des draps alla en diminuant et les

(1) Masson, *op. cit.*, p. 184.
(2) Masson, *op. cit.*, p. 185.
(3) Bonnassieux, *op. cit.*, p. 177.

affaires de la compagnie subirent une réduction analogue (1). Néanmoins elle subsista tant bien que mal jusqu'en 1690, époque à laquelle elle tomba au milieu de
l'indifférence générale. La Chambre de commerce de Mar-
selle reprit la direction du commerce dans le Levant.

Cette compagnie se différencie donc nettement des deux
compagnies précédemment étudiées. D'abord toute idée
de colonisation lui est étrangère, c'est une compagnie de
marchands, elle n'a en vue que le trafic dans les pays
d'Orient.

C'est aussi une compagnie privilégiée, mais ce n'est pas
une compagnie à monopoles. Colbert espérait que le petit
commerce indépendant ne tiendrait pas en face d'une
semblable concurrence et que tous les marchands se ver-
raient obligés d'entrer dans la compagnie. Ce fut le contraire qui eut lieu. Le petit commerce libre fut vainqueur
du grand commerce privilégié, mais réglementé.

Colbert n'eut pas plus de succès dans les négociations
engagées avec la cour de Lisbonne (2). Longtemps maîtres

(1) La compagnie n'agit pas toujours de façon fort loyale avec ses
clients. Elle expédia dans le Levant des marchandises de qualité inférieure, entre autres des brocarts d'or et d'argent faux fabriqués en
Portugal. « S'ils jouent de ces tours aux Turcs, écrit Colbert à Pénau-
tier, trésorier des Etats de Languedoc, la compagnie court risque de
souffrir les plus cruelles avanies qu'ils fassent supporter aux chrétiens »,
9 décembre 1672. Clément, *Lettres de Colbert*, t. II, 2ᵉ partie, p. 671.

(2) De semblables négociations avaient déjà été engagées dès 1655
avec le Portugal, ainsi qu'il semble résulter d'un rapport adressé à
Louis XIV en 1663 par le chevalier de Jant : « Je demanday au Roy (de
Portugal) quelle somme annuelle il pouvoit tirer des Indes orientales,
du Brézil, comme de tous les Estats qui sont sous sa domination... il
me répondit que les Indes orientales faisoient pour luy grand monstre
et peu de rapport, d'autant que tous les ans il estoit obligé d'y envoyer

incontestés dans les mers des Indes, les Portugais ne conservaient plus de leurs anciennes conquêtes que quelques comptoirs dans l'Hindoustan. Leur intolérance les avait rendus odieux aux indigènes, et les Hollandais qui les avaient déjà supplantés en maints endroits, cherchaient à leur arracher leurs derniers établissements. En Europe, la situation du Portugal n'était guère plus brillante. Un instant menacé dans son indépendance, il n'avait dû son salut qu'à l'intervention des troupes françaises. En 1665, 4.000 hommes, commandés par Schomberg, avaient sauvé la maison de Bragance, à la bataille de Villaviciosa. Colbert croyait donc avoir quelques droits à la reconnaissance des Portugais, et il leur demandait, en échange de notre protection, d'autoriser les Français à exploiter avec eux leurs établissements de l'Inde, la propriété de ces établissements restant aux Portugais, ou, s'ils le préféraient, passant à la Couronne de France.

Le mémoire que Colbert adresse le 16 mars 1669, à l'abbé de Saint-Romain, notre ambassadeur à Lisbonne, met en parallèle la déchéance du Portugal et les progrès des Hollandais et fait sentir aux Portugais la nécessité

1.000 ou 1.200 hommes... que depuis plusieurs années il ne reçoit aucune utilité des Indes... que plust à Dieu qu'il pust abandonner les pays orientaux avec honneur, mais que l'intérest de la religion le retenoit... Les Anglois et les Hollandois lui ont desjà fait des propositions... que si V. M. vouloit le recevoir dans le parti de la ligue formelle qu'il demandoit à la France, il n'auroit aucune place en Affrique, aux Indes ni au Brézil qu'il ne livrât très volontiers afin d'acquérir sa protection dans un traicté de paix, qu'il seroit plus heureux et plus puissant s'il possédoit moins de royaumes si éloignés, qu'il souhaitoit la perte de toutes les Indes orientales pourveu qu'elle n'arriva par force et l'invasion des mesmes princes indiens sur qui ses prédécesseurs les avoient conquises. » *Archives du ministère des colonies*, Registre « Madagascar, 1663 ».

d'un remède puissant et efficace pour éviter leur entière
ruine. Ce remède « consiste à appeler en société de ce
commerce et mesme en partage des pays qui leur sont
encore soumis et des places qu'ils possèdent, quelqu'une
des nations qui, ayant les mesmes intérests, joigné sa puissance à la leur, et se rendent par ce moyen, plus redoutables aux Hollandois, et se mettant mesme en estat, par
leur application, non seulement de les contenir dans les
bornes de leur puissance, mais mesme de reprendre sur
eux une partie du commerce et des places qu'ils ont usur-
pées par force. Les seuls François sont capables de procurer ce grand avantage aux Portugois, en leur donnant
part, par des traictez solides qui pourroient estre faits
entre les roys, dans les establissements et le commerce
qui leur restent, veu que la religion des Anglois ne permet
pas aux Portugois de les appeler dans cette société » (1).
Saint-Romain devra donc se bien pénétrer des raisons qui
viennent de lui être énumérées. Il les exposera au roi de
Portugal, à la reine, à leurs ministres chaque fois qu'il en
pourra trouver l'occasion, afin de les décider « à traicter
avec Sa Majesté de quelqu'une de leurs places dans les
Indes, ensemble à faire une union de commerce entre les
François et les Portugois, aux conditions dont on pourra
convenir pour l'advantage commun des deux nations » (2).

Il faut croire que les offres de Colbert ne séduisirent
pas les Portugais ; ils préférèrent garder leurs comptoirs
et les exploiter seuls (3). C'était cependant une combinaison très avantageuse qui leur était proposée, car il leur

(1) Depping, t. III, p. 322.
(2) M. Clément, *Lettres, etc.*, t. II, 2e partie, p. 456 et suiv.
(3) Il y a dans les *Mélanges Colbert* quelques lettres de l'abbé de
Saint-Romain, mais en écriture chiffrée.

était déjà bien difficile de garder une situation honorable
en Europe, sans l'appui d'une grande puissance ; leurs
possessions d'outre-mer ne pouvaient être pour eux qu'une
cause de conflits nouveaux et l'alliance de la France n'é-
tait pas à dédaigner. Sans se décourager, Colbert donna,
l'année suivante, à Saint-Romain l'ordre d'insister et de
faire comprendre au Portugal la triste situation où il se
trouvait « à l'esgard du commerce des Indes Orientales, il
faut que les Portugois soient bien aveugles de ne vouloir
pas traicter avec le Roy et lui donner quelqu'un de ces establissements, veu qu'ils y périssent tous les jours et
qu'asseurément ilz en seront chassez dans peu s'ils ne se
fortifient pas par quelque alliance et par quelque traicté
deffensif et même offensif en cas de besoin avec le Roy, qui
est asseurément le seul de tous les princes de l'Europe qui
envoye des flottes dans les Indes et qui y fasse quelque
commerce avec lequel le Portugal se puisse accomoder
avec seureté et avec bienséance..... il faut que les principaux du Conseil de Portugal voyent eux-mêmes la nécessité dans laquelle ils sont de s'allier avec quelque puissance qui les empesche de périr comme asseurément ils
feront sans cela » (1).

Le Portugal ne voulut pas céder. Malgré les services
que nous lui avions rendus, malgré nos avances, ce
Royaume, quelques années plus tard, en 1703, trahissait
notre cause pendant la guerre de succession d'Espagne, et
signait deux importants traités avec notre ennemie l'Angleterre. Depuis lors, la politique portugaise a toujours
suivi docilement les instructions envoyées par le cabinet
de Londres (2).

(1) Depping, t.III, p. 498, lettre du 2 août 1670.
(2) Des négociations furent également engagées avec l'Angleterre en

Pendant que nos diplomates dirigeaient ces négociations infructueuses à Constantinople et à Lisbonne, que
devenait la Compagnie des Indes orientales? que se pas-
sait-il à Madagascar et aux Indes?

Un plan nouveau avait été conçu. Dans un très long mémoire que Colbert adressait au Roi le 8 mars 1669, il exa-
minait en détail toutes les fautes que nous avions commises, tant à Paris, qu'à Fort-Dauphin et à Surate (1). Il est
curieux de voir Colbert faire ainsi lui-même l'aveu de ses
erreurs, puis indiquer la voie nouvelle que doit suivre la
compagnie. L'île Dauphine doit être « un entrepôt de
convenance et non de nécessité », l'entrepôt nécessaire doit
être établi au cap de Bonne-Espérance ; la compagnie enverra ses vaisseaux « en droiture » aux Indes ; aucune dépense ne sera plus faite pour Madagascar ; on retirera de
cette île toutes les marchandises en dépôt et tout l'argent
disponible ; les colons seront avertis « qu'ils n'auront plus
de ressources qu'en leurs bras » ; la compagnie abandonnant Madagascar devra diriger tous ses efforts vers les
Indes.

Une escadre importante était réunie à Rochefort par les
soins de Colbert. Elle comprenait six vaisseaux, deux flû-

---

rue d'une entente commune contre les possessions hollandaises des Indes, dans le but d'ouvrir ces possessions aux commerces anglais et
français. « Vous pourrez même vous servir (de ces renseignements)
auprès du Roy d'Angleterre lui faisant connoitre que en s'unissant avec
le Roy et prenant ensemble de bonnes mesures, il se pourra faire facilement que les Hollandois auront recours à eux ponr avoir la liberté de
leur commerce au lieu que c'est à présent le Roy d'Angleterre qui leur
demande. » Lettre de Colbert à Colbert de Croissy, ambassadeur à Londres, 20 avril 1669. M. Clément, *Lettres....etc.*, t. III, 2ᵉ partie, p. 443.

(1) « Mémoire sur l'estat présent de la Compagnie des Indes orientales
de France, dans l'isle Dauphine et aux Indes. » M. Clément, t. III, 2ᵉ partie, p. 414.

tes, un bateau-ponton, elle était armée de 238 canons e
montée par 2.100 hommes d'équipage. Le commandemen
en était confié au sieur de la Haye, colonel du régiment d
la Fère. La mission la plus apparente de ce grand arme
ment était de montrer le pavillon français dans les mer
des Indes. Dans l'esprit du Roi, cette escadre avait auss
un but politique plus important, but que les instruction
remises à de la Haye laissent entrevoir : faire échec e
Asie à la marine hollandaise pendant qu'en Europe
Louis XIV porterait la guerre au sein même des Provin
ces-Unies (1).

En quittant la France, de la Haye devait reconnaître
l'île de Sainte-Hélène et la baie de Saldaigne près du cap
de Bonne-Espérance, ces points pouvant être utilisés pa
nos vaisseaux comme ports de relâche ; il se rendrait en
suite à Fort-Dauphin où il séjournerait six semaines au
plus, y ferait une enquête sur la cause de nos échecs e
les moyens d'y porter remède. Arrivé à Surate, il mettrai
son escadre à la disposition des directeurs, pour s'emparer
des diverses positions du continent indien où nous devions
établir des comptoirs. Les instructions fixaient exactement
les rapports de de la Haye et des directeurs. « Sa Majesté
estime si nécessaire d'agir de concert avec les directeurs
et mesme d'exécuter tout ce qu'ils jugeront à propos, que
quand mesme le dit sieur de la Haye connoistroit qu'ils
feroient mal, après leur avoir représenté ses raisons, Elle
désire qu'il suive ponctuellement leurs sentiments » (2).

De la Haye recevait l'ordre d'agir par la force contre

---

(1) M. Clément, *Lettres*, etc... « Instructions pour M. de la Haye, lieutenant général dans les Indes orientales », 4 décembre 1669, t. III,
2e partie, p. 461.

(2) M. Pauliat, *op. cit.*, p. 309 et 311.

toute tentative des marines européennes, il devait exiger le salut des vaisseaux hollandais en quelque point qu'il les rencontrât et quelle que fut leur force. Cette attitude hostile à l'égard de la Hollande fut encore recommandée à de la Haye par une instruction du 20 juin 1671. On voit que nos relations avec cette puissance se tendent de plus en plus et que la guerre va bientôt éclater (1).

La compagnie abandonnait la colonisation de Madagascar, mais Louis XIV donnait des ordres à de la Haye pour qu'au contraire un nouvel effort fut tenté en vue du relèvement de cet établissement. De la Haye ne se conforma pas à cet ordre. Parti le 29 mars 1670, il débarquait à Fort-Dauphin le 23 novembre.

Revenons en arrière. Les lettres de reproches adressées par Louis XIV à Montdevergue arrivaient à Madagascar le 2 octobre 1669 ; le même courrier contenait une lettre pour de Faye, l'autorisant à déposséder Montdevergue de ses pouvoirs, et à les conférer, s'il le jugeait utile, à de Champmargou. Mais, entre temps, de Faye était mort (2), la lettre fut ouverte par l'ennemi personnel de Montdevergue, d'Epinay, procureur général du Conseil souverain. Usant des pouvoirs envoyés par Louis XIV, d'Epinay déposa immédiatement Montdevergue, mais celui-ci resta néanmoins à Fort-Dauphin comme simple particulier, attendant une occasion de rentrer en France. En janvier 1670, arrivaient deux vaisseaux qui apportaient à Montde-

______

(1) D'après M. Pauliat, la guerre de Hollande « ne serait en réalité qu'une diversion opérée en Europe, pour faire réussir une expédition entreprise aux Indes et dont l'objet, dans l'esprit de Louis XIV, était de nous rendre maîtres de ces contrées en nous permettant d'y prendre la place des Hollandais ». M. Pauliat, *op. cit.*, p 312.

(2) De Faye était parti aux Indes et était mort en y arrivant au mois d'avril 1669.

vergue des lettres bien différentes, et qui lui étaient adressées, comme si, pour le Roi et pour la compagnie, il n'avait
jamais cessé d'être gouverneur de l'île Dauphine (1) :
Montdevergue reprit donc le commandement. Il l'exerçait
toujours lorsqu'arriva l'escadre de M. de la Haye. Celui-ci
prit possession de l'île au nom du Roi le 4 décembre 1670.

De la Haye était un caractère rude, brutal et fort peu
habile. C'est à lui que nous devons la perte de Madagascar.
La compagnie abandonnait bien l'île, mais il n'entrait
nullement dans l'esprit du Roi de ne pas continuer l'œuvre
commencée. Ses instructions à de la Haye étaient, au
contraire, formelles : « Le sieur de la Haye, disaient-elles,
se fera rendre compte de toutes les causes de la misère
que les François qui ont passé dans l'isle Dauphine ont
soufferte, et donnera promptement des ordres sur tout ce
qu'il estimera debvoir estre observé pour le bien, l'advantage et la conservation de cette colonie... l'intention de
Sa Majesté est de donner un establissement solide à une
colonie, divisée en deux ou trois endroits principaux de
ladite isle, qui puisse par la culture de la terre et par les
accommodements nécessaires à la vie donner lieu à y envoyer tous les ans quelque nombre d'hommes pour la fortifier, et mesme que le bon estat ou la commodité et
l'abondance de cette colonie puisse devenir telles en peu
de temps que les sujets de Sa Majesté y passent volontairement pour s'y habituer et que par succession de temps
à proportion de la force et du nombre d'hommes qui s'y
trouvera, Sa Majesté puisse prendre des advantages pour
se rendre maistre de ladite isle » (2).

(1) Voir ces lettres *suprà*, p. 160 et suiv.
(2) Cité par M. Pauliat, *op. cit.*, p. 331.

De la Haye avait d'abord fort inquiété les colons en leur apprenant que la compagnie les abandonnait et qu'aucun des vaisseaux à destination des Indes ne s'arrêterait plus à Fort-Dauphin. Dans l'enquête qui lui était confiée, il s'attira l'antipathie de tous par son arrogance. On avait, disait-il, fait preuve de lâcheté envers les indigènes en les traitant avec trop de ménagements ; il se faisait fort de les mettre à la raison à la première occasion. Par son ordre, les chefs indigènes vinrent le 15 décembre prêter serment de fidélité. Un seul, le plus puissant, Dian Manangue, ne se présenta pas, se faisant excuser. De la Haye considéra cet acte comme un refus de soumission, et sans plus réfléchir, le 21 janvier 1671, partit en campagne contre ce chef, avec 700 Français et 600 indigènes. Surpris par les pluies, il dut se replier quelques jours après sur Fort-Dauphin, dans une débandade complète. Cette expédition jointe à sa brutalité, lui aliéna les indigènes qui passèrent au camp ennemi. Chaque jour, les dispositions des chefs qui ne s'étaient pas encore prononcés contre nous, devenaient plus mauvaises, et l'audace de nos ennemis allait en augmentant. La guerre se faisait implacable. Lacaze avait succombé dans une embuscade, alors qu'il parcourait le pays pour nous ramener nos anciens alliés (1).

La situation devenait de plus en plus difficile, de la

(1) Sur ces entrefaites, Montdevergue s'embarquait et rentrait en France. Prévenu contre lui par un rapport mensonger de d'Epinay, Louis XIV fit arrêter Montdevergue, à l'instant même où il débarquait à Port-Louis. Il fut enfermé au château-fort de Saumur, où il mourut le 23 janvier 1672, sans avoir pu présenter sa défense. — Voir Clément, *Lettres..., etc., de Colbert*, t. III, p. 523 et suivantes ; plusieurs lettres de Colbert à de la Grange, exempt des Gardes du Roi, et à Hotman, maître des requêtes.

Haye se sentait coupable ; il était depuis sept mois dans l'île, alors qu'il n'y devait séjourner que six semaines. Il rassembla les colons et leur proposa de les transporter à l'île Bourbon ; aucun n'y consentit. Irrité de ce refus, il fit partir tous les navires qui étaient dans le port afin qu'il n'en restât pas un dont les colons pussent faire usage. Puis il fit charger les munitions sur les navires de son escadre, y fit monter la garnison et, abandonnant la colonie aux soins de Champmargou, il leva l'ancre et partit pour les Indes le 28 juin 1671 (1). Il n'avait abordé à Madagascar que pour y déchaîner la guerre et pour mettre les colonie hors d'état d'échapper à la destruction.

Trois ans plus tard, le 8 décembre 1674, de la Haye, rentrant des Indes en France, voulut relâcher à Fort-Dauphin. Aucun drapeau ne flottait sur la ville, les maisons étaient inhabitées, les campagnes sans cultures. Quelques naturels apprirent aux voyageurs qu'il n'y avait plus de Français dans l'île. Absorbé par les guerres continentales, le pouvoir central n'avait plus songé à ses colons ; aucun navire ne s'arrêtant plus à Fort-Dauphin, les malheureux étaient tombés dans un dénûment complet. Les indigènes voyant leur faiblesse, avaient massacré toute la population le 27 août 1674. Quelques Français avaient pu se réfugier sur un navire, *le Blanc-Pignon* et gagner Mozambique et Bourbon.

Notre colonie de Madagascar n'existait donc plus, tel était le lamentable résultat de la conduite de de la Haye et de l'inqualifiable abandon de la métropole.

Quant à l'île de Bourbon, bien que dépendance immédiate de Madagascar, elle avait continué après 1669 à appartenir à la compagnie.

(1) M. Pauliat, *op. cit.*, p. 345.

Trente colons, conduits par Etienne Regnault, s'étaient séparés de l'expédition de de Beausse et avaient débarqué à Bourbon le 5 avril 1665 ; en 1671, quand de la Haye y aborda, l'île avait 50 habitants. Lorsqu'eut lieu le massacre de Fort-Dauphin, quelques colons purent s'échapper et se réfugièrent à Bourbon, dont la population en 1676 était de 150 habitants.

Le climat merveilleux de l'île, la sage administration de d'Orgeril, de Florimont, du Père Bernardin avaient permis à la colonie de prospérer. Les colons se gouvernaient eux-mêmes, les navires passaient sans aborder, et la compagnie, considérant Bourbon comme une quantité négligeable, n'y envoyait pas ses agents.

Aux Indes, de la Haye ne fut pas plus heureux qu'à Madagascar ; Caron y était installé depuis trois ans environ (1) avec le personnel que lui avait fourni la compagnie. Son activité et la connaissance qu'il avait du pays lui avaient permis de créer rapidement plusieurs comptoirs.

La première factorerie française fut fondée en 1668 à Surate. Caron en partait bientôt pour se rendre à Agra où il remit à Aureng-Zeb une lettre de Louis XIV ainsi conçue : « Très haut, très excellent, très puissant, très magnanime et invincible prince, le grand empereur des Indes Orientales, nostre très et bon ami, Dieu veuille vous augmenter Vostre Grandeur avec fin heureuse. La gloire de vostre empire nous estant bien connue, nous avons pris plaisir d'embrasser une occasion favorable de vous offrir notre amitié et de vous demander la vostre et même d'esta-

____

(1) Voir *supra*, p. 144.

blir des moyens asseurés pour la pouvoir cultiver réciproquement à l'avenir, tant par l'envoi de nos vaisseaux et de ceux de nos sujets dans les Estats de Vostre Grandeur.

« C'est ce qui nous a obligé d'accorder nostre royale protection à une puissante Compagnie qui s'est formée dans nostre empire, pour porter le commerce dans vos mesmes Estats, ne doutant pas que comme cette communication entre nos sujets leur apportera de très grands advantages, vous ne soyez bien aise d'accorder à la dite Compagnie les grâces et bons traitements dont elle fera les instances à Vostre Grandeur, par ses députés auxquels se sont joints quelques gentilshommes françois envieux de voir les splendeurs de vostre cour, qui vous rendront cette lettre.

« Nous attendrons avec impatience les marques de la bonne disposition de Vostre Grandeur à correspondre aux offres que nous lui faisons, priant Dieu, très haut, très excellent, très puissant, très magnanime et invincible prince, qu'il veuille augmenter Vostre Grandeur avec fin très heureuse. »

Caron qui jouissait alors de la confiance du Roi et de la compagnie, avait de grands projets. Il entrait en relations avec les princes et les fonctionnaires indigènes par l'intermédiaire du Père Ambroise de Preuilly, supérieur des Capucins de Surate, qui venait d'être admis au Conseil de Surate avec voix consultative. De Faye, qui avait enfin quitté l'île Dauphine, rejoignait Caron le 11 mars 1669 après avoir abordé à Ceylan, à Cotchin, à Calicut et y avoir fait des échanges.

Caron, dit M. Castonnet des Fosses (2), ne perdait pas de temps, il avait envoyé trois navires en Perse, en Arabie et à

(1) Cité par M. Castonnet des Fosses, *L'Inde avant Dupleix*, p. 80.
(2) M. Castonnet des Fosses, *op. cit.*, p. 85 et suiv.

Achem. Il avait chargé le sous-marchand Bounot d'aller à Ceïtapour, et le marchand Flaccourt à Balépatan, près de Cananor. Bourreau-Deslandes, était parti pour le Bengale, avec l'ordre de remonter le Gange. Marcara devait fonder un comptoir à Mazulipatam et se rendait à la cour du roi de Golconde. Le 9 décembre 1669, il obtenait de ce prince un firman autorisant la factorerie de Mazulipatam et permettant à la compagnie de faire le commerce dans tout le royaume sans payer les droits d'exportation ou d'importation.

Le navire envoyé en Perse avait abordé à Bassorah, le roi de Perse se montrait disposé à nouer des relations avec nous. La lettre que Louis XIV lui avait adressée en 1669 l'avait décidé à accorder sa protection aux marchands de la compagnie. La route de l'Inde à travers la Perse, par Alep, Mossoul et Bagdad était ainsi ouverte à notre commerce. En 1670, Louis XIV avait écrit au roi de Siam pour lui recommander nos missionnaires (1). Flatté de notre démarche, ce monarque invitait les Français à venir trafiquer dans ses Etats, et offrait de faire construire une factorerie à ses frais. Le roi de Macassar, en guerre avec la Hollande, demandait notre appui.

Tout semblait donc aller à souhait, et cependant les affaires de la compagnie n'étaient pas brillantes. L'argent manquait, des sommes énormes avaient été englouties à Madagascar, et Caron ne pouvait obtenir des fonds pour les comptoirs qu'il voulait fonder dans le Malabar, le Coromandel, à Ceylan, en Chine, au Japon.

D'un caractère très autoritaire il n'avait pas su ménager les susceptibilités des fonctionnaires qui l'entouraient ;

____

(1) *Ibid.*, p. 87, lettre du 31 janvier 1670.

plusieurs réclamations avaient été lancées contre lui. Il fut donc décidé à Paris, que, pour ramener l'accord dans la colonie, deux nouveaux directeurs partiraient pour les Indes. Sur la proposition de Colbert, Baron, notre ancien consul à Alep, fut désigné pour ce poste ; la chambre de Direction générale lui adjoignit un commerçant de Lyon, le sieur Blot (1). « Les directeurs qui partent de Paris, écrit Colbert, doivent.... se joindre entièrement audit sieur Caron, punir tous ceux qui l'auront offensé, en un mot maintenir hautement et fortement l'autorité du Directeur Général, qui est celle de toute la Compagnie, qui réside en sa personne et ne jamais souffrir que cette autorité ne puisse estre ni balancée, ni troublée par les inférieurs.... En un mot, il n'y a rien à quoy ces Directeurs Généraux doivent s'appliquer devantage qu'à demeurer dans une parfaite et inviolable union entre eux et establir l'obéissance parfaite, le respect et la subordination des inférieurs à l'égard des Directeurs et l'union entre tous » (2).

Baron, Blot et de la Haye, arrivèrent à Surate à peu près à la même époque (3). Le pouvoir se trouvait partagé entre eux et Caron ; et toutes les fautes qui furent commises dans la suite provinrent de ce manque d'unité dans la direction et du désaccord qui régna toujours entre eux.

Il eût été nécessaire pour frapper l'imagination des princes indigènes d'utiliser la flotte de l'amiral de la Haye en imposant de suite notre autorité ; on perdit au contraire un temps considérable. Bien qu'il eût lui-même proposé à Colbert l'occupation de Ceylan, Caron, et cela pour faire

______

(1) Blot ou Blauf. Pour son choix et son départ, voir lettre de Colbert à l'archevêque de Lyon, 2 octobre 1670, Depping, t. III, p. 520.

(2) *Mémoire pour la Compagnie des Indes orientales*, 30 décembre 1670, Clément, t. III, 2ᵉ partie, p. 509.

(3) Seconde moitié de 1671.

le jeu des Hollandais, ses compatriotes, parvint à maintenir notre flotte dans l'inaction pendant plusieurs mois. L'expédition partit le 6 janvier 1672. Pour vaincre l'opposition des directeurs, de la Haye dut leur montrer les instructions formelles de Colbert, instructions où nous lisons ce qui suit : « Par les lettres du sieur Caron (Sa Majesté) estime qu'il n'y a rien de plus important..... que de faire un establissement considérable dans l'isle de Ceylan, qui produit de la cannelle et qui est à présent occupée par les Hollandois, qui, à l'aide du Roy du pays en ont chassé les Portugois ; mais comme les Hollandois n'occupent que la partie de l'ouest et du sud de l'isle......... (Caron) estime que l'on peut facilement faire à l'est de l'isle un establissement qui seroit fort considérable et qui donneroit le commerce de la cannelle à la Compagnie. L'autre establissement....... est celui de l'isle de Banca, située à l'est de la grande isle de Sumatra, qui pourroit devenir plus considérable et plus commode que celuy de Batavia........,... et qui donneroit à la Compagnie la facilité du commerce de toutes les épiceries de toutes les isles et royaumes de l'Inde, mesme de la Chine et du Japon........ Caron a commencé quelques négociations avec le roy de Ceylan, lequel, estant extraordinairement maltraité par les Hollandois, sera bien ayse de recevoir dans l'estendue de son isle une autre nation qui le pourra protéger......... il est nécessaire d'avoir mille bons hommes à pouvoir mettre pied à terre en cas de nécessité ; les équipages des vaisseaux en pourront fournir jusqu'à 600 ; et Sa Majesté veut mettre 400 hommes...... sur les vaisseaux pour servir, tant au travail pour fortifier les postes qui seront occupés qu'à en former le garnison » (1).

(1) M. Clément, *Lettres*, t. III, 2e partie, p. 466. — Voir *ibid.*, p. 470, la lettre du 4 décembre 1669 de Colbert à Caron

Il fut donc décidé qu'on commencerait par créer un établissement à Trinquémalé, sur la côte orientale de Ceylan, et que Caron, qui connaissait le pays, accompagnerait l'expédition.

Près de Calicut, l'escadre rencontra la flotte hollandaise, forte de douze navires et commandée par Rickloff : de la Haye devait, d'après ses instructions, exiger le salut des vaisseaux hollandais en quelque point qu'il les rencontrât et quelle que fût leur force, car Louis XIV voulait assurer à tout prix la suprématie de notre marine dans les mers des Indes. Dans la crainte d'un refus, de la Haye se préparait déjà au combat, quand Caron, se précipitant vers lui, le supplia de ne pas donner suite à ce projet, l'assurant qu'il allait compromettre les intérêts de la compagnie et que jamais le Roi ne le lui pardonnerait. Intimidé, l'amiral contremanda ses ordres, et se détourna de sa route pour ne pas avoir à exiger le salut des Hollandais.

De la Haye devait bientôt donner une nouvelle preuve d'indécision. Le 22 mars 1672, l'escadre arriva devant Trinquémalé : la baie était déjà occupée par les Hollandais et solidement mise en état de défense ; nos ennemis avaient été prévenus de nos projets et nous avaient devancés. Les ordres donnés à l'amiral, à son départ de France, lui prescrivaient de faire immédiatement usage de la force : Caron intervint encore, demandant qu'avant d'attaquer les Hollandais on attendit le résultat des négociations qui s'engageaient avec le roi de Ceylan. De la Haye eut le tort d'accéder aux désirs de Caron et se contenta de faire occuper deux îlots situés au milieu de la baie de Trinquémalé ; puis, comme les vivres manquaient, il envoya deux vaisseaux ravitailler sur la côte du Coromandel.

Le 15 mai, apparut la flotte de Rickloff. Après s'être emparé de nos deux navires qui revenaient chargés de vivres, Rickloff vint s'adosser à la côte, sous la protection des batteries étagées construites à terre par ses compatriotes. Il était impossible d'attaquer la flotte hollandaise dans la position où elle se trouvait, sans s'exposer au tir plongeant de l'ennemi : après avoir laissé une petite garnison dans les deux îlots que nous avions occupés, de la Haye quitta Ceylan, le 2 juillet, se dirigeant sur Tranquebar. A peine étions-nous partis que Rickloff attaquait les deux îlots et forçait nos troupes à capituler après un bombardement de six jours.

Cette expédition de Ceylan aboutissait à un affront et à un échec ; conduite avec plus d'énergie elle pouvait ruiner la suprématie hollandaise aux Indes : alors seulement de la Haye comprit le rôle singulier joué par Caron (1).

(1) Caron, à cette époque, ne jouissait plus à Paris de la confiance illimitée des premiers jours. Le 30 juin 1672, Colbert écrivait à de la Haye : « Comme Sa Majesté, voit..... les plaintes que tous les François font de la conduitedusieur Caron et que jusqu'à présent sa qualité de Directeur et la raison de la subordination ont voulu qu'elle l'ayt appuyé et n'ayt rien voulu entendre contre luy, la Compagnie ayant à présent des Directeurs françois en ce pays-la, qui sont sages et bien informés des intentions de S. M. et de la Compagnie, ... Elle veut que vous appuyez fortement les ordres que les Directeurs auront délibérés dans leur assemblée sur toutes les affaires, et fassiez entendre vous-mesme audit sieur Caron qu'il ne doit rien entreprendre de son chef. Et, en cas que les Directeurs françois, d'un commun consentement estimassent à propos de faire quelque chose pour empescher les mauvais effets de la conduite dudit sieur Caron, encore qu'elle fust bonne ou mauvaise, S. M., veut que vous appuyez en toutes choses l'avis des Directeurs françois et que vous teniez cet ordre fort secret pour le sieur Caron. » Clément, t. III, 2e partie, p. 438.— Voir *Ibid.*, p. 550, en note, lettre de Colbert à de la Haye, 19 octobre 1872, et même page, même date, lettre de Colbert à Caron : « S. M. désire qu'en cas qu'il y eust quelque difficulté dans

L'escadre française était arrivée le 9 juillet à Tranquebar, poste fortifié appartenant aux Danois ; ne pouvant s'y
réapprovisionner, de la Haye se dirige sur San-Thomé,
centre très riche ayant autrefois appartenu aux Portugais
et dépendant alors du roi de Golconde. Nous y arrivons le
20 juillet ; deux officiers sont envoyés à terre pour chercher
des vivres ; ils y sont insultés. L'occasion se présentait à
l'amiral de réparer ses fautes de Trinquémalé, il en profita :
Le 25 juillet, au petit jour, il débarque avec 500 hommes
et 8 pièces de canon, bombarde la ville par terre et par
mer, et après un engagement vif et meurtrier, nos troupes
pénètrent le soir même dans la place : c'était le premier
fait d'armes français aux Indes.

Depuis l'expédition de Ceylan, de la Haye avait cessé
toutes relations avec Caron. Suspect aux yeux de tous ses
agents, le Directeur général cherchait un moyen de se
retirer. A la suite des plaintes portées contre lui, la compagnie demandait la vérification de ses comptes, Colbert
l'invita donc à revenir à Paris. Caron s'embarqua pour la
France, mais son vaisseau fit naufrage à hauteur de Lisbonne, le 24 septembre 1673. Ainsi mourut cet homme qui
par son activité et son intelligence avait joué un rôle si important dans notre histoire commerciale. Aujourd'hui on
l'accuse de trahison et tout paraît confirmer cette supposi-
tion. Rendons-lui cette justice : il avait parfaitement
organisé le commerce des Indes, et son expérience nous
avait été fort utile.

Caron parti, nos affaires n'allèrent pas mieux. Quelle
que fut la conduite de de la Haye, de ceux qui l'entouraient, de ceux qui lui succédèrent, que pouvaient leurs

vos délibérations, vous vous conformiez aux sentiments de vos confrè-
res, quand même ils seroient contraires aux vostres. »

efforts isolés, privés de l'appui de la métropole, sans argent, sans troupes, sans renforts ? En 1672, Louis XIV avait déclaré la guerre aux Provinces-Unies ; encore une fois les affaires continentales allaient absorber toutes les forces vives et les ressources de la nation. La Suède et l'Angleterre, il est vrai, étaient entrées dans notre alliance, mais en 1673, une coalition avait été formée contre nous par l'Espagne, la Maison d'Autriche et les Princes de l'Empire. Il était bien difficile au Roi d'accorder une réelle importance aux Indes, alors qu'il devait soutenir la lutte contre l'Europe presque entière ; de la Haye n'avait donc aucun secours à attendre de Louis XIV. Quant à la Compagnie des Indes orientales, ses affaires en France étaient de moins en moins brillantes, le nombre des actionnaires diminuait, l'argent ne rentrait pas et la chambre de Direction générale s'opposait à toute action militaire. Les Hollandais, au contraire, avaient envisagé depuis longtemps l'éventualité d'une rupture avec la France, ils s'étaient préparés à la lutte, ils avaient réuni des vaisseaux à Batavia.

Voici donc une période nouvelle, mais particulièrement triste. Nos agents des Indes sont abandonnés à eux-mêmes, sans secours, sans ordres, sans conseils ; tout progrès s'arrête. Cette situation pénible et languissante durera aussi longtemps que les guerres du règne, c'est-à-dire aussi longtemps que le règne ; le mouvement colonial va se prolonger par une lente agonie, alors qu'il avait commencé dans le bel enthousiasme de 1664, au milieu de la prospérité engendrée par plusieurs années de paix.

De la Haye s'installa à San-Thomé, approvisionna la ville, l'entoura de tranchées, conclut une alliance avec Cerkan-Soudy, son voisin, gouverneur de Gondelour.

Poussé par les Hollandais, le roi Golconde vint mettre le siège devant San-Thomé; dans le courant de décembre 1672 et de janvier 1673 plusieurs engagements eurent lieu, qui tous nous furent favorables, et le 10 mars nos troupes exécutèrent une sortie générale qui fut une réelle victoire.

Fier de son succès, de la Haye se porte avec deux vaisseaux, devant Mazulipatam, dont nous venions d'être chassés par les indigènes. Il s'en empare le 14 avril 1673 et entame aussitôt des négociations pour la paix avec le roi de Golconde. Mais il apprend que la flotte hollandaise est arrivée devant San-Thomé : il quitte de suite Mazulipatam et le 5 juillet rentre à San-Thomé, après s'être ouvert un passage par la force au milieu des navires de Rickloff.

Pendant l'absence de l'amiral, le roi de Golconde avait de nouveau investi la place; de la Haye lui infligea une défaite complète dans une sortie qui eut lieu le 21 août; mais huit jours plus tard, Rickloff débarquait avec 1.800 hommes, faisait son union avec les troupes de Golconde, et établissait le blocus de San-Thomé. Nos ennemis disposaient de 11.000 hommes auxquels nous pouvions à peine opposer 800 soldats. Épuisées par les fatigues et la famine, nos troupes capitulèrent et sortirent avec les honneurs de la guerre, le 6 septembre 1674, après un siège de vingt-six mois.

Ainsi se termina l'expédition de l'amiral de la Haye, expédition sur laquelle nous avions fondé les plus grands espoirs. Partie en 1671, l'escadre n'avait reçu aucun secours pendant toute la campagne. En 1674 (1), un vaisseau

(1) Lettre de Louis XIV à de la Haye, 8 septembre 1674; Clément, t. III, 2e partie, p. 581.

quittait Rochefort avec 100 soldats et 100.000 livres de secours ; lorsqu'il arriva devant San-Thomé, la ville était aux mains des Hollandais et toutes nos forces étaient détruites.

De la Haye et les troupes françaises s'embarquèrent à San-Thomé sur deux vaisseaux hollandais qui les conduisirent en France : ils étaient réduits à 500 hommes lorsqu'ils arrivèrent à Port-Louis, le 6 mars 1675.

Tandis que de la Haye défendait San-Thomé, les affaires de la compagnie n'avaient pas prospéré dans les autres comptoirs. En janvier 1673, le directeur Gueston, nouvellement arrivé, exposait de la façon la plus sombre la situation de la colonie (1) : La Compagnie, disait-il, ne possédait plus que s ix vaisseaux, dont trois ne pouvaient plus prendre la mer ; le désordre était à son comble et il n'y pouvait porter remède ; il était préférable d'orienter notre commerce vers la Perse, où, au moins, nous n'aurions pas à redouter la concurrence des Hollandais. Gueston se rendit lui-même à Ispahan, pour établir des relations commerciales, mais il mourut en cours de route.

Notre situation était gravement compromise : deux hommes, le directeur Baron et François Martin, tentèrent un nouvel effort pour relever nos affaires.

Baron entra d'abord en pourparlers avec le roi de Golconde pour le rachat de San-Thomé, cette place ayant été remise à ce monarque par les Hollandais, Baron écrivit donc à Colbert (2) pour lui demander une escadre et de nouveaux subsides, mais les secours n'arrivèrent pas et ces négociations durent être abandonnées.

Puis, ce fut Cerkan-Soudy qui s'adressa à notre direc-

(1) M. Castonnet des Fosses, *op. cit.*, p. 115.
(2) *Ibid.*, p. 118.

teur, lui proposant de conquérir pour le compte de la France le royaume de Golconde et le Coromandel : mais, pour cela il faut de l'argent ; Baron écrit encore à Paris, demande toujours des fonds, n'en reçoit jamais. En même temps, il écrit à de la Haye , lui fait part de ses projets, l'engage à revenir dans l'Inde ; mais de la Haye était mort en 1677 aux environs de Belfort. Baron resta fidèlement à son poste, luttant contre le malheur et l'abandon, espérant jusqu'au dernier instant voir arriver une escadre française. Epuisé par le climat et les fatigues, il mourut à Surate en 1683.

Quant à Martin, il était venu aux Indes à la suite de Caron : lui non plus ne voulait pas désespérer lorsqu'en 1672 il écrivait : « Je ne pense pas que l'on ait eu la pensée en France que nous estions en estat de nous soutenir contre toutes les forces des Hollandois. J'ai écrit assez de fois l'importance de nous envoyer des secours. Nous nous sommes maintenus pendant plus de cinq ans depuis la reprise des armes en Europe. C'est, il me semble, tout ce qu'on pouvoit promettre de gens comme abandonnés et sans secours » (1). Martin, en 1673, avait fondé le comptoir de Pondichéry. Il y groupa des colons et y installa des ateliers pour la fabrication des tissus et des toiles peintes. Sous son administration bienveillante et éclairée, le comptoir atteignit bientôt une prospérité réelle, et dès 1676, il y avait à Pondichéry, dans les magasins de la compagnie, pour plus d'un million de livres de tissus fabriqués sur place. Il obtint de Cerkan-Soudy l'autorisation de lever et d'entretenir des soldats indigènes : il leur fit des concessions de terres et les transforma en colons mi-

(1) *Ibid.*, p. 135.

litaires ; puis enfin, il acquit définitivemeut pour le compte
de la compagnie la propriété des terrains sur lesquels était
construit le comptoir.

D'autres tentatives méritent encore d'être citées. En
1673, c'est Bourreau-Deslandes, le futur gendre de Martin,
qui fonde Chandernagor ; puis en 1681, Duplessis qui s'établit à Balassor, dans le golfe de Bengale, où nous ne sû-
mes pas nous maintenir.

En même temps commençait la pénétration française
en Extrême-Orient, œuvre à la fois religieuse et commerciale. Avant la fondation des compagnies, on avait fait
choix de trois prêtres pour aller fonder en Chine, en Cochin-
chine, au Tonkin et au Siam des missions françaises ; ce
furent François Pallu, chanoine de Saint-Martin de Tours,
évêque d'Héliopolis ; de la Motte-Lambert, ancien conseiller à la Cour des aides de Normandie, puis directeur du
Grand-Hôpital à Rouen, évêque de Béryte ; Ignace Coto-
lendi, curé à Aix-en-Provence, évêque de Métellopolis.
Ce dernier, qui était vicaire apostolique de la Chine occidentale, n'arriva pas au champ de ses travaux, car il mourut en 1662, près de Mazulipatam (1).

Les rapports adressés par les missionnaires nous firent
connaître l'Extrême-Orient ; nous avons vu les projets de
Caron sur ces contrées ; les événements ne lui permirent
pas de les réaliser.

Les entreprises dirigées vers l'Indo-Chine furent mises
en route par Baron. En 1680, Bourreau-Deslandes et
Cornuel, se rendent à la cour de Siam et obtiennent l'autorisation de fonder un comptoir. En 1681, Duplessis débarque au Pégou, en 1684 le marchand Le Chapelier visite
le Tonkin.

____

(1) Lavisse et Rambaud, *Histoire générale*, t. VI, p. 911.

Un aventurier, nommé Constance Phaulkon, originaire de Céphalonie, était devenu premier ministre du roi de Siam ; pour combattre l'influence hollandaise, il fit appel à la France. A la suite de la fondation d'un comptoir en 1680 par Bourreau-Deslandes, les Siamois envoyèrent une première ambassade en France. Le navire qui la portait périt en vue de Madagascar. Un échange de correspondance eut lieu entre le Siam et Versailles et en 1685, Louis XIV y envoya une ambassade conduite par le chevalier de Chaumont.

Malgré ces efforts isolés, la puissance du commerce français aux Indes ne put encore se relever. En 1683, quand survint la mort de Colbert, nous ne possédions plus que Surate, Pondichéry et Chandernagor. Successivement nous avions perdu ou abandonné San-Thomé, Tilcéri, Payapour, Mazulipatam, Bender-Abassi ; il n'était plus question de l'Arabie, ni de la Perse ; nos marchands ne fréquentaient plus les petits comptoirs de la côte indienne ; réduites à quelques centaines d'hommes, nos forces ne pouvaient plus espérer défendre le peu qui nous restait contre les Anglais ou les Hollandais.

La compagnie, du moins, n'aurait-elle pas pu expédier aux établissements de l'Inde, ces secours d'argent dont ils avaient si grand besoin et que le Roi était dans l'obligation de leur refuser ? Ce devoir lui incombait et il semble qu'il y allait de son intérêt bien compris ; mais depuis plusieurs années déjà, la compagnie pouvait à peine se maintenir en France.

Si l'on voulait réussir aux Indes, il fallait disposer de capitaux importants, il fallait consentir à de fortes dépenses pour l'armement des vaisseaux, pour l'achat des mar-

chandises et des terres, pour les présents aux princes indigènes. Malheureusement les fonds engagés par la compagnie pendant les premières années de son existence ne
lui laissèrent pas l'argent nécessaire pour tenter une
grande entreprise. En 1683, le fonds capital était réduit à
environ 2.000.000 de livres, en effets, vaisseaux et marchandises. La compagnie devait 900.000 livres à Surate
dont elle payait l'intérêt à 9 0/0. Son crédit alla toujours
en diminuant et, en 1684, les chambres particulières
de Bordeaux, Nantes, Lyon et Rouen durent être suppri-
mées comme inutiles. Les guerres lui firent subir des pertes considérables ; seize vaisseaux lui appartenant furent
détruits ; à plusieurs reprises les communications avec les
Indes furent interrompues. En neuf années, de 1675 à
1684, la compagnie n'expédia que quatorze bâtiments,
dont les retours produisirent 4.400.000 livres. Pendant le
même temps, aucun navire ne fut construit dans ses chantiers.

A Surate, le commandement fut mal organisé : nous
avons vu le pouvoir partagé entre l'amiral de la Haye,
vice-roi, Caron, directeur hollandais, Baron et Blot, directeurs français. Jamais l'accord ne régna parmi eux malgré
les conseils et les exhortations que put leur envoyer
Colbert. Le choix des personnes fut aussi parfois défec-
tueux : le directeur Blot était trop timoré, de la Haye était
un tempérament trop violent.

La compagnie ne fit jamais un trafic aussi considérable
que nos concurrents de Hollande et d'Angleterre. Pourquoi ? On a accusé ses agents de négligence, d'incurie,
d'incapacité, de malversations (1). Tout cela est fort possi-

(1) Blot se rendant aux Indes écrivait déjà en 1671 : « Vostre magasin
du Port-Louis est le lieu du monde où on travaille le plus mal en toutes

ble. Mais elle eut surtout à lutter contre la concurrence habile de nos adversaires et contre l'hostilité qu'elle rencontra partout en France. Le commerce des épices et des autres denrées que la métropole ne produisait pas, fut toujours réservé sans contestation à la compagnie ; par contre, on lui fit les plus grandes difficultés pour l'importation des toiles, des mousselines, des tissus de soie et de coton, parce que nos manufactures donnaient des produits analogues et que la concurrence de la compagnie était regardée comme funeste au développement de ces manufactures. L'édit de 1664 avait soumis ces marchandises à des droits d'entrée destinés à ménager les intérêts du commerce métropolitain (1) ; plus tard, ce tarif fut élevé et on arriva même à prohiber l'importation de certains produits des Indes.

L'excès de ces réglementations apporta des obstacles au développement normal du commerce de la compagnie. En 1682, sur la demande de la chambre de Direction générale, Colbert dut porter une grave atteinte au monopole consenti par la charte de 1664 : un arrêt du Conseil du 6 janvier autorisa les particuliers à faire pour leur compte le commerce de l'Inde, à condition de faire usage des vaisseaux de la compagnie pour le transport de leurs marchandises, en payant 10 0/0 pour le fret (2). De tous ses privilèges la compagnie ne conservait donc plus que l'intercourse coloniale ; le commerce était déclaré libre pour tous les Français, la compagnie était réduite au rôle d'entrepreneur de transports.

choses et où il y a moins d'ordres. » Lettre du 23 avril 1671, *Mélanges Colbert*, vol. 157 *bis*, p. 506.

(1) Forbonnais, *Recherches et considérations sur les finances*, t. 1, p. 335.

(2) Isambert, *Anciennes lois françaises*, t. XIX, p. 373.

En même temps, une déclaration du 20 janvier autorisa les étrangers à négocier avec les navires de la compagnie. Elle voyait donc augmenter ses débouchés qui n'étaient plus réduits au marché national (1).

C'était trop encore que de laisser à la compagnie l'unique privilège de l'intercourse, puisqu'elle ne possédait plus le nombre de navires suffisant pour assurer les communications avec régularité. Ce service était si mal organisé que la compagnie refusa bientôt aux particuliers l'autorisation de faire le commerce en se servant de ses navires. Ces permissions, disait-elle, ne pouvaient l'indemniser de ses frais (2).

Néanmoins, ce régime de monopole avait pu subsister pendant près de dix-huit ans sans susciter de trop vives réclamations, ni en France, ni aux colonies. En Amérique, au contraire, la charte de la Compagnie des Indes occidentales n'avait pu être appliquée, et des modifications y avaient été apportées à la suite des réclamations

(1) Isambert, *op. cit.*, p. 374.

(2) *Encyclopédie méthodique. Dictionnaire du commerce :* article « Compagnie des Indes ».

Discutant l'opportunité de la suppression du monopole, Colbert écrivait le 22 janvier 1682 à l'archevêque de Lyon : « Les raisons générales pour l'exclusion de ce commerce de toutes personnes que de la Compagnie, sont très bonnes, et l'interest mesme de la Compagnie et des particuliers qui la composent s'y trouve ; mais la question consiste à scavoir si, pour le bien de l'Estat, il ne vaut pas mieux y admettre d'autres particuliers pendant quelques années pour fortiffier ce commerce et y envoyer des fonds considérables, au lieu de le voir languir par le défaut d'un assez grand fonds que la Compagnie n'y peut envoyer ; et je suis persuadé, que vous concluerez facilement que le bien général de l'Estat doit emporter sur les raisons particulières de la Compagnie, à condition toutefois, qu'aussytost qu'elle sera en estat de se soutenir par elle-mesme, aucunes autres personnes n'y seront admises. » Depping, t. III, p. 521.

des colons. Comme aux Indes orientales il n'y avait pas
de colons, le monopole ne suscitait pas de réclamations,
et cependant il fut supprimé pour des raisons identiques
à celles qui nécessitèrent la disparition de la Compagnie
des Indes occidentales. Manque d'activité de la compagnie
et incapacité à remplir les charges imposées par la charte.

L'année suivante, en 1683, la mort de Colbert vint pri-
ver la compagnie d'un conseiller utile et d'un appui tout-
puissant. Son fils, le marquis de Seignelay, lui succéda
en qualité de chef perpétuel et de président pour le Roi.
A sa mort, en 1690, ce fut le comte de Pontchartrain. Ni
l'un ni l'autre, malgré leurs efforts, ne purent ranimer la
Compagnie des Indes orientales. Après bien des vicissitu-
des, elle finit par se fondre dans la Grande Compagnie des
Indes fondée en 1719, à Paris, par Jean Law.

CHAPITRE II

Le nouveau régime de liberté commerciale aux Antilles et au Canada.
— Instructions données à ce sujet par Colbert aux représentants de
l'autorité métropolitaine et aux directeurs de la compagnie. — Réduction des privilèges de la compagnie. — Création d'une nouvelle
Compagnie du Sénégal et suppression de la Compagnie des Indes
occidentales. — Campagnes de d'Estrées aux Antilles. — Au Canada,
discordes intérieures, essai de représentation populaire, arrêts de
retranchement de concessions territoriales, expansion vers l'Ouest
et le Sud. — La nouvelle Compagnie du Sénégal et ses privilèges. —
Le Code noir.

La Compagnie des Indes occidentales n'avait fait aucun
effort sérieux pour mettre en valeur les immenses possessions qui lui avaient été confiées et Louis XIV avait dû
réduire notablement les privilèges de la compagnie : à
partir de 1669, tout négociant français muni de l'autorisation royale peut trafiquer aux Antilles ; quant au Canada,
il possède la liberté du commerce ; le monopole de la
compagnie est transformé en un abonnement que lui paie
le fermier des pelleteries : telle est la nouvelle situation.

Pendant la période qui suit, Colbert va d'abord prendre
des mesures qui prépareront progressivement la dissolution de la compagnie — car, puisque la compagnie ne fait
rien pour la prospérité des colonies, et puisqu'on lui a
retiré tous les moyens de se relever — il n'y a plus qu'à
la faire disparaître.

Quand, en 1674, cette dissolution sera prononcée, les colonies d'Amérique seront réunies au domaine de la Couronne. Emancipées de la tutelle des compagnies à monopole, elles seront soumises à un régime relativement très libéral, sous la seule réserve des prohibitions habituelles du pacte colonial.

Désirant avant tout connaître les causes de son échec et les moyens d'y porter remède, Colbert expédia en Amérique un de ses agents, Gaudais-Dupont, qui déjà avait été chargé d'une semblable mission en 1664 (1). Gaudais, disaient les instructions (2), devra faire un rapport complet sur les ressources des pays qu'il visitera, sur leur situation, leur climat, leurs productions, leurs coutumes. Il contrôlera l'exacte répartition des terres concédées aux colons, il fera le recensement des habitants, verra s'il est nécessaire d'y envoyer encore des femmes et des filles, dressera une carte de chaque colonie ; il s'informera s'il existe des mines de fer, des arbres de hauteur suffisante pour faire des mâts ; en un mot, Gaudais devait se livrer à une enquête détaillée sur l'état actuel de nos établissements.

En même temps, Colbert cherchait à régler à notre avantage quelques questions en litige aux Antilles. Nous possédions la moitié de Saint-Christophe, l'autre partie appartenait aux Anglais, mais ils n'y avaient aucun établissement. Colbert prescrivit à de Baas, gouverneur des îles, de laisser la partie anglaise de Saint-Christophe sans culture, afin de retirer aux Anglais toute envie de s'y installer « d'autant que, dit-il, estant en cet estat, ils pourront

(1) Voir p. 190.

(2) « Instructions au sieur Gaudais », 1er mai 1669. Clément, *Lettres.., etc. de Colbert*, t. III, 2e partie, p. 443.

bien plus facilement en traicter ou la céder en quelque
rencontre, et que, en tous les cas, ils auront beaucoup plus
de peine de prendre résolution de la venir habiter et défricher de nouveau » (1). Quelque temps après, il ordonnait
à notre ambassadeur à Londres d'entrer à ce sujet en pourparlers avec le roi d'Angleterre : « Voyez un peu, lui dit-il,
si, dans tout ce que vous traictetez, vous pourriez porter
le Roy d'Angleterre d'en faire une cession au Roy, comme
lui estant entièrement inutile » (2). Ces négociations n'a-
boutirent pas ; quelques colons français s'étant installés
dans la partie anglaise de Saint-Christophe, Colbert dut,
le 8 janvier 1671, envoyer à de Baas l'ordre de rendre
l'île aux Anglais.

Voyons maintenant comment le nouveau système commercial fut appliqué au Canada et aux Antilles. Il ne suffisait pas de donner des ordres pour le rétablissement de la
liberté du commerce, il fallait surtout veiller à ce que ces
ordres fussent exécutés d'une façon intelligente par les
représentants de l'Etat, et que les agents de la compagnie
ne missent pas à profit l'ignorance des colons et des indigènes pour maintenir plus longtemps certains privilèges
de la compagnie.

A partir de 1669, dans toute sa correspondance avec les
gouverneurs, Colbert recommande de laisser la plus grande
liberté aux colons et de les engager au trafic. Le 15 mai
1669, il écrit à de Courcelles, gouverneur général du Canada : « Sa Majesté a rendu la liberté du commerce au

____

(1) Lettre de Colbert à de Baas, 4 avril 1670, *Ibid.*, t. III, 2ᵉ partie,
p. 480. — Voir également : lettre de Louis XIV à de Baas, 12 juin
1669, *Ibid.*, t. III, 2ᵉ partie, p. 454 ; lettre de Colbert à l'intendant Pélissier, 21 juin 1670, *Ibid.*, t. III, 2ᵉ partie, p. 488.

(2) Lettre du 4 juillet 1670, Depping, t. III, p. 428.

Canada, en sorte qu'à présent il pourra recevoir avec plus
de facilité les vivres et denrées qui lui sont nécessaires
mais aussy est-il nécessaire que vous excitiez les habitans
à chercher des marchandises qui puissent convier les
François à leur porter des vivres et denrées pour les prendre en échange » (1).

Dans les lettres qu'il adresse à de Baas, Colbert entre
encore dans plus de détails ; non seulement il explique
comment doit être entendu le nouveau régime, mais il
en donne toutes les raisons. Quand on lit ces instructions
il est impossible d'accuser Colbert d'être un homme de
parti-pris, d'être le représentant d'un système arrêté. Il
n'est plus question de privilèges ni de vexations ; Colbert
exprime ses idées en termes tellement nets qu'il est indispensable de citer presque en entier cette partie de sa correspondance. Elle met en lumière de la façon la plus vive
l'état d'esprit du ministre et le but qu'il va s'efforcer d'atteindre (1).

« Vous connoistrez asseurément par la suite que le commerce estant un effet de la pure volonté des hommes, il
faut nécessairement le laisser libre, s'il n'y a une nécessité
indispensable de le restreindre dans les mains d'une com-

(1) Clément, t. III, 2e partie, p. 449.

(2) Non seulement il fut recommandé aux gouverneurs de laisser une
grande liberté aux habitants pour leurs transactions commerciales, mais
ils furent également engagés à se montrer très tolérants au point de vue
religieux. Parlant des Juifs, Louis XIV écrivait le 23 mai 1671 à de
Baas : « Je vous fais cette lettre pour vous dire que mon intention est
que vous teniez la main à ce qu'ils jouissent des mesmes privilèges dont
les habitans desdites isles sont en possession et que vous leur laissiez
une entière liberté de conscience en faisant prendre néanmoins les pré-
cautions nécessaires pour empescher que l'exercice de leur religion ne
puisse causer aucun scandale aux catholiques. » Clément, *Lettres...,*
etc. de Colbert, t. III, 2e partie, p. 522.

pagnie ou de quelques particuliers..... en laissant la liberté
du commerce ordinaire aux François, il est impossible
qu'il n'augmente considérablement, et que cette mesme
liberté en produise, avec le temps, l'abondance des denrées
et des marchandises nécessaires..... La manière qui a esté
pratiquée jusqu'à présent de mettre par autorité un taux
aux marchandises a pu produire quelque bon effet pendant
le temps qu'il n'y a eu que les estrangers et le peu de François qui y ayent fait commerce ; mais à présent que les
estrangers en sont complètement bannis et qu'il n'y a que
les François qui iront, cette manière estant complètement
contraire à la liberté, qui est toujours l'âme et le maintien
dudit commerce, sans laquelle il ne sçauroit jamais establir ni augmenter, il est nécessaire que vous abolissiez au
plus tost cette coustume et que vous establissiez au contraire une entière liberté de vendre et de débiter toutes
les marchandises..... Nous ne devons pas nous étonner si
les Directeurs désirent réserver (le commerce) entier entre
leurs mains parce qu'ils ne pensent qu'à leur interest particulier et non au bien général de l'Estat ni des isles. Mais
pour vous et pour moy qui devons nous élever au-dessus
de cet interest pour aller au bien général, dans lequel
mesme avec un peu de temps celuy de la compagnie se
trouvera, nous devons toujours appuyer la liberté entière
du commerce par les raisons que je viens de vous expliquer » (1).

« Ce n'est point du tout l'intention de Sa Majesté que la
Compagnie fasse seule le commerce dans les isles ; au
contraire, sa volonté est d'y porter tous les François et d'y
establir une liberté entière..... Sa Majesté veut que.....

____

(1) Colbert à de Baas, 9 avril 1670. Clément, III, 2ᵉ partie, p. 476.

vous appliquiez toute vostre industrie..... à ces trois points : l'expulsion entière des estrangers, la liberté à tous les François et à cultiver avec grand soin la justice et la police des isles ; et, pour le surplus, que vous laissiez agir l'envie naturelle qu'ont les hommes de gagner quelque chose et se mettre à leurs ayzes » (1).

Il était particulièrement délicat de faire admettre ces principes de liberté commerciale par la Compagnie des Indes occidentales. Aussi, quand il fallut fournir des explications aux nouveaux directeurs, lors de leur départ pour l'Amérique, Colbert dut-il avoir recours à d'habiles circonlocutions pour leur exposer les désirs du Roi.

Le 20 février 1670, un mémoire leur est adressé (2). Comme dans ses lettres à de Baas, Colbert y appelle toujours la liberté « l'âme du commerce, qui seule le peut augmenter »; il la déclare encore indispensable, mais il ne songe plus à l'imposer d'emblée, sans discussion. Les colons, dit-il, réclament la liberté commerciale ; mais, si la compagnie s'approprie tout le commerce, il sera bien difficile de donner quelque apparence de liberté ; il faut donc « trouver quelque expédient pour satisfaire le peuple ».

Il importe tout d'abord de renoncer à un système adopté jusqu'à présent : celui des taxes et des mises à prix fixées par voie d'autorité ; ce système « n'a jamais esté establi que pour éviter un plus grand mal par un autre ».

L'expédient cherché et auquel on devra recourir c'est le régime des permissions accordées aux commerçants français par la compagnie (3). Mais il faudra laisser à ces

(1) Colbert à de Baas, 3 juillet 1670. Clément, III, 2ᵉ partie, p. 487.
(2) Clément, t. III, 2ᵉ partie, p. 472.
(3) L'arrêt du 12 juin 1669 disait : « Les passeports portant permission de faire le commerce seront donnés par Sa Majesté sur les certificats des Directeurs de la Compagnie et aux François seuls. » Voir p. 186.

commerçants la faculté de vendre leurs marchandises à qui leur plaira et comme bon leur semblera. Ils seront seulement tenus d'écouler leur cargaison dans le mois qui suivra leur arrivée, sous peine de saisie et de vente à l'encan.

Il peut se faire cependant qu'on ne puisse utiliser cet expédient des permissions : leur nombre, en effet, dépend de la compagnie, et il ne tient qu'à elle de les supprimer si ses affaires commerciales le permettent. Dans ce cas, tout le commerce sera aux mains de la compagnie « et le seul expédient que l'on peut prendre est qu'elle agisse de bonne foy et qu'elle establisse des magasins dans chacune des isles, où elle tiendra toujours en abondance toutes les sortes de marchandises qui s'y peuvent consommer ».

Ces marchandises ne seront pas cédées à un prix fixé par le gouverneur : on les vendra aux enchères publiques avec faculté pour l'acquéreur « de faire quelque petit commerce par la revente des mesmes marchandises aux autres habitans ».

Malheureusement ces instructions mettaient fort long-temps à parvenir en Amérique, et il était difficile à la métropole d'exercer une étroite surveillance à une distance aussi considérable. Les mutineries continuèrent aux Antilles et les meilleures volontés durent parfois reculer devant l'exécution des ordres royaux. En 1670 et 1671, d'Ogeron, gouverneur de l'île de la Tortue, eut à lutter contre une insurrection générale des boucaniers, occasionnée par les restrictions apportées au commerce. Les navires étrangers fournissaient toutes les denrées à très bon compte ; d'Ogeron voulut leur interdire d'aborder : des bandes armées parcoururent le pays, tirèrent sur les chaloupes de la compagnie, appelant les habitants aux armes, et brûlant les maisons de ceux qui refusaient de se joindre à elles. Les troubles ne cessèrent que quand d'Ogeron eut consenti à admettre tous les navires français, autorisés ou non, sans distinction, moyennant un droit de 5 0/0 d'entrée ou de sortie au profit de la compagnie (1).

Ce fait, qui n'a certes pas en lui-même une importance considérable, nous fait voir combien il était difficile d'as-surer aux colonies la police du commerce ; ces désordres se produisaient à l'instant précis où le Roi venait de rap-peler l'interdiction faite à tout étranger de trafiquer dans nos possessions. Un règlement du 10 juin 1670 avait réitéré aux bâtiments étrangers l'interdiction de pénétrer dans les ports et dans les rades des Antilles — et même de naviguer à proximité de ces îles, sous peine de confisca-tion (2). Une amende de 500 livres devait être prononcée contre tout habitant coupable d'avoir reçu des marchan-dises de provenance étrangère ; en cas de récidive, une peine corporelle pouvait être infligée. Les vaisseaux et les marchandises capturés en mer devaient être vendus, le prix devait en être partagé : un dixième donné à l'amiral commandant l'escadre royale, un dixième au capitaine commandant le vaisseau ayant fait la prise, un dixième au gouverneur général des îles, la moitié du reste à l'équi-page, l'autre moitié à la compagnie ; quant aux marchan-dises saisies dans les îles, un tiers était attribué au

____

(1) Elias Regnault, *Histoire des Antilles*, p. 27. — Voir également Moreau de Saint-Méry, *op. cit.*, t. I, p. 249 ; ordonnance royale portant amnistie pour les révoltés de l'île de la Tortue, octobre 1671.

(2) Moreau de Saint-Méry, *op. cit.*, t. I, p. 195. — Dans son appli-cation, ce règlement dut recevoir quelques tempéraments, notamment pour les vaisseaux anglais. — Voir : lettre de Colbert à Colbert de Croissy, ambassadeur à Londres, 5 août 1670. Clément, *Lettres de Colbert*, t. III, 2ᵉ partie, p. 491.

dénonciateur, un tiers à partager entre le gouverneur général et le gouverneur particulier, l'autre tiers donné à la compagnie.

En même temps qu'il lui adressait ce règlement, Colbert écrivait à Pélissier, directeur de la compagnie aux Antilles, insistant sur les points importants et lui faisant connaître que « si les circonstances donnent lieu à quelque doute, il faut toujours les expliquer contre les estrangers et ne pas balancer à tout confisquer, sauf aux maistres ou propriétaires des vaisseaux à se venir plaindre au Roy »(1). Puis, il revenait sur la nécessité de laisser aux colons et aux navires français autorisés toute liberté pour trafiquer, et il concluait par ces paroles : « Et tous les doutes qui viendront sur ce point, il faut les expliquer en faveur de cette mesme liberté, pourveu qu'ils ne puissent estre accusés d'estre chargés de marchandises prises dans les pays estrangers ou d'en venir. »

Cette prohibition de tout commerce étranger aux colonies, qui est une des dispositions caractéristiques du pacte colonial, fut encore renforcée successivement par deux ordonnances. La première interdit le commerce étranger aux propriétaires des vaisseaux bâtis aux Antilles et au Canada (2), la seconde défendit de transporter dans les îles certaines denrées étrangères : bœufs, lards, toiles, dont l'entrée avait été jusqu'alors tolérée (3).

Ces dispositions étaient très favorables à la compagnie. Bien que personne ne se fît plus d'illusions sur son avenir,

(1) Clément, *Lettres..*, etc... *de Colbert*, t. III, 2e partie, p. 483.
(2) Ordonnance du 18 juillet 1671, Moreau de Saint-Méry, t. I, p. 227.
(3) Ordonnance du 4 novembre 1671, *Ibid.*, p. 253.

le gouvernement ne cessait de soutenir ses agents (1), et
de lui donner tous les encouragements en son pouvoir.
On rencontre à chaque instant, dans les comptes particuliers de Louis XIV, quelque gratification en faveur de la
compagnie, témoin ces 3.021 livres accordées à ses directeurs, le 1er octobre 1671, « à cause du bœuf de France,
qu'ils ont fait passer dans les isles françoises d'Amérique,
au lieu de celui d'Irlande » (2).

Cependant, chaque jour, la compagnie voyait diminuer
ses privilèges, déjà si réduits. Il lui avait été interdit de
fixer un taux pour le prix de vente des marchandises dans
l'étendue de ses concessions. Colbert écrivait aux maires
et échevins des principales villes maritimes du royaume
pour les inviter à organiser, dans leur ressort, le commerce avec les Antilles. Et pour les décider, il leur annonçait que le Roi venait de signer l'ordonnance « portant
défense de mettre aucun taux aux marchandises qui y
croissent (aux Antilles) ou qui y seront transportées » (3).

Les passeports, que, depuis le 12 juin 1669, le Roi accordait sur la proposition des directeurs, étaient grevés
d'un droit de 6 livres par tonneau, au profit de la compagnie : ce droit fut supprimé le 9 décembre de la même
année ; de même, l'ancien droit de douane de 5 0/0, perçu
par la compagnie, fut réduit à 3 0/0, par arrêt du 4 juin
1671 (4).

(1) Lettre de Colbert à de Baas, 9 avril 1670, lui recommandant de
donner en toutes circonstances la préséance aux directeurs de la compagnie. Clément, t. III, 2e partie, p. 480.

(2) Guiffrey, *Comptes des bâtiments du Roi*, t. I, col. 552. Cité par
M. Bonnassieux, *op. cit.*, p. 374.

(3) Clément, t. II, 2e partie, p. 529.

(4) Bonnassieux, *op. cit.*, p. 373.

Le 19 novembre 1671, il fut défendu à la compagnie de se livrer à tout autre commerce que les suivants, savoir : sur la côte de Guinée, le commerce des nègres, et aux Antilles le commerce des bestiaux, chevaux, cavalles et viandes salées, provenant de France (1). Par contre, quelques denrées étrangères obtinrent la permission d'entrer aux iles : une ordonnance du 28 novembre 1671 autorisa tous les commerçants français à y transporter des vins de Madère (2).

La compagnie était impuissante à tenir ses engagements ; par arrêt du 9 avril 1672, le Roi la déchargea du commerce qu'elle était tenue de faire (3). Déjà, le 19 novembre 1671, Colbert avait écrit aux directeurs : « Les Directeurs de la Compagnie des Indes occidentales ayant été informez des intentions du Roy au sujet de la cessation de son commerce dans l'estendue de sa concession, Sa Majesté désire qu'ils l'exécutent ponctuellement, et que ladite Compagnie s'abstienne dudit commerce et le laisse aux particuliers, tant à l'esgard des isles que du Sénégal, Cap-Verd et Cayenne ; et d'autant que, par ce moyen, ladite Compagnie ne sera plus en obligation de faire de grands frais de Directeurs et commis, l'intention de Sa Majesté est, qu'à commencer du 1er janvier prochain, on retranche toutes les dépenses superflues et qui se trouveront à la charge de la Compagnie » (4).

En somme, comme le dit M. Clément, la compagnie était totalement ruinée dès 1672 (5) ; son dernier privilège, ce-

(1) Lettre de Colbert aux directeurs de la compagnie. Depping, t. III, p. 593.
(2) Moreau de Saint-Méry, *op. cit.*, t. I, p. 256.
(3) Bonnassieux, *op. cit.*, p. 374.
(4) Depping, t. III, p. 593.
(5) P. Clément, *Histoire de Colbert*, t. I, p. 505.

lui de la vente des viandes salées originaires de France, lui fut retiré par l'ordonnance royale du 16 décembre 1673 (1).

Des commissaires furent nommés par le Roi pour régler la situation de la compagnie ; ils s'arrêtèrent à ces deux solutions : création d'une nouvelle compagnie pour le commerce du Sénégal, et dissolution de la Compagnie des Indes occidentales.

L'arrêt royal déjà cité, du 9 avril 1672, avait autorisé la compagnie à vendre ses établissements de la côte d'Afrique. Cette vente fut faite à Paris, par contrat passé devant les notaires Ménard et Baudry le 8 novembre 1673. Les commissaires de la Compagnie, Menjot et Ménager, cédèrent aux sieurs Egrot, Raguenet et François, leurs établissements d'Afrique, leurs marchandises, avec les droits de traite, facultés et privilèges de commerce dans toute l'étendue du pays du Sénégal, depuis le Cap-Vert jusques et y compris la rivière de Gambie, moyennant la somme de 75.000 livres payables un tiers comptant, un tiers après notification à Paris de l'occupation effective des territoires concédés, un tiers un an plus tard. La nouvelle compagnie, qui prenait le nom de Compagnie du Sénégal, se substituait à la Compagnie des Indes occidentales pour l'exploitation de ses privilèges, qui, d'après la charte de 1664, devaient subsister jusqu'en 1704, c'est-à-dire pendant encore trente années (2). Le contrat de vente fut homologué par arrêt du 11 novembre 1673 (3), mais la compagnie ne reçut ses lettres patentes qu'en juin 1679 ; néanmoins son existence fut reconnue, comme nous allons le

(1) Moreau de Saint-Méry, t. I, p. 270.
(2) *Archives Nationales,* série G⁷, carton 1312.
(3) Bonnassieux, *op. cit.,* p. 374.

voir, dès 1674, par l'édit portant révocation de la Compagnie des Indes occidentales.

Cette révocation se fit sans éclat et ne donna lieu à aucune réclamation : la compagnie n'existait plus que de nom. Que lui restait-il en effet de son monopole et de ses anciens privilèges ? Rien aux Antilles ; elle n'avait plus que le privilège de la traite des pelleteries au Canada. Mais le trafic des fourrures, seul produit qu'on retirât de la Nouvelle-France, était trop facile à exercer en fraude du pouvoir royal ; il ne pouvait indemniser une compagnie de marchands des dépenses de plus en plus fortes qu'entraînait le développement d'une grande colonie agricole.

Louis XIV signa donc, en décembre 1674, l'édit « portant révocation de la Compagnie des Indes occidentales et union au Domaine de la Couronne, des terres, isles, pays et droits de ladite compagnie avec permission à tous les sujets de Sa Majesté d'y trafiquer » (1). Énumérant d'abord les services rendus à la monarchie par la compagnie, l'édit faisait ressortir les difficultés qu'elle avait rencontrées : la guerre contre les Anglais avait retardé son développement, l'avait engagée dans des dépenses exagérées, si bien qu'à ce jour, elle se trouvait endettée de 3.523.000 livres. Certes, la compagnie pouvait encore se relever, tant par son commerce que par les revenus de ses domaines, mais le Roi estimait « que la plupart de ces droits et revenus conviennent mieux à la première puissance de l'Estat qu'à une compagnie qui doit tâcher à faire promptement valoir ses avances pour l'utilité des particuliers..... ce qu'elle ne pourroit espérer qu'après un fort long temps ».

(1) Moreau de Saint-Méry, *op. cit.*, t. I, p. 283.

Le Roi cédait également aux sollicitations des actionnaires qui craignaient de voir la compagnie s'engager dans des dépenses nouvelles et qui demandaient le remboursement des sommes par eux versées depuis 1664. Après enquête, il était reconnu que les actions des particuliers se montaient à 1.297.185 livres; le Roi décidait que ces actions seraient intégralement remboursées, savoir 1.047.185 livres au moyen des effets et sommes disponibles, actuellement entre les mains des directeurs de la compagnie et 250.000 livres, par prélèvement sur le Trésor; le Roi consentait à supporter les dettes de la compagnie, soit 3.523.000 livres.

Mais, conséquence directe de cet énorme sacrifice pécuniaire, toutes les terres ci-devant occupées par la compagnie faisaient retour au Domaine royal. Les colonies d'Amérique appartenaient désormais en toute propriété à la Couronne; Louis XIV ajoutait : nous « permettons à tous nos sujets d'y trafiquer ainsy que dans tous les pays de notre obéissance » ; il n'est plus question de monopoles, ni de compagnies privilégiées, tout négociant français peut faire le commerce des colonies « pour son compte en prenant seulement les passeports et congés ordinaires ». C'est la seule restriction apportée à la liberté des transactions ; on revient au régime normal, puisque dans la métropole, tout commerce était déjà soumis à ces mêmes formalités.

Les diverses conditions de cette cession furent réglées par contrat devant les notaires Lebœuf et Baudry. Il était signé au nom de la compagnie par Colbert, Poncet, Pussort et Hotman.

Etait uni et incorporé au Domaine royal, non seulement tout ce qui avait été concédé par la charte de 1664, mais encore tout ce qui avait été acquis, conquis, colonisé et

découvert par la compagnie. Devaient également faire retour au Roi, tous les droits domaniaux de capitation, de
poids, d'entrée, de sortie, mais à partir du 1er janvier
1681 seulement : « Attendu, dit l'édit, que nous avons laissé
et abandonné les dettes actives et les revenus pendant six
années, pour acquitter les dettes restantes de ladite compagnie ».

Comment faut-il entendre cette dernière clause ? Le Roi
a déjà consenti à payer la somme de 3.523.000 livres,
montant du débet de la compagnie ; il fait encore abandon
des revenus des colonies pendant six années ; c'est donc
aux colonies elles-mêmes que cet abandon est consenti.
Il faudrait en conclure que la compagnie était également
en débet vis-à-vis de ses administrés, qu'elle n'avait pas
payé les traitements des fonctionnaires, la solde des troupes, les dépenses relatives aux établissements publics.
Cette explication n'est guère plausible ; ce qui semblerait
lui donner cependant quelque vraisemblance c'est la disposition suivante :

Les agents qui seront proposés par le Roi à l'administration et à la régie des revenus, ainsi qu'à l'acquittement
des dettes de la compagnie, ne pourront être tenus de rendre leurs comptes devant certains commissaires du Conseil royal « qui seront à cet effet députés, attendu que la
régie et administration desdits revenus et acquittement
desdites dettes n'est qu'une suite des affaires et dissolution
de ladite compagnie, et qui ne regarde en aucune manière
nos intérests ».

Le Roi ratifiait encore par le même édit les divers actes
de la compagnie : délibérations, jugements, ordonnances,
commissions, baux, grâces : il déchargeait, et cela d'une
façon définitive, sans actions ni poursuites possibles, les

directeurs et les employés de la gestion et administration :
exception était faite pour les commis particuliers des îles,
qui pouvaient encore être redevables pour les dettes de
leurs comptes. Le Roi confirmait également les concessions
de terres consenties par la compagnie, les ventes particulières d'habitations, de fonds, d'héritages ; en particulier,
il validait « l'engagement des habitations du Sénégal,
commerce du Cap-Verd et Rivière de Gambie, aux termes
et conditions portés par le contrat passé par les Directeurs
et Commissaires de la Compagnie le 8 novembre 1673, et
confirmé par arrest de nostre Conseil du 11 du mesme
mois ». Nous insistons sur cet article, car c'est à lui que
la Compagnie du Sénégal devra son existence jusqu'en juin
1679, date à laquelle elle recevra ses lettres patentes.

Enfin, Louis XIV prenait à sa charge l'entretien des
curés, prêtres et ecclésiastiques, des églises et des orne-
ments du culte ; les gouverneurs généraux et leurs lieutenants devaient prêter serment de fidélité au Roi ; la justice serait désormais rendue en son nom par des officiers
qui seraient prochainement nommés, et jusqu'à leur arrivée « pourront tous les officiers de la Compagnie, continuer
aussy en nostre nom les fonctions de leurs offices et charges
sans rien innover ».

Ainsi disparut la Compagnie des Indes occidentales,
après une existence de dix années. Toute son activité
s'était tournée vers les Antilles, elle n'avait guère fait
d'efforts sérieux pour s'étendre dans l'Amérique septentrionale, encore moins pour mettre à profit ses concessions d'Afrique et, dit M. Clément, « la colonisation ne
s'en porta que mieux » (1).

____

(1) Clément, *Histoire de Colbert*, t. I, p. 506.

Dès le 24 mai 1675, les anciens directeurs de la compagnie furent déchargés de l'administration des dettes et effets de la compagnie. Les anciens droits qu'elle percevait autrefois devinrent l'objet d'une ferme spéciale concédée par le Roi sous le nom de « Trois pour cent du Domaine d'Occident » (1). Cette ferme fut adjugée à Nicolas Oudiette, à raison de 350.000 livres. Le fermier prélevait cent livres de sucre par tête aux îles françaises d'Amérique ; au Canada, il prélevait le dixième des tabacs et eaux-de-vie qui y entraient, le dixième des peaux d'originaux qui en sortaient et le quart des castors que les habitants achetaient aux sauvages. Il jouissait aussi du droit de faire la traite à Tadoussac, à l'exclusion de tout autre ; il avait le monopole du transport du castor en France, à condition qu'il recevrait dans ses magasins à Québec tout ce qui lui en serait présenté et qu'il le payerait à raison de 4 livres 1/2 la livre. Un arrêt du Conseil d'Etat du 5 juin 1676 lui accorda également la jouissance des droits de poids, capitation et autres qui se levaient dans les îles et terres fermes de l'Amérique (2).

Rien ne fut changé dans l'administration de nos colonies : cette administration releva du Roi, au lieu de dépendre de la compagnie. On maintint les trois principaux agents de la compagnie qui, sous le nom de « directeurs », continuèrent à administrer nos établissements. « On créa de plus dans les îles, un intendant de police, justice et finances, pour contrôler le pouvoir du gouverneur. On décida, du reste, en 1681, qu'en cas de conflit, l'intendant devait céder » (3).

(1) Depuis 1671, les droits perçus par la compagnie étaient réduits à un droit de douane de 3 0/0 sur les marchandises sortant des îles.

(2) Moreau de Saint-Méry, *op. cit.*, t. I, p. 299.

(3) M. Bonnassieux, *op. cit.*, p. 376.

Le commerce des Antilles, déjà fort prospère au temps de la compagnie, n'eût pas tardé à se développer hardiment si la guerre maritime n'était venue troubler et arrêter toutes les transactions. Le 18 août 1676, Louis XIV écrivait à de Baas, lui enjoignant de se tenir prêt à faire prendre la mer à tous les colons valides et aux huit compagnies d'infanterie qni formaient la garnison des îles (1). Toujours désireux d'anéantir la puissance des Hollandais, le Roi avait accepté avec joie la proposition du vice-amiral du Ponant, Jean d'Estrées, de porter la guerre dans la mer des Antilles (2).

Dix vaisseaux et deux frégates quittent Brest le 5 octobre 1676, faisant voile vers Cayenne qui venait de tomber aux mains des Hollandais. Arrivé le 17 décembre en vue de cette place, d'Estrées s'en empare le 21 du même mois dans une brillante attaque de nuit. Depuis cette époque et jusqu'au 12 janvier 1809, Cayenne et la Guyane devaient rester possessions françaises (3).

Cinglant de suite sur les Antilles, d'Estrées opère le 22 janvier 1677 sa jonction avec les troupes des îles, les colons volontaires, et les flibustiers de Saint-Domingue. Les opérations doivent être successivement dirigées contre les îles de Tabago et de Curaçao. Une partie des troupes est débarquée à Tabago et commence le siège du fort, mais la flotte de d'Estrées est anéantie par celle de l'amiral hollandais Binkes, le 9 mars 1677. D'Estrées et les débris de son escadre rentrent en France, où ils arrivent à la fin de juillet.

(1) Moreau de Saint-Méry, *op. cit.*, t. I, p. 300.

(2) Voir M. G. Saint-Yves, *Les campagnes de Jean d'Estrées dans la mer des Antilles* (1676-1678).

(3) Lettre de Colbert à d'Estrées, 6 avril 1677, Clément, *Lettres de Colbert*, t. III, 2e partie, p. 612.

Vers la même époque vient aux Antilles l'ingénieur Combes. Colbert l'a chargé de visiter et de mettre en état de défense nos possessions ; il doit : « lever des cartes exactes des mers environnantes ; visiter les rades, les ports ; reconnaître les points faibles où des débarquements pourraient être opérés ; observer les vents qui règnent dans la mer des Antilles, enfin inspecter les forts et y apporter les améliorations nécessaires » (1).

Une nouvelle escadre quitte Brest le 27 septembre 1677 sous les ordres de d'Estrées, se dirigeant sur Gorée, base d'opérations des Hollandais sur la côte africaine. D'Estrées s'en empare presque sans combat, le 1er novembre. Dans son rapport officiel, l'amiral fait ressortir la valeur de l'île de Gorée comme escale pour les navires se rendant aux Indes ; il en montre toute l'importance commerciale, les Hollandais y faisaient le commerce des cuirs, de l'ivoire et des nègres. La rade était merveilleuse et les forts pouvaient être facilement aménagés et défendus (2).

Plus heureux que la première fois, d'Estrées peut s'emparer de Tabago le 12 décembre 1677 ; en même temps le chevalier de Lézy, gouverneur de Cayenne, chasse des rives de l'Oyapock les Hollandais qui s'y étaient installés en mai 1677 (3).

Plein d'espoir, d'Estrées part pour Curaçao avec une escadre de quinze vaisseaux, mais, mal renseigné, il va s'échouer, le 11 mai 1678, sur les récifs des Aves, près de l'île d'Orchilla, où il perd huit de ses navires. Désespéré,

(1) Saint-Yves, *op. cit.*, p. 17.
(2) *Ibid.*, p. 23.
(3) Voir lettres de Colbert à d'Estrées, 11 mars 1678, Clément, *Lettres de Colbert*, t. III, 2e partie, p. 626.

il abandonne son entreprise, et, le 18 juin, part pour la France.

Les deux campagnes de d'Estrées nous valaient la possession définitive de la Guyane et de Cayenne, celle de l'île de Gorée et la possession temporaire de Tabago. Ces victoires avaient été chèrement achetées, elles avaient surtout été la cause d'un temps d'arrêt dans les progrès de nos colons.

Aucun autre fait saillant ne marque plus dans l'histoire des Antilles. Leurs relations d'affaires avec la France ne firent qu'augmenter malgré les règlements vexatoires : une ordonnance royale du 11 septembre 1677 vint réitérer la défense du commerce étranger aux îles ; on privait ainsi nos colons de débouchés peut-être précieux.

Le sucre formait en effet le principal objet du commerce des Antilles, mais les producteurs ne devaient écouler leurs marchandises que sur le marché national. Or en 1682, les îles produisaient déjà 27 millions de kilogrammes de sucre, alors qu'en France la consommation n'atteignait pas encore 20 millions de kilogrammes. Si l'on joint à cela les impôts lourds et nombreux, les restrictions apportées à la fabrication du sucre, le manque de numéraire (1), l'insécurité des transactions, on est obligé d'avouer que la prospérité relative des Antilles reste un fait inexplicable.

Cette même remarque peut également trouver son application au Canada ; à tous les obstacles que nous venons d'énumérer il faut encore en ajouter un autre : la

____

(1) La déclaration du 19 février 1670 avait néanmoins prescrit la fabrication d'une monnaie spéciale pour les îles d'Amérique. Moreau de Saint-Méry, *op. cit.*, t. I, p. 188.

discorde qui ne cessa jamais de régner dans cette colonie entre les diverses autorités : gouverneur, évêque et intendant.

Talon était rentré au Canada en 1670 et, malgré les difficultés que lui suscitait de Courcelles, il avait repris son œuvre et la menait à bien. Mais en 1673, tous deux disparurent et furent remplacés par le comte de Frontenac et l'intendant Duchesneau. Ces deux hommes ne purent jamais s'entendre, leur arrivée mit le comble à la discorde : « Tout estoit en trouble dans la colonie, écrit le Père de Charlevoix, le gouverneur général s'estoit brouillé avec les ecclésiastiques et les missionnaires et se brouilla bientôt avec M. de Chesneau qui avoit relevé M. Talon. L'abbé de Salignac-Fénelon,..... fut mis en prison sous prétexte qu'il avoit prêché contre le comte de Frontenac et qu'il avoit tiré des attestations des habitans de Montréal en faveur de M. Perrot, leur gouverneur, que le général avoit fait mettre aux arrêts. On se plaignoit encore que M. de Frontenac avoit composé le Conseil supérieur de gens qui estoient à sa dévotion et que, par là, il s'estoit rendu l'arbitre souverain de la justice, et tenoit tout le monde sous le joug ; qu'on ne voyoit que sergens en campagne et que depuis six ou sept mois, il y avoit plus de procès dans la Nouvelle-France qu'on n'y en avoit vu depuis soixante ans. En un mot, que le pays estoit dans une extrême confusion et que, si cela duroit encore quelque temps, il y avoit tout à craindre pour la colonie » (1).

La tâche du gouverneur n'était d'ailleurs pas commode ; il avait à lutter contre les exigences de l'intendant et à tenir tête aux prétentions du clergé et du vieux parti cana-

(1) Le Père de Charlevoix, *op. cit.*, t. I, p. 451.

dien. Frontenac ne sut pas ménager leurs susceptibilités.

Aux débuts de l'occupation, l'influence du clergé et des missionnaires avait grandi par suite des services qu'ils rendaient et de la confiance qu'on leur accordait. Lorsqu'on commença en France à considérer le Canada comme une possession nationale et que le Roi se fut résolu à envoyer des gouverneurs chargés de représenter les intérêts de notre pays et non plus ceux d'une compagnie de marchands, ces officiers reconnurent la nécessité d'un changement immédiat de tout le système administratif de la colonie. Dès ce jour, ils s'aliénèrent le clergé, promoteur du système alors en vigueur. La population suivit ses chefs dans leurs querelles, et deux partis se formèrent : les vieux colons, alors en majorité, tenant pour l'ancien pouvoir ecclésiastique ; les nouveaux colons, en minorité, se rangeant du côté du nouveau pouvoir plus actif et plus riche en promesses.

Aucune entente ne régnait au sein du Conseil souverain : d'un côté, Frontenac prétendait à tort y imposer sa manière de voir ; d'un autre côté, Duchesneau, également à tort, voulait prendre la direction des délibérations. Louis XIV dut, en conséquence, rendre une ordonnance le 5 juin 1675, rappelant que le gouverneur devait occuper la première place au Conseil, l'évêque la seconde, l'intendant la troisième (1).

De son côté, Colbert fit tout son possible pour apaiser ces rivalités mesquines et maintenir chacun dans ses droits comme dans ses devoirs. L'intendant devait soutenir le clergé, mais en maintenir les prétentions, ne jamais imposer son avis dans les affaires militaires, faire

(1) Charlevoix, *op. cit.*, t. I, p. 453.

montré en toute occasion d'une déférence absolue à l'é-
gard du gouverneur (1) ; celui-ci devait par contre faire
l'impossible pour rester d'accord avec l'intendant et le
clergé ; il devait traiter la question de la vente de l'eau-
de-vie aux sauvages — question qui avait amené la discorde entre son autorité et celle de l'évêque — comme une
question de police et non de religion (2).

Pas plus Frontenac que Duchesneau ne tinrent compte
de ces bons conseils et les dissensions allèrent en s'accentuant. Colbert en vint aux reproches graves et aux menaces : « Il paraît, écrit-il à Duchesneau, que les lettres que
vous aviez reçues ont commencé à vous faire connoistre
que vous vous estiez oublié vous-mesme, il n'auroit pas
esté possible d'empescher que le Roy ne vous eust révoqué de vostre employ. Vous devez donc prendre des maxi-
mes plus sages et plus prudentes sur tout ce qui regarde
vostre conduite et ne vous mesler que de ce qui concerne
vostre fonction... » (3).

Colbert n'est pas plus tendre lorsqu'il s'adresse à Frontenac : Sa Majesté « a bien voulu vous laisser encore le
reste de cette année dans le Canada dans l'espérance
qu'elle a que vous changerez la conduite que vous avez
tenue jusqu'à présent, parce qu'elle voit clairement que
vous n'estes point capable de prendre l'esprit d'union et
de condescendance nécessaire pour empescher toutes les
divisions qui arrivent.... s'il vous peut estre de quelque
advantage et de quelque satisfaction que Sa Majesté soit
satisfaite de vos services, il faut que vous changiez en-

---

(1) Lettre du 28 avril 1677, Clément, *Lettres de Colbert*, t. III, 2ᵉ part.,
p. 614.

(2) Lettre du 10 mai 1677, *ibid.*, p. 622.

(3) Lettre du 8 avril 1679, *ibid.*, p. 638.

tièrement la conduite que vous avez tenue jusqu'à présent » (1).

Le Roi maintint cependant en fonctions le gouverneur et l'intendant ; conseils et menaces, rien ne put les calmer ; jusqu'au dernier jour, aucune entente ne régna au Canada. En 1681, Louis XIV écrivit une dernière fois à Frontenac, l'exhortant à agir avec douceur et modération à l'égard de tous les habitants, de ne plus céder à ses inimitiés personnelles. Il est impossible, dit le Roi, que « si je ne vois un succès plus grand dans le cours de cette année que par le passé, je puisse m'empescher de vous rappeler du commandement que je vous ay confié » (2).

L'année suivante, Frontenac et Duchesneau furent, en effet, rappelés en France et remplacés par Lefebvre de la Barre et l'intendant de Meules.

Que devenait la colonisation au milieu de ces luttes mesquines? Que faisait la population en présence de ces querelles inutiles ?

La population, surtout celle des campagnes, ne se passionnait guère pour toutes ces discussions. Ne s'occupant pas des affaires publiques, elle cherchait dans la culture, le défrichement, les voyages, la chasse, les moyens de vivre et de subsister et négligeait tout le reste. Toutes les charges étaient d'ailleurs données par le pouvoir royal à des compatriotes nouvellement arrivés de la métropole. Cependant Frontenac voulut intéresser les Canadiens à la vie politique (4). M. Lareau raconte (3) que peu de temps

______

(1) Lettre du 4 décembre 1679, *ibid.*, p. 641.
(2) Lettre du 30 avril 1681, *ibid.*, p. 644.
(3) Lareau, *op. cit.*, t. I, p. 223 et suiv.
(4) Déjà en 1663, le Conseil souverain avait voulu convoquer les habitants de Québec en assemblée générale pour élire un maire et deux

après son arrivée, en 1672, le gouverneur assembla les
ordres de la colonie pour donner, suivant son expression,
une forme à ce qui n'en avait pas encore eu. C'étaient le
clergé, la noblesse, les gens de justice et du Tiers-Etat.
Il leur fit prêter serment de fidélité au Roi en séance solennelle. Quels furent les travaux de cette assemblée,
quelles questions y furent résolues, quelles dispositions y
furent adoptées? Nous l'ignorons. Comme beaucoup de
Français, Frontenac avait conservé de l'attachement aux
anciennes institutions et il voulait les faire revivre dans
la colonie.

Cet essai ne fut nullement approuvé en France. Frontenac avait écrit à Colbert, lui faisant connaître qu'il avait
assemblé les notables, pour leur faire part de ce qu'il avait
envie d'entreprendre « afin que, comme l'exécution dé-
pendoit en partie de leurs soins et de leur argent, ils s'y
portassent plus volontiers ». Et, pour se justifier, il ajoutait qu'il avait fait « dépendre la confirmation et la destitution des membres de l'assemblée, de sa seule volonté,
afin qu'il n'y eût point d'autorité, qui ne fût soumise à
celle des personnes entre les mains desquelles le Roy
avoit confié la sienne ».

La réponse ne se fit pas attendre. Et elle est en tous
points particulièrement intéressante, car elle nous montre
ce qu'à cette époque on pensait en haut lieu de la représentation nationale. Colbert écrit donc le 13 juin 1673 à
Frontenac : « L'assemblée et la division que vous avez faites de tous les habitans du pays en trois ordres, pour leur

échevins. Cette élection n'ayant pas donné les résultats désirés fut
cassée ; on procéda à de nouvelles élections qui furent cassées de
nouveau. Il ne fut plus dès lors question de représentation. — Voir
Lareau, *op. cit.*, t. I, p. 208 et suiv.

faire prêter le serment de fidélité, pouvoit produire un bon effet dans ce moment-là ; mais il est bon que vous observiez que, comme vous devez toujours suivre dans le gouvernement et la conduite de ce pays-là les formes qui se pratiquent icy, et que nos roys ont estimé du bien de leur service depuis longtemps de ne point assembler les Estats-Généraux de leur Royaume, pour peut-estre anéantir insensiblement cette forme ancienne, vous ne devez aussy donner que très-rarement, et pour mieux dire jamais, cette forme au corps des habitans dudit pays ; et il faudra mesme avec un peu de temps, et lorsque la colonie sera encore plus forte qu'elle n'est, supprimer insensiblement le syndic qui présente des requêtes au nom de tous les habitans, étant bon que chacun parle pour soy et que personne ne parle pour tous » (1).

Il est fort regrettable que cet essai, dû à l'initiative de Frontenac, n'ait pas obtenu en France l'agrément du pouvoir royal. Le même phénomène qui se produisit aux colonies anglaises se serait également produit au Canada : combien de citoyens, sentant naître en leur cœur le désir de la liberté, auraient volontiers quitté le royaume, dans l'espoir de trouver au delà des mers, des institutions libérales plus conformes à leurs aspirations. Notre colonie du Canada en eût reçu un notable accroissement.

Car le peuplement demeurait encore la partie faible ; les recensements faits à cette époque ne nous montrent que des progrès insignifiants. Quelques navires ont bien débarqué à Québec de nouveaux émigrants, Talon a bien ramené de France, en 1670, les soldats libérés du régiment de Carignan, le Roi dirige bien vers le Canada quel-

______

(1) Clément, *Lettres de Colbert*, t. III, 2ᵉ partie, p. 557.

ques convois de femmes et de filles (1), mais, malgré toutes ces mesures, jamais un grand mouvement d'émigration ne put se dessiner.

Nous avons vu les efforts tentés par Colbert et par Talon pour grouper ces émigrants, pour en former des villages et des paroisses ; mais, malgré eux, les colons, pour obtenir des concessions plus considérables, allaient toujours plus loin, et bien souvent se trouvaient dans l'impossibilité de mettre leurs concessions en culture. Un premier arrêt de retranchement publié en 1663 n'avait pas été appliqué ; à la suite de plusieurs autres arrêts et mandements restés sans effet, Colbert fit signer à Louis XIV l'arrêt de retranchement du 4 juin 1672. Aux termes de cet arrêt, Talon devait faire le relevé précis des terres concédées, de leur superficie, de leur qualité, en distinguant les fonds situés sur le bord des rivières de ceux situés dans les terres. A la suite de la déclaration de l'intendant, la moitié des terres concédées dans les dix dernières années et non encore mises en culture devaient être retranchées et distribuées à de nouveaux colons (2).

Depuis l'arrivée de Talon en 1670, jusqu'au mois d'octobre 1672, il ne fut pas fait de concessions, ni au nom du Roi, ni au nom de la compagnie ; mais en octobre et novembre 1672, c'est-à-dire après l'arrêt de retranchement, de nombreuses concessions furent accordées, en particulier aux officiers de Carignan.

Le 9 mai 1679, un nouvel arrêt ordonna le retranchement du quart des terres concédées depuis 1665 et non

______

(1) Lettre de Seignelay à du Harlay, 24 août 1682, Depping, t. II, p. 593.

(2) Lareau, *op. cit.*, t. I, p. 166.

encore défrichées (1). Cet arrêt, comme les précédents, ne faisait aucune distinction entre les concessionnaires, ni entre leurs titres ; mais, au lieu de la moitié, qui, aux termes de l'arrêt de 1672, devait être retranchée, le nouvel arrêt n'ordonnait le retranchement que du quart (2).

Ajoutons enfin que notre colonie avait pris un développement territorial considérable, pendant ces dernières années. En 1667 le traité de Bréda nous avait rendu l'Acadie. Hubert d'Andigny de Granfontaine, ancien capitaine au régiment de Carignan, en avait pris possession au nom du Roi. Colbert avait fait accompagner cet officier par l'intendant Patoulet, spécialement chargé d'étudier le tracé et l'exécution d'une route reliant le Canada à l'Acadie en passant par Kennebeck.

Le voyageur Nicolas Perrot avait, sur les conseils de Talon, visité les régions du nord et de l'ouest, et, en 1671, il avait fait reconnaître notre suprématie aux chefs de tribus, réunis au Saut-Sainte-Marie. En même temps, nous prenions possession des terres environnant les grands lacs. Les Pères Marquette et Joliet découvraient le Mississipi. Enfin Cavelier de la Salle descendait ce fleuve, reconnaissait son embouchure et prenait possession de la Louisiane au nom du roi de France (3).

Ainsi donc, malgré la discorde qui régnait entre les autorités, malgré les grandes compagnies et les prohibitions du pacte colonial, le Canada s'était étendu, grâce au tra-

____

(1) Moreau de Saint-Méry, t. I, p. 233.

(2) Un arrêt du 11 juin 1680 ordonna le retranchement aux Antilles de la moitié des terres concédées depuis dix ans et non défrichées. Ces terres devaient être distribuées et mises en culture dans un délai de six ans. Moreau de Saint-Méry, t. I, p. 335.

(3) Voir Lavisse et Rambaud, *Histoire générale*, t. VI, p. 950.

vail de Colbert et de Talon et grâce à l'audace de nos voyageurs. Il s'y était fondé une société des plus solides, reproduisant la hiérarchie féodale de France, et sévèrement disciplinée par le clergé. Nous n'avions guère envoyé d'aventuriers au Canada, mais de bons paysans de Normandie, de Bretagne, du Poitou, au tempérament calme et tenace. Parlant de cette société, un Canadien qui semble bien connaître son pays a écrit : « Il faut bien reconnaître un fait bien important dans l'histoire de la société canadienne sous la domination française, c'est le caractère démocratique de cette société.... .... Les seigneurs canadiens appartenaient à de bonnes familles, mais en mettant le pied sur le sol d'Amérique, les besoins, les misères de la population, les privations que s'imposèrent leurs censitaires, enfin la lutte contre le danger commun rapprochaient petits et grands et effaçaient les inégalités » (1).

Nos colons avaient eu de rudes difficultés à surmonter, mais ils les avaient vaincues. Chacun possédait sa concession, la cultivait à sa guise, ou bien vivait de la chasse ou de la pêche. Le baron de la Hontan, qui habitait le Canada à cette époque, écrivait le 2 mai 1684 : « Les paysans y sont fort à leur aise, et je souhaiterais une aussi bonne cuisine à toute notre noblesse délabrée de France.... Ces gens-ci (les paysans) n'ont pas tout le tort, après tout ; ils ne payent ni sel, ni taille ; ils chassent et pêchent librement ; en un mot, ils sont riches. Voudriez-vous donc les mettre en parallèle avec nos gueux de paysans » (2). Rappelons-nous en effet ce que La Bruyère écrivait du paysan français : « L'on voit certains animaux farouches, des mâles et des femelles, répandus par la campagne,

(1) Lareau, *op. cit.*, t. I, p. 213.
(2) La Hontan, *op. cit.*, p. 13.

noirs, livides, et tout brûlés de soleil, attachés à la terre
qu'ils fouillent : ils se retirent la nuit dans des tanières,
où ils vivent de pain noir, d'eau et de racines...... ils méritent de ne pas manquer de ce pain qu'ils ont semé. »
Plus heureux que leurs frères de la métropole, les colons
canadiens pouvaient donc bénir le sort qui les avait conduits dans la Nouvelle-France.

Le contrat de vente du 8 novembre 1673 avait donné à
la nouvelle Compagnie du Sénégal le droit de faire tout le
commerce de la côte d'Afrique, commerce comprenant
surtout la traite des esclaves.

Cette compagnie passa deux traités avec les directeurs
du domaine d'Occident, Bellinzani et Ménager, l'un le
16 octobre 1675, l'autre le 21 mars 1679 (1). Par ce dernier
traité, elle s'engageait à fournir 2.000 nègres par an aux
îles d'Amérique et à faire transporter à Marseille pour le
service des galères le nombre d'esclaves que fixerait le
Roi.

Un traité passé en 1675 entre le gouverneur et
Oudiette, et aux termes duquel celui-ci s'engageait à transporter 800 nègres par an aux îles, fut cassé et la prime de
13 livres par tête de nègre, prime promise à Oudiette, fut
donnée à la compagnie.

Cette compagnie, dont l'existence avait été reconnue
officiellement dans l'édit de décembre 1674, ne reçut ses
lettres patentes qu'en juin 1679 (2). Ces lettres détermi-
nent les privilèges de la compagnie : « Nous voulons,

____

(1) Texte du traité du 21 mars 1679. *Collection des Actes royaux*,
pièce 755, p. 56.

(2) Moreau de Saint-Méry, *op. cit.*, t. I, p. 325. *Actes royaux*,
pièce 755, p. 63.

disent-elles, que les intéressés en icelle fassent seuls, à l'exclusion de tous autres nos sujets, tout le commerce et la navigation dans lesdits pays ; et ce pendant le temps qui reste à expirer des 40 années par nous accordées à la Compagnie des Indes occidentales en l'an 1664 ; faisons défenses à tous nos sujets d'entreprendre, ni de faire aucun commerce dans lesdits pays..... ordonnons que ladite compagnie jouira, comme elle a fait jusqu'à présent de l'exemption de la moitié des droits d'entrée des marchandises qui viendront pour son compte, tant de la côte d'Afrique que des isles et colonies françoises de l'Amérique. »

Le sieur Raguenet étant mort, sa veuve et le sieur Egrot cédèrent leurs intérêts aux sieurs Bains et Lebrun qui continuèrent le commerce de la compagnie avec le sieur François.

Dès le mois de décembre 1677, la compagnie avait fait reconnaître et consacrer par les chefs du pays ses droits sur Rufisque, Portudal et Joal. En 1679, elle conclut avec les chefs de ces trois localités des traités par lesquels ceux-ci lui cédaient la propriété de toute la côte, du Cap-Vert à la Gambie, c'est-à-dire 30 lieues de long, sur 6 de profondeur, pour en jouir à l'exclusion de tous les autres étrangers, sans payer aucun droit.

Cette société — qui comprenait trois personnes seulement et qui, par conséquent, ne réunissait pas des capitaux considérables — fut ruinée par la guerre de Hollande. Par contrat du 2 juillet 1681, elle dut céder ses droits, privilèges, possessions et marchandises, à une autre compagnie, moyennant 1.010.000 livres (1). Cette

---

(1) Contrat de vente du 2 juillet 1681. *Actes royaux*, pièce 755, p. 72.

société qui prit le nom de Société du Sénégal reçut le même mois ses lettres et patentes (1).

Elles confirmaient le contrat de vente, donnant à la compagnie la pleine propriété des terres, avec tous droits de seigneurie et justice, sans autre réserve que la foi et hommage-lige, le tout suivant les conditions de la charte de 1664 et des lettres patentes de 1679.

L'île de Gorée, appartenant au Roi par droit de conquête, était cédée à la compagnie. On lui donnait le monopole de tout le commerce, notamment celui des esclaves, pendant 30 ans, prorogeant ainsi de sept années le monopole fixé par les lettres de 1679.

Tout commerce dans ces régions était interdit aux particuliers. Les navires étrangers contrevenant à cet ordre seraient saisis au profit de la compagnie, les navires français seraient également saisis et une amende de 300 livres infligée à l'armateur, amende dont la moitié serait donnée à la compagnie, l'autre moitié à l'hôpital de Paris.

Après 30 années, les terres conquises appartenaient à la compagnie. Elle pouvait subdéléguer ses pouvoirs, mais aux seuls Français, le Roi se réservant le droit d'accorder des passeports aux étrangers, pour les vaisseaux sur lesquels ils devaient venir chercher aux îles les nègres vendus par la compagnie.

Enfin une ordonnance du 23 septembre 1683 vint interdire aux habitants des îles d'acheter des nègres aux Indiens pour les revendre dans les îles, à peine de confiscation des navires et des nègres, et d'une amende de 1.000 livres, dont les deux tiers étaient réservés à la compagnie et l'autre tiers à l'hôpital de la Martinique (2).

(1) Lettres patentes, Moreau de Saint-Méry, *op. cit.*, t. 1er, p. 356.
(2) Moreau de Saint-Méry, *op. cit.*, p. 386.

Malgré tous ces privilèges, la nouvelle Compagnie du Sénégal ne fit pas de brillantes affaires et en 1694 elle dut vendre son privilège à son directeur, Claude d'Appougny.

Nous ne pouvons terminer cette étude sans dire un mot du Code noir, ordonnance publiée en mars 1685, mais qui avait été préparée par les soins de Colbert. Elle réglait la police des îles françaises et l'état des esclaves dans nos colonies.

La légalité de l'esclavage était admise en France depuis Louis XIII ; la condition de l'esclave était particulièrement dure ; Colbert sut heureusement introduire dans le Code noir des mesures pleines d'humanité ; c'est ainsi que le maître qui avait des enfants d'une esclave était privé de l'esclave et de l'enfant s'il n'épousait pas la mère ; s'il l'épousait, les enfants naissaient libres et légitimes ; le mariage des noirs devait être célébré avec les mêmes cérémonies que celui des Européens, mais le consentement du maître était nécessaire ; le mari, la femme et les enfants impubères ne pouvaient être vendus séparément.

A plusieurs reprises dans ses instructions, Colbert avait donné l'ordre de n'employer à l'égard des nègres que des mesures pleines d'humanité. Ces ordres n'avaient point été exécutés et il faut malheureusement ajouter que, pendant longtemps encore, les noirs devaient continuer à être traités dans nos colonies avec la plus indigne brutalité.

CONCLUSION

La mort de Colbert marque un brusque changement
dans notre politique coloniale : nos établissements furent
abandonnés à eux-mêmes ; on revint au système des petites compagnies. L'élan donné au mouvement colonial
subsista quelques années encore, puis diminua, et enfin
disparut.

La tâche des successeurs de Colbert était cependant singulièrement simplifiée : la France était d'abord en possession d'un empire colonial assez étendu ; il n'était plus
nécessaire de chercher à l'augmenter, on pouvait se contenter de le peupler et d'en exploiter les ressources. En
second lieu, les méthodes de colonisation étaient fixées,
on pouvait mettre à profit l'expérience des vingt dernières années.

La superficie de nos colonies pouvait être évaluée à 10
millions de kilomètres carrés. Nos possessions du Canada
s'étaient accrues des régions baignées par les Grands-Lacs,
du bassin du Mississipi, de la Louisiane, des côtes de la baie
d'Hudson. La population du Canada avait quintuplé ; de
2.300 âmes en 1663, elle était passée à 10.000 en 1683.
Nous avions repris la Guyane aux Hollandais. Aux Antilles, le nombre des colons avait doublé ; nous avions acquis
Tabago, le Dominique, la plus grande partie de St-Domin-
gue ; dans l'Afrique occidentale nous occupions toute la
côte, du golfe d'Arugin à Sierra-Leone.

Nous avions, il est vrai, complètement abandonné Madagascar ; mais depuis la chute de Fort-Dauphin, Bourbon

était devenue un centre prospère ; aux Indes, nous conservions les comptoirs de Surate, Pondichéry, Chandernagor.

On cultivait avec succès, dans nos établissements, la canne à sucre, le tabac, le cacao. Ce trafic occupait 150 vaisseaux ; le commerce colonial s'était notablement accru, la marine marchande avait accompli les mêmes progrès.

Mais surtout, les efforts de Colbert avaient donné naissance en France à un mouvement d'idées considérable ; la nation entière s'intéressait à la fortune des voyages d'outre-mer, personne ne traitait plus les entreprises lointaines de chimères.

Quant aux méthodes, nous avons vu à plusieurs reprises Colbert apporter des modifications aux procédés qu'il avait d'abord adoptés ; peut-être, en 1683, avait-il trouvé sa voie définitive ; il était encore prêt à tenter des essais nouveaux, si les principes mis alors en application ne lui avaient pas procuré les résultats qu'il espérait.

Les compagnies fondées sous Henri IV et Louis XIII n'ont pas réussi ; ne possédant pas les capitaux nécessaires, elles n'ont pu lutter avec avantage contre les compagnies similaires d'Angleterre et de Hollande. Colbert dissout toutes ces petites compagnies, et les remplace par deux compagnies puissantes, auxquelles il fait accorder des privilèges et des monopoles considérables. Dans son idée ces compagnies vont être des instruments politiques. Elles doivent abattre la puissance des Anglais et des Hollandais aux Indes, les ruiner, les supplanter dans leur commerce et enfin occuper leurs établissements abandonnés. Ces résultats seront obtenus sans grands sacrifices. Le Roi donnera aux compagnies le monopole de tout le commerce de ces régions ; en échange de ce privilège les actionnaires fourniront leurs capitaux.

Dès le premier pas, Colbert est arrêté. Les souscripteurs de la Compagnie des Indes orientales refusent leur
argent ; ils demandent que la compagnie fasse le commerce des épices aux Indes et leur distribue des dividendes, ils ne veulent pas entendre parler de la colonisation
de Madagascar. En Amérique, le monopole du commerce
porte le plus grave préjudice à nos colons ; les Antilles et
le Canada sont menacés de ruine, les habitants ne cachent
pas leur mécontentement.

Colbert voit le danger et en comprend les causes ; immédiatement il adopte d'autres dispositions.

En Orient, la compagnie abandonnera Madagascar et ne
s'occupera plus que du commerce de l'Inde ; mais elle
gardera son monopole, car il ne menace la prospérité
d'aucune société déjà établie, ou en voie de formation.

En Amérique, au contraire, la compagnie perd le monopole du commerce.

Le colon canadien pourra trafiquer librement avec la
métropole et dans l'intérieur de la colonie, la perception
de quelques droits étant cependant réservée à la compagnie pour certaines transactions. Aux Antilles, le commerce est ouvert à tous les négociants français qui ont
obtenu la permission du Roi.

Ce régime provisoire ne dure pas. En 1674, la Compagnie des Indes occidentales est supprimée et le commerce
devient libre pour tous les Français, sauf les restrictions
habituelles du pacte colonial. Aux Indes, au contraire,
rien n'est modifié pendant huit années, après lesquelles
la compagnie perd tous ses privilèges, sauf celui des
transports.

Or — et c'est ici que nous voulons en arriver — l'action de Colbert s'est exercée d'une façon effective sur nos
colonies pendant vingt années.

En Amérique, la Compagnie n'a possédé le monopole du commerce que pendant trois ou quatre ans. Ce commerce a été ensuite, pendant cinq ans soumis à la seule nécessité d'une autorisation préalable ; puis pendant dix ans il a été libre pour tous les Français.

Aux Indes. la Compagnie a eu le monopole du commerce pendant dix-neuf ans, puis a perdu ce monopole.

Pendant cette même période, Colbert a créé une compagnie à privilèges, mais sans monopole, pour le commerce de l'Orient, et une compagnie à monopole pour le commerce de la côte occidentale d'Afrique.

On ne saurait donc, sans parti-pris accuser Colbert d'avoir été l'homme d'une méthode ; il a, au contraire, mis tous les moyens à l'essai, et quand il mourut, il semblait ne plus devoir apporter de modifications aux dispositions adoptées. Colbert ne s'est pas immobilisé dans un système fixe, mais pendant vingt années, il a poursuivi le même but avec persévérance : c'est là qu'il faut chercher les causes de ses succès.

Assurément, Colbert n'a pas toujours adopté des méthodes parfaites ni conformes aux principes de l'économie politique moderne. Jamais il n'aurait dû recourir aux compagnies pour nos colonies déjà peuplées des Antilles et du Canada ; surtout il n'aurait jamais dû donner à ces compagnies le monopole de tout le commerce ; le système de la libre concurrence était préférable et pouvait seul maintenir l'activité commerciale dans ces établissements. Mais il n'en était plus de même pour les comptoirs de l'Inde ou de la côte occidentale d'Afrique. Nous estimons que c'était le cas ou jamais de s'adresser à une compagnie, et même pendant quelque temps à une compagnie à monopole : difficulté du commerce, éloignement des régions

exploitées, insécurité des mers, besoin de capitaux considérables, tout nécessitait la création d'un organe privilégié et puissant. La phrase souvent citée de J.-B. Say,
trouve parfaitement son application pour la Compagnie
des Indes orientales : « Le privilège d'une compagnie, dit-
il, est justifiable, quand il est l'unique moyen d'ouvrir un
commerce tout neuf avec des peuples éloignés ou barbares ; il devient alors une espèce de brevet d'invention,
dont l'avantage couvre les risques d'une entreprise hasar-
deuse et les frais d'une première tentative ; mais, de même
que les brevets d'invention, ce privilège ne doit durer que
le temps nécessaire pour indemniser complètement les
entrepreneurs de leurs avances et de leurs risques » (1).

Dans ce cas, si l'on avait recours aux compagnies il fallait renoncer à toute idée de colonisation, soit de Madagascar, soit de tout autre point; car ces compagnies, contraintes
par leurs actionnaires à donner des dividendes considérables, ne peuvent faire d'aussi lointaines avances que celles exigées par la création d'une colonie de peuplement.

Lorsque disparut définitivement la Compagnie des Indes occidentales, Colbert aurait pu ne pas maintenir
les prohibitions du pacte colonial et laisser à notre commerce d'outre-mer une entière liberté. Il est hors de
doute que nos établissements étaient singulièrement gênés
par l'interdiction de faire à leur guise le commerce avec
les nations étrangères. Mais l'intérêt des colonies n'est pas
le seul qu'il faille prendre en considération ; et Colbert,
comme tous ses contemporains, estimait que dans l'intérêt
de la métropole, il fallait, pour l'importation comme pour
l'exportation, restreindre le commerce colonial au marché
français. Au xviie siècle, tout le monde croyait indispen-

____

(1) J.-B. Say, *Traité d'économie politique*, t. I, p. 313.

sable de protéger le commerce national par des prohibitions, des droits d'entrée et de sortie, des tarifs différentiels ; et le régime imposé par Colbert à nos colonies était également celui des colonies hollandaises ou anglaises.

Supposons un instant que Colbert eut établi aux Antilles la pleine liberté du commerce. Que serait-il arrivé ? Nos colons auraient pu acheter des armateurs étrangers et à meilleur compte certaines denrées qui jusqu'alors leur avaient été fournies par la métropole. Il y aurait donc eu, sur ce premier point, un bénéfice pour les Antilles, et une perte pour la France.

Mais les colons auraient-ils trouvé à vendre les produits de leur industrie aux armateurs étrangers, et cela dans de bonnes conditions ? Auraient-ils par exemple, pu vendre leurs sucres en Angleterre ? Pas forcément, puisque l'Angleterre appliquait, elle aussi, les principes du pacte colonial et réservait son marché à ses colonies. Les Antilles n'auraient pu vendre leurs sucres qu'à des nations dépourvues de colonies donnant le même produit. Mais à cette époque, les grandes nations maritimes étaient toutes pourvues d'établissements leur fournissant des denrées tropicales. Les colonies auraient pu se procurer quelques denrées à meilleur compte, mais n'auraient guère augmenté leurs débouchés.

Néanmoins, si faible qu'ait pu être pour nos possessions le bénéfice de l'abandon du pacte colonial, il eût cependant exercé sur la prospérité de nos établissements une influence heureuse et nécessaire. Malgré les belles espérances qu'elles donnaient, nos colonies d'Amérique n'étaient que des sociétés en voie de formation ; c'était donc leur commerce qui avait encore besoin de protection plutôt que celui de la métropole.

Aujourd'hui, ces questions sont envisagées et résolues de tout autre façon ; les idées se sont modifiées depuis trois siècles, les conceptions économiques se sont ressenties du grand mouvement politique et ont évolué comme lui vers la liberté. Remarquons toutefois qu'il n'y a pas actuellement unanimité à réprouver tous les principes adoptés par Colbert. Si, d'un côté la doctrine s'est déclarée nettement libre-échangiste, les gouvernements, c'est-à-dire la pratique, ont recours chaque jour à des mesures protectionnistes.

Bien que nous n'approuvions pas les mesures économiques prises par Colbert à l'égard de nos colonies, il faut bien reconnaître que sous son administration le commerce colonial doubla d'importance.

Il eut cependant à vaincre de sérieuses difficultés ; elles auraient pu décourager un homme moins persévérant que lui ; il n'eut donc que plus de mérite de continuer son œuvre malgré les échecs des premiers jours.

Louis XIV lui prêta d'abord un appui des plus actifs, puis finit par se désintéresser complètement de toute question coloniale. Les guerres continentales attirèrent son attention d'un autre côté. L'intervention du Roi ne fut pas d'ailleurs toujours des plus heureuses. C'est lui qui força la main à la Compagnie des Indes orientales pour la colonisation de Madagascar et cette aventure reste une des plus tristes pages de notre histoire coloniale.

Les compagnies ne donnèrent pas les résultats qu'on était en droit d'attendre d'elles. Il faut observer d'abord qu'elles avaient été créées d'une façon artificielle, grâce à la pression exercée par le Roi sur une partie de la nation. Lorsqu'il fallut opérer les versements promis, beaucoup de souscripteurs s'esquivèrent et les embarras financiers

commencèrent. De fortes subventions avaient été accordées aux compagnies et aux colonies de 1664 à 1669. A
partir de cette date, tout secours fut refusé, malgré les
lettres pressantes des gouverneurs : les dépenses de la
cour, la construction de Versailles et de Marly, et les guerres européennes avaient épuisé le Trésor royal.

Les actionnaires furent toujours hostiles à la colonisation et n'eurent naturellement en vue que la distribution
des dividendes. La nation n'était pas non plus habituée à
s'occuper des affaires publiques, comment alors exiger de
simples commerçants de prendre, aux dépens de leur
bourse, intérêt à une grande œuvre nationale. Ces questions laissaient les souscripteurs indifférents, à cette époque, où, suivant le mot de Voltaire « il y avait plus de
bourgeois que de citoyens » (1).

C'est là que fut l'erreur : on voulut confier à une société
de marchands une mission qui dépassait l'ambition de
simples actionnaires. Ils ne cherchaient que bénéfices
matériels et on leur demandait de prendre en mains les
intérêts de l'Etat, de conquérir des territoires nouveaux,
de faire la guerre à la Hollande, de convertir les infidèles.

On vit fort bien quel rôle voulaient jouer les deux compagnies. La Compagnie des Indes orientales refusa son
concours au Roi pour la colonisation de Madagascar, œuvre
glorieuse peut-être, mais d'un rapport pécuniaire douteux ;
elle demanda, au contraire, que tous les efforts fussent
portés vers les comptoirs des Indes. Quant à la Compagnie des Indes occidentales, ses agents ne cherchèrent
qu'à exploiter les colons et à s'enrichir à leurs dépens. En
attendant l'intervention de l'Etat, les gouverneurs durent

(1) *Siècle de Louis XIX*, chap. XXIX.

prendre des mesures provisoires pour arrêter la compagnie dans son œuvre de ruine.

Celui qui désigna les hauts fonctionnaires envoyés aux colonies, ne fut pas toujours très bien inspiré. A côté de quelques belles et honnêtes figures comme le marquis de Montdevergue et Talon, combien de gens insignifiants comme de Beausse, brouillons comme Duchesneau, violents et maladroits comme Frontenac ou de la Haye. Comment étaient-ils choisis ? Nécessairement un peu au hasard, puisqu'il n'existait pas alors comme aujourd'hui des fonctionnaires ayant déjà fait un long apprentissage de la vie coloniale. La plupart durent leur nomination à quelque intrigue de cour ou à la faveur d'un jour. On put ainsi voir confier le gouvernement de Madagascar, d'abord à un alchimiste, de Beausse, puis à un colonel de dragons, Montdevergue. Il est certain que tous deux étaient bien mal préparés, par leurs anciens travaux, au rôle qu'ils devaient jouer dans l'île Dauphine.

Jamais les représentants de l'autorité métropolitaine ne purent vivre en bonne intelligence dans la même colonie. Au Canada, c'est d'abord de Courcelles qui s'accorde bien difficilement avec Talon, le directeur Le Barroys qui émet d'inadmissibles prétentions, de Frontenac qui jette en prison l'abbé de Salignac-Fénelon, c'est l'intendant Duchesneau qui veut prendre la direction des opérations militaires ; ce sont les Jésuites qui jalousent les Sulpiciens, qui à leur tour demandent le renvoi des Récollets. Aux Indes, c'est le pouvoir confié simultanément à Caron, de la Haye, Blot, Baron, Guesdon, le premier désirant, dit-on, faire le jeu de la Hollande, le second rêvant batailles et conquêtes, et les autres, plus modestes, ne demandant qu'à faire le commerce des épices. On voit alors, de Paris,

Colbert envoyer lettres sur lettres à tous ses agents ; il leur conseille le calme, l'union, la prudence ; mais il y a si loin de Paris à Surate que ces bons conseils arrivent toujours trop tard, alors que d'irréparables fautes ont déjà été commises.

Puis les colons eux-mêmes gaspillèrent trop souvent leur temps et leur travail, un auteur— nous ne savons trop lequel — a écrit que le Français pouvait devenir le chef d'une tribu de sauvages mais ne pouvait faire un colon sérieux. Il y a une parcelle de vérité derrière cette boutade. Nombre de nos compatriotes qui passèrent l'Océan, cédèrent aux attraits de la vie d'aventuriers et devinrent boucaniers et flibustiers aux Antilles, ou coureurs de bois dans la Nouvelle-France. C'étaient autant de forces perdues pour la mise en culture des terres.

Seuls, les colons du Canada surent former une société nouvelle qui, par ses qualités, put être comparée à notre vieille société française. Trois causes amenèrent ce résultat : l'origine des colons qui provenaient pour la plupart des provinces agricoles de l'Ouest et du centre de la France, tandis que nos émigrants des provinces du Midi, plus actifs peut-être, mais moins laborieux et moins persévérants, se laissaient plus volontiers tenter par le commerce facile des Antilles ou de l'Orient ; l'établissement au Canada, non pas précisément de la hiérarchie féodale française, mais d'une aristocratie campagnarde toute paternelle et sans prétentions qui put néanmoins suffire à encadrer solidement les éléments roturiers ; l'influence bienfaisante d'un clergé actif et éclairé, qui, dès les premiers jours, prit en main la direction de la colonie, sut discipliner les mœurs et leur conserver l'austérité et la pureté qui font encore aujourd'hui la force de la société canadienne.

Il faut établir avec équité, d'une part, les reproches mérités par Colbert, et d'autre part les éloges qui lui sont dus. Il eut le tort de céder à l'influence des idées admises par ses contemporains et de ne pas adopter immédiatement un régime très libéral. Qui n'eût pas agi de même à sa place ? Mais il faut reconnaître qu'à la fin du ministère de Colbert, « au lieu de quelques navires dieppois ou malouins qui luttaient péniblement contre la concurrence anglaise et hollandaise, 150 navires français de 150 à 500 tonneaux fréquentaient chaque année nos ports des Antilles, et, que depuis Madagascar jusqu'à la Chine, depuis le golfe de Guinée jusqu'à la mer d'Hudson, notre pavillon flottait sur toutes les mers » (1).

(1) *Annales de l'école libre des sciences politiques*, article de M. Pigeonneau sur la politique coloniale de Colbert.

Vu :
Le Président de la Thèse,
BEAUCHET.

Vu :
Pour le Doyen de la Faculté de droit,
    L'Assesseur délégué,
      E. BINET.

Vu et permis d'imprimer :
Nancy, le 21 octobre 1906,
Le Recteur de l'Académie,
CH. ADAM,
Correspondant de l'Institut.

TABLE DES MATIÈRES

Imp. J. Thevenot, Saint-Dizier (Haute-Marne).

Imp. J. Thevenot, Saint-Dizier (Haute-Marne).

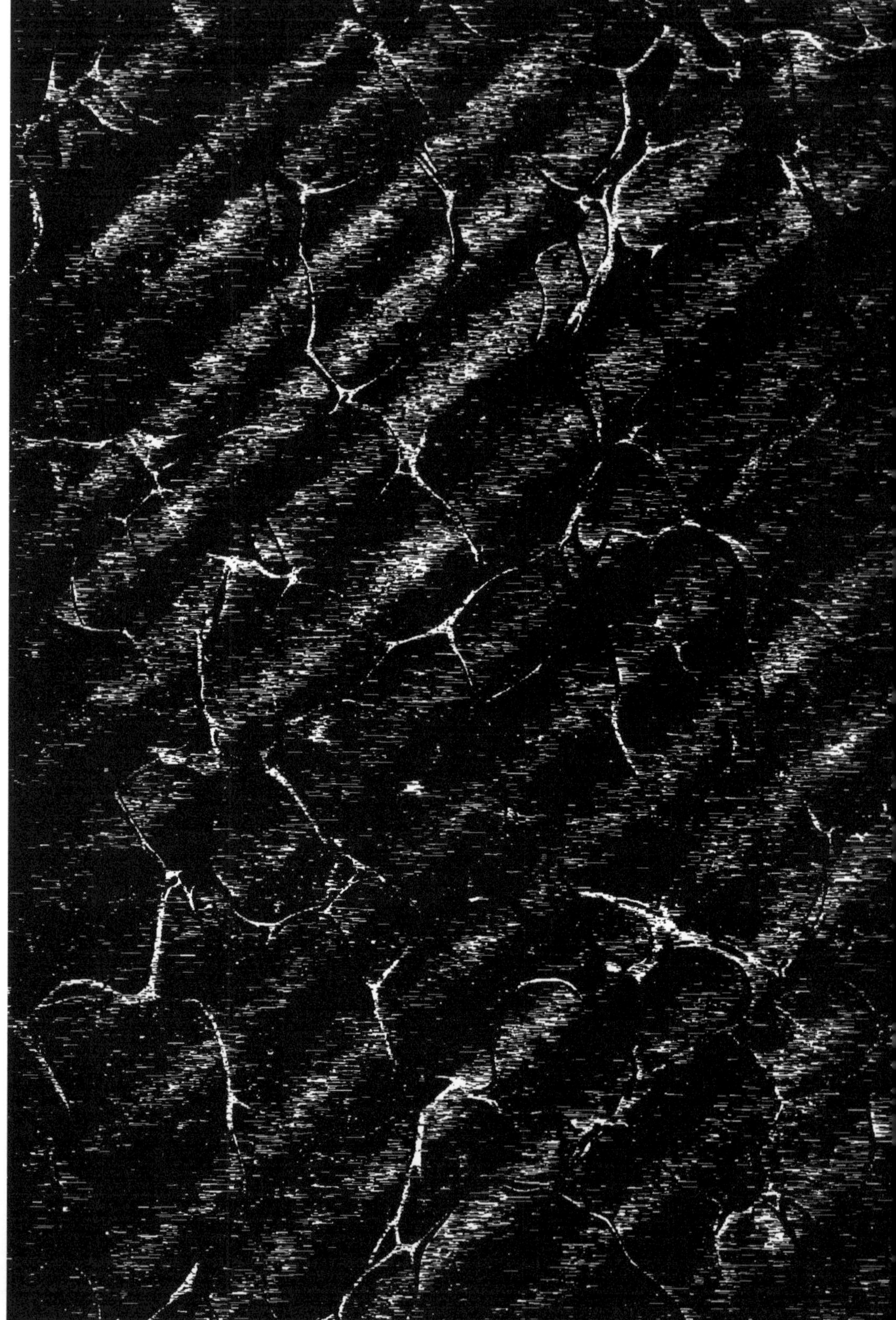

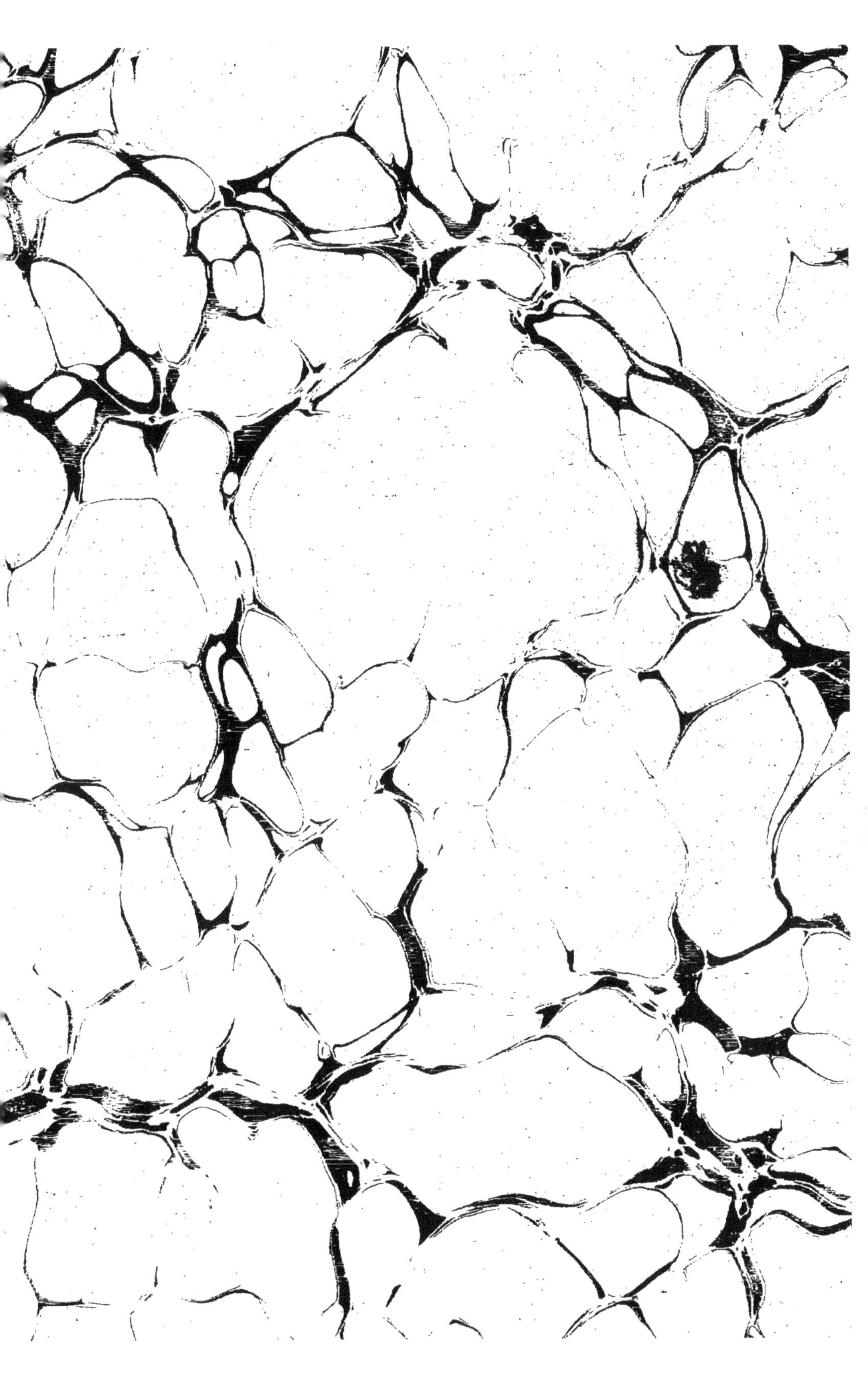

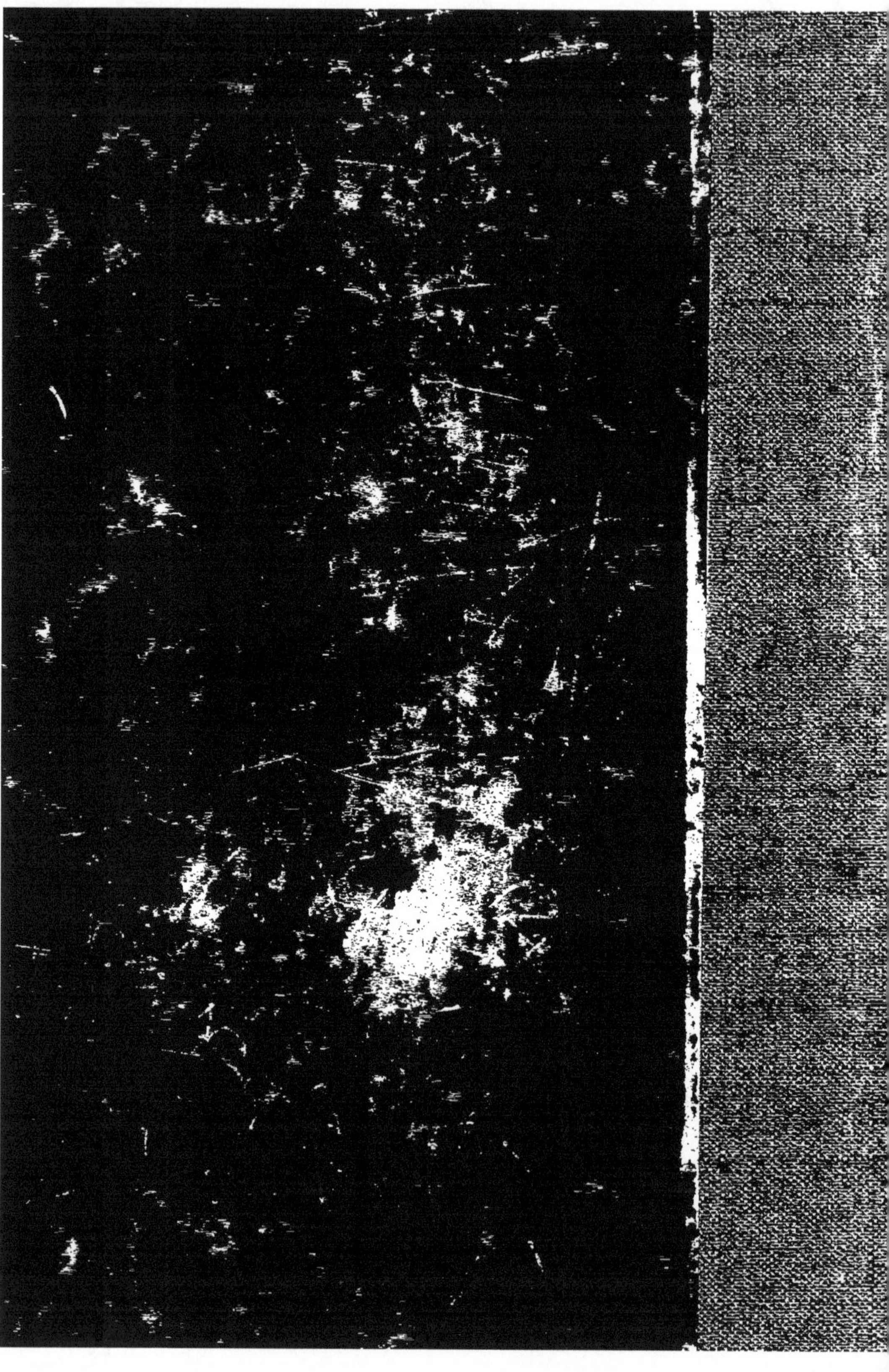